新白話六法系列 009

# 民法・親屬繼承

增訂第 7 版

黃碧芬・著

THE LAW

書泉出版社 印行

# 出版緣起

　　談到法律，會給您什麼樣的聯想？是厚厚一本《六法全書》，或是莊嚴肅穆的法庭？是《洛城法網》式的腦力激盪，或是《法外情》般的感人熱淚？是權利義務的準繩，或是善惡是非的分界？是公平正義、弱勢者的保障，或是知法玩法、強權者的工具？其實，法律儘管只是文字、條文的組合，卻是有法律學說思想作為基礎架構。法律的制定是人為的，法律的執行也是人為的，或許有人會因而認為法律是一種工具，但是卻忽略了：法律事實上是人心與現實的反映。

　　翻閱任何一本標題為《法學緒論》的著作，對於法律的概念，共同的法學原理原則及其應用，現行法律體系的概述，以及法學發展、法學思想的介紹……等等，一定會說明清楚。然而在我國，有多少人唸過《法學緒論》？有識之士感歎：我國國民缺乏法治精神、守法觀念。問題就出在：法治教育的貧乏。試看九年國民義務教育的教材，在「生活與倫理」、「公民與道德」之中，又有多少是教導未來的主人翁們對於「法律」的瞭解與認識？除了大學法律系的培育以外，各級中學、專科與大學教育中，又有多少法律的課程？回想起自己的求學過程，或許您也會驚覺：關於法律的知識，似乎是從報章雜誌上得知的占大多數。另一方面，即使是與您生活上切身相關的「民法」、「刑法」等等，其中的權利是否也常因您所謂的

「不懂法律」而睡著了？

當您想多充實法律方面的知識時，可能會有些失望的。因為《六法全書》太厚重，而一般法律教科書又太艱深，大多數案例式法律常識介紹，又顯得割裂不夠完整……

有鑑於此，本公司特別邀請法律專業人士編寫「白話六法」叢書，針對常用的法律，作一完整的介紹。對於撰文我們要求：使用淺顯的白話文體解說條文，用字遣詞不能艱深難懂，除非必要，儘量避免使用法律專有名詞。對於內容我們強調：除了對法條作字面上的解釋外，還要進一步分析、解釋、闡述，對於法律專有名詞務必加以說明；不同法規或特別法的相關規定，必須特別標明：似是而非的概念或容易混淆的觀念，一定舉例闡明。縱使您沒有受過法律專業教育，也一定看得懂。

希望這一套叢書，對普及法律知識以及使社會大眾深入瞭解法律條文的意義與內容等方面都有貢獻。

# 推薦序

　　台灣近年來受全球經濟衰退影響而顯得有些灰調，但事實上比起鄰近的亞洲國家，我們的人民仍是充滿活力，如果還有人會覺得台灣進步得不夠多、不夠快，其實經濟並非主因，最重要的是，我們的國民教育水準沒有跟上世界的需要接軌，以及法治精神與教育的不足，缺乏守法的精神是不尊重人權的表現，也是一切亂源的開端。

　　俗話說「書到用時方恨少」，對現代人而言則是「法到用時方知慌」，對於一般朝九晚五，日出而作、日落而息的平民百姓而言，法律是用來對付作奸犯科的壞人，跟自己似乎沒什麼大關係，不懂得法律活到壽終正寢者一大堆，而懂得法律者也不過是當專業法官、律師，不然就當鑽偏門的訟棍罷了，似乎也不怎麼樣。

　　事實上以美國這個國家而言，不論你個人從什麼角度或觀點來批判它，但它還是可以被叫作第一名，為什麼？因為美國人的法治精神從國家元首貫徹到一年級的小學生，對立憲精神的認知到憲法賜予個人生存的權利與義務，對他們國民而言，法律不僅是一種工具也是生活常識，但反觀我國，教育普及、醫療改善情況下，雖然已掃除了「文盲」與「色盲」，但卻仍滯留在「性別盲」及「法律盲」之間。

　　書泉出版社能夠本著保護國人「知」與「教」的權利，邀

請國內有心的知名法律專業人士，特從出生或死亡全涵括在內的六法全書中，用深入淺出的實務個案及生活範本作人性化的解說，實在值得讚許。

而黃碧芬律師，這位婦運的好姊妹，同時也是一些弱勢團體法的代言人，在民法親屬編的修法過程中一路艱辛走來，更不曾缺席過，個人記得在參與修法當時，曾被幾位男性立委嘲諷我們是一群無聊造反的男人婆，但事實證明兩性平權落實將是兩性雙贏的最佳策略，一旦法律上對女性直接給予平等的對待和保護，間接地就是造福了男性，因為你的母親、姊妹是女性，你結婚的對象妻子是女性，而你生下的女兒也是女性，難道你希望你所摯愛的親人她們被遭蹋、被歧視？更何況在法律面前人人應是平等的。

受黃碧芬律師之邀為此書寫序，深感榮幸，更希望大家一同來關心，並將此書作為最好的贈禮，因為擁有此書將會讓你的生活更有安全感、更有保障。

黃越綏

前總統府國策顧問

# 自　序

　　人類生活的根源，都是以「家庭」為出發點。舉凡人之出生、死亡、結婚、離婚、家計負擔、財產分配，都是每個家庭會碰到的問題。所謂家和萬事興，古人還要把齊家擺在第一位，人類的生活經驗明白地告訴我們家庭的重要性。

　　民法親屬、繼承篇的法律條文，即在建構、規範家族所衍生的一切法律關係，在學術領域裡統稱為身分法。我們常常會認為法律是天高皇帝遠的東西，但是身分法上的規範卻是與我們日常生活息息相關，不可一日無此法律，在法律多如牛毛之中，是最生活化的法律。例如：小孩頑皮喜歡在外遊蕩，父母施予嚴加管教，這是基於民法第1084條第2項規定父母對於子女有教養的義務而來。縱使家庭生活開銷的問題，民法第1003條之1也要規定……可謂是鉅細靡遺。

　　法律條文比較精要簡鍊，在一般沒有受過法律訓練的人看來總是艱澀難懂，猶如看天書一般。筆者常常希望法律能夠換一個平易近人的面貌，使得每一個國民都能瞭解法律規範，近程目標是讓每個國民可以「知法」而避免不必要的紛爭，而遠程目標則是達到人人守法（包括政府與老百姓）、社會和諧健康的境地。

　　白話六法的民法親屬、繼承編，藉由淺顯易懂的文字解說法律規範，使人人都能輕而易舉的瞭解身分法事項，並因而瞭解、實踐作為家庭一份子的責任，期待家庭更加健康、圓滿。

義理法律事務所律師

# 凡　例

**（一）本書之法規條例，依循下列方式輯印：**

1. 法規條文，悉以總統府公報為準，以免坊間版本登載歧異之缺點。

2. 法條分項，如遇滿行結束時，則在該項末加「。」符號，以與另項區別。

**（二）本書體例如下：**

1. 導言：針對該法之立法理由、立法沿革、立法準則等逐一說明，並就該法之內容作扼要簡介。

2. 條文要旨：置於條次左側，以（　）表示。

3. 解說：於條文之後，以淺近白話解釋條文意義及相關規定。

4. 實例：於解說之後舉出實例，並就案例狀況與條文規定之牽涉性加以分析說明。

**（三）參照之法規，以簡稱註明。條、項、款及判解之表示如下……**

條：1、2、3……

項：Ⅰ、Ⅱ、Ⅲ……

款：①、②、③……

但書規定：但

前段：前、後段：後

司法院34年以前之解釋例：院……

司法院34年以後之解釋例：院解⋯⋯

大法官解釋：釋⋯⋯

最高法院判例：⋯⋯台上⋯⋯

行政法院判例：行⋯⋯判⋯⋯

# 沿　革

親屬編沿革

1. 中華民國19年12月26日國民政府制定公布全文第967至1137條；並自20年5月5日施行。

2. 中華民國74年6月3日總統令修正公布第971、977、982、983、985、988、1002、1010、1013、1016至1019、1021、1024、1050、1052、1058至1060、1063、1067、1074、1078至1080、1084、1088、1105、1113、1118、1131及1132條條文；並增訂第979-1、979-2、999-1、1008-1、1030-1、1073-1、1079-1、1079-2、1103-1及1116-1條條文；並刪除第992、1042、1043及1071條條文暨第二章第四節第三款第二目目名。

3. 中華民國85年9月25日總統令增訂公布第1055-1、1055-2、1069-1及1116-2條條文；刪除第1051條條文；並修正第999-1、1055及1089條條文。

4. 中華民國87年6月17日總統令公布刪除第986、987、993及994條條文；並修正第983、1000及1002條條文。

5. 中華民國88年4月21日總統令修正公布第1067條條文。

6. 中華民國89年1月19日總統令修正公布第1094條條文。

7. 中華民國91年6月26日總統令修正公布第1007、1008、1008-1、1010、1017、1018、1022、1023、1030-1、1031、

　　1032、1033、1034、1038、1040、1041、1044、1046及
　　1058條條文；增訂第1003-1、1018-1、1020-1、1020-2、
　　1030-2、1030-3、1030-4及1031-1條條文；並刪除第1006、
　　1013、1014、1015、1016、1019、1020、1021、1024、
　　1025、1026、1027、1028、1029、1030、1035、1036、
　　1037、1045、1047及1048條條文。

8. 中華民國96年5月23日總統令修正公布第982、988、1030-
　　1、1052、1059、1062、1063、1067、1070、1073至1083、
　　1086及1090條條文；增訂第988-1、1059-1、1076-1、1076-
　　2、1079-3至1079-5、1080-1至1080-3、1083-1及1089-1條
　　文；並刪除第1068條條文。

9. 中華民國97年1月9日總統令修正公布第1120、1052條條
　　文。

10. 中華民國97年5月23日總統令修正公布第1092至1101、
　　1103、1104、1106至1109、1110至1113條條文及第二節節
　　名；增訂第1094-1、1099-1、1106-1、1109-1、1109-2、
　　1111-1、1111-2、1112-1、1112-2及1113-1條條文；並刪除第
　　1103-1、1105條條文。

11. 中華民國98年4月29日總統令增訂公布第1052-1條條文。

12. 中華民國98年12月30日總統令修正公布第1131、1133條條
　　文。

13. 中華民國99年1月27日總統令增訂公布第1118-1條條文。

14. 中華民國99年5月19日總統令修正公布第1059、1059-1條條
　　文。

15. 中華民國101年12月26日總統令修正公布第1030-1條條文；
　　並刪除第1009、1011條條文。

16. 中華民國102年12月11日總統令修正公布第1055-1條條文。

17. 中華民國103年1月29日總統令修正公布第1132條條文。

18. 中華民國104年1月14日總統令修正公布第1111-2條條文。

19. 中華民國108年4月24日總統令修正公布第976條條文。

20. 中華民國108年6月19日總統令增訂公布第1113-2至1113-10條條文及第四編第四章第三節節名。

21. 中華民國110年1月13日總統令修正公布第973、980、1049、1077、1091、1127、1128條條文，並刪除第981、990條條文。

22. 中華民國110年1月20日總統令修正公布第1030-1條條文。

## 繼承編沿革

1. 中華民國19年12月26日國民政府制定公布全文第1138至1225條；並自20年5月5日施行。

2. 中華民國74年6月3日總統令修正公布第1145、1165、1174、1176至1178、1181、1195、1196、1213及1219至1222條條文暨第三章第五節節名；增訂第1176-1、1178-1條條文；並刪除第1142、1143及1167條條文。

3. 中華民國97年1月2日總統令修正公布第1148、1153、1154、1156、1157、1163、1174及1176條條文。

4. 中華民國98年6月10日總統令修正公布第1148、1153、1154、1156、1157、1159、1161、1163及1176條條文；增訂第1148-1、1156-1、1162-1及1162-2條條文；並刪除第二章第二節節名及第1155條條文。

5. 中華民國98年12月30日總統令修正公布第1198、1210條條文。

6. 中華民國103年1月29日總統令修正公布第1212條條文。

7. 中華民國104年1月14日總統令修正公布第1183條條文；並增訂第1211-1條條文。

# 親屬編及繼承編施行法沿革

**親屬編施行法沿革：**

1. 中華民國20年1月24日國民政府制定公布全文15條。

2. 中華民國74年6月3日總統令修正公布全文15條。

3. 中華民國85年9月25日總統令增訂公布第6-1條條文。

4. 中華民國89年2月2日總統令增訂公布第14-1條條文。

5. 中華民國91年6月26日總統令增訂公布第6-2條條文。

6. 中華民國96年5月23日總統令增訂公布第4-1、8-1條條文。

7. 中華民國97年5月23日總統令修正公布第15條條文；增訂第14-2、14-3條條文；並自公布日施行。

8. 中華民國98年12月30日總統令修正公布第15條條文。

9. 中華民國101年12月26日總統令增訂公布第6-3條條文。

10. 中華民國110年1月13日總統令增訂公布第4-2條條文。

**繼承編施行法沿革：**

1. 中華民國20年1月24日國民政府制定公布全文11條。

2. 中華民國74年6月3日總統令修正公布全文11條。

3. 中華民國97年1月2日總統令增訂公布第1-1條條文。

4. 中華民國97年5月7日總統令增訂公布第1-2條條文。

5. 中華民國98年6月10日總統令修正公布第1-1條條文；並增訂第1-3條條文。

6. 中華民國98年12月30日總統令修正公布第11條條文。

7. 中華民國101年12月26日總統令修正公布第1-3條條文。

8. 中華民國102年1月30日總統令修正公布第1-1、1-2條條文。

# 導 言

　　民法親屬繼承編的立法、修法過程，就是一部兩性平權發展史，也可以說是女權奮鬥史。親屬、繼承屬於身分法的範疇，有別於民法其他各編屬於財產法的體系。因此在民國19年12月26日訂定公布民法親屬、繼承編的條文，雖然同樣是繼受歐陸法律，但是深受固有法制的影響，所以在身分法體系裡，重男系親，輕母系親，欠缺兩性平等觀念；重血統關係，輕擬制關係，無法矯正收養人遭不公平待遇之陋習等重重問題，除了民國74年6月3日民法親屬繼承編做第一次修正之外，民國80年以後，民主政治生態的改變，兩性平權的觀念建立，所以85年、87年、88年間，分別對於結婚關係、親子關係做部分條文修正，88年全台灣又碰上九二一大地震，所以89年先行修改監護人條文，91年再度修正，將夫妻財產制做一全面修改，歷次修改目的就是要符合人民生活需求，達到兩性平權境界。

　　關於親屬法部分，相關問題有的會牽涉到兒童及少年福利與權益保障法、家事事件法、非訟事件法、台灣地區與大陸地區人民關係條例等相關條文，本書也在方便讀者閱讀之下，在相關條文之解說下加以介紹。

　　在親屬編方面，民國19年公布之法律，即以打破明清律令以父母、宗族為主軸之規定，而改以兩性個人為規範依據，因此由男女結婚發生家庭關係出發，規範：（一）親屬、親系的

範圍；（二）訂婚的成立與效力；（三）結婚的成立與效力；
（四）夫妻之間的權利義務關係；（五）夫妻間的財產關係；
（六）離婚的成立與效力；（七）父母子女的權利義務關係；
（八）收養制度的保障；（九）未成年子女的保障；（十）家
與親屬會議的規模與法律效果。

　　縱然已經以兩性個體為出發點，但是在民國初年婦女地
位普遍不高，而且習慣上重男輕女，造成整個法律制定上，產
生嚴重性別不平等，婦女的地位相當低落，例如：在民國74年
6月修正民法親屬編之前，婦女在結婚之後，除了特有財產之
外，幾乎喪失了財產所有權，而在夫妻的權利義務，乃至於子
女的管教，母親的權責都低於父親，顯然不符現代社會之需
要，所以民法親屬編在民國74年6月修正時，都加以修改，以
使婦女的法律地位平等。但是這樣的修改，還是不符合男女平
等原則，在司法院大法官釋字第365號解釋，認為民法第1089
條父母對於子女親權之行使，以父為優先的規定，是違憲的，
因而促成立法者對於民法親屬編，從事三階段修法工作。於民
國85年9月25日公布修正、增刪部分條文，而又由於夫妻財產
上關於所有權認定標準，在民國74年6月修正時，有不溯及既
往原則適用，因此形成夫妻關係存續期間，以妻名義取得財
產，由於取得時點在74年6月4日之前（含）或之後，而對於財
產所有權歸屬有不同認定標準，所以在民國85年9月6日增訂，
同年9月25日公布，民法親屬編施行法第6條之1，只要在民國
86年9月25日之前，妻取得財產在民國74年6月4日之前，不動
產所有權之認定標準，即有溯及既往之適用。

　　為了保護未成年子女，民法親屬編修正也明白規定父母子
女的權利義務，放寬非婚生子女認領的機會，對於收養制度也

加以強化，避免不適當的收養。

　　民國87年6月17日公布修正法律目的，在於婚姻關係之下確立夫妻的權利義務是平等的，將歧視婦女的條文刪除及修正。民國88年則修正認領條文，期使非婚生子女得到更多的機會被認領，民國88年全台灣發生九二一大地震，也震出許多人倫問題，原有法定監護人順序，可能反而對未成年人有害，因而先於民國89年1月緊急修正民法第1094條，法定監護人順序及選定監護人之制度。

　　民國91年6月26日公布修正民法親屬編，大幅增修「法定夫妻財產制」之內容，目的使「法定夫妻財產制」澈底符合男女平權思想，並且使「法定夫妻財產制」消滅時，剩餘財產結算在實際運用上有使用之價值，並且明文將剩餘財產價額分配請求權定為配偶之一身專屬請求權，但是在民國96年5月23日修正剩餘財產價額分配請求權，並非配偶的專屬請求權。

　　民國96年5月23日修正公布條文主要包括婚姻由儀式婚改成登記婚、子女姓氏約定、變更、收養關係變革、適度放寬非婚生子女尋求血統真正規定，在夫妻及父母子女關係上都是很大的法律變動。

　　民國97年1月修正部分裁判離婚事由與當事人因扶養費給付不能協議時之解決方式，以解決實務適用上發生之問題。

　　民國97年5月23日修正公布成年監護制度，以期保障精神喪失或心神耗弱、不成熟之成年人。

　　民國98年4月29日增訂公布條文在於當事人如果在法院提起離婚訴訟，但是在諮商調解程序達成離婚協議或訴訟程序中達成和解，離婚即成立，必由法院逕為通知戶政單位，以解決協議離婚必須至戶政事務所辦理登記才成立生效之問題，並盡

量使當事人利用法院可以一次解決問題。

　　民國98年12月30日之修正公布條文，為配合監護宣告制度之修正。

　　民國99年1月27日增訂公布條文在於具有互負扶養義務之人，也許目前之受扶養權利人曾經對扶養義務人，造成極大不公不義之事情，現在要求扶養義務人，盡扶養義務，人情上有欠公允，因此增訂法條規定，減免義務人責任。

　　民國99年5月24日修正公布條文在於修正成年子女成年後變更姓氏之規定。

　　民國101年12月26日修正及刪除公布條文，確認夫妻剩餘財產價額分配請求權為一身專屬權，避免債權人變相向債務人之配偶追債，形成家庭、社會問題。

　　民國102年12月11日修正公布第1055條之1，規範法院在訂定或改定未成年子女親權行使人的時候，在判斷符合未成年人子女最佳利益的標準，以及可參考的資料，期能達到保護未成年人利益的目的。

　　民國103年1月29日修正公布第1132條規定，將原要求親屬會議處理之事，在一定條件下就改由法院處理，以符合社會需求。

　　民國104年1月14日修正公布第1111條之2，主要是經營照護機構之人或從業者的家人也可能是受監護宣告人，一般而言有照顧必要的話，也會將受監護宣告的人安置在與自己熟悉的機構，結果有一定親屬關係的照顧者反而不能擔任受監護宣告人的監護人，似乎也與人情不符，因而增列但書放寬規定。

　　我國繼承法採完全繼承，因此衍生不少社會問題，例如嬰幼兒因為不知道拋棄繼承，結果繼承天文數字的債務，因此

民國97年1月2日修正公布第1148條、第1153條、第1154條、第1156條、第1157條、第1163條、第1174條及第1176條，主要在基於一定條件之下，限定繼承人以所繼承之財產清償債務，修正限定繼承、拋棄繼承之部分規定，以符合公平原則，民法繼承原則在民國98年6月10日再度做重大修正，將繼承改成以限定繼承為原則，因此繼承人不必特別向法院呈報限定繼承，但是繼承人也必須遵守法定清償債務之原則，否則仍回歸無限繼承的效力。

為了解決繼承人繼承保證債務之社會問題，民國101年12月26日、102年1月30日，分別增修繼承編施行法，使繼承人繼承發生於修法改成限定繼承為原則之前，繼承保證債務的話，也可以享有限定繼承之利益。

民國103年1月29日修正公布第1212條，修正規定遺囑於繼承事實發生時的交付及通知對象。

民國104年1月14日修正公布第1183條並增訂第1211條之1，規定遺產管理人、遺囑執行人請求報酬規定。

民國108年4月24日修正公布第976條，對於解除婚約事由，不合時宜的文字做修正。

民國108年6月19日增訂第1113條之2至第1113條之10條文及第四編第四章第三節節名，關於成人監護制度，增訂意定監護制度，成年人可以在有意識能力時預做安排委託信賴之人，在將來有受監護情形，擔任其監護人，並規範意定監護人的權利義務關係。

民國110年1月13日修正公布第973條、第980條、第1049條、第1077條、第1091條、第1127條、第1128條條文；刪除第981條、第990條條文；並自112年1月1日施行。主要是配合民

法第12條修正滿18歲為成年人，結婚最低年齡均修正為滿18歲，因而修正、刪除相關涉及未成年人結婚產生之法律關係相關規定。

民國110年1月20日修正公布第1030條之1條文，並自公布日施行，對於法院基於公平原則調整夫妻剩餘財產價額分配的比例時，明白規定法院調整時參考的依據及評估的項目，以避免不同法院有不同的標準。

# 目 錄
## Contents

# 親屬編

# 第一章

# 通 則

第967條（直系、旁系血親之意義）
稱直系血親者，謂己身所從出或從己身所出之血親。
稱旁系血親者，謂非直系血親，而與己身出於同源之血親。

## 解說

　　血親是指有血統脈絡的人，在民法親屬編中血親可以分成
天然血親與擬制血親兩種。天然血親是指具有血緣關係的人，
例如因出生而發生父母子女關係，擬制血親則是指原無血緣關
係，因法律規定而視同發生血統關係，例如因收養而發生父母
子女關係。

　　直系、旁系是指血親的親系而言，直系血親是指在血統
上，自己是從該血統出來的或者從自己血統繁衍出來的，例
如：父母與子女、祖父母與孫子女、曾祖父母與曾孫子女均為
直系血親。

　　旁系血親是指不屬於直系血親但是在血統脈絡上，跟自己
出於同血源的人，例如：兄弟姊妹、伯叔姪、姨舅甥均為旁系
血親。

## 實例

　　張三的父母親張大與王玉子很高興地看到張三與李玲結婚，張三與李玲婚後生下張小三，後來又收養了張小四，張大、王玉子兩人相看兩相厭，竟然離婚了，張大、王玉子、張三、李玲、張小三、張小四彼此之間有無血親關係？

1. 張大與王玉子原為夫妻關係，也就是彼此相互為配偶關係，配偶是特別的一種親屬關係，張大與王玉子離婚後，配偶關係就消滅了。

2. 張大與王玉子所生的兒子張三，屬於直系血親關係，即使張大與王玉子離婚了，張三與張大或張三與王玉子的直系血親關係仍然不會改變，張大仍為張三的父親，王玉子仍為張三的母親。

3. 張三與李玲為夫妻關係，也就是彼此相互為配偶關係。

4. 張三與李玲所生的兒子張小三，屬於直系血親關係，具有父母子女的關係。

5. 張三與李玲所收養的兒子張小四，屬於直系血親關係，具有父母子女的關係。

6. 張小三與張小四屬於旁系血親關係，兩人互稱兄弟。

7. 張大與王玉子和張小三、張小四的關係，屬於直系血親關係，即使張大與王玉子離婚了，他們和張小三、張小四的關係，仍然是直系血親關係，張小三、張小四還是要稱呼張大為祖父，王玉子為祖母。

**第968條**（親等之計算）

血親親等之計算，直系血親，從己身上下數，以一世為一親等；旁系血親，從己身數至同源之直系血親，再由同源之直系血親，數至與之計算親等之血親，以其總世數為親等之數。

## 解說

　　血親親等的計算方式分為兩種。直系血親的親等計算方式，是以一代為一親等，因此自己與父母之間就是一親等的直系血親，自己與祖父母間就是二親等的直系血親；旁系血親的親等計算方式比較複雜，先要由自己算至同血源的直系血親相隔幾代，再由同血源的直系血親計算該旁系血親與其隔幾代，兩個數字相加的總合，就是幾親等的旁系血親，例如：兄弟姊妹就是二親等之旁系血親。

## 實例

　　張玲與張玉的父親是兄弟關係，張玲與張玉是直系血親？還是旁系血親？張玲與張玉是幾親等的血親？

　　張玲與張玉的父親是兄弟關係，因此張玲與張玉有相同的祖父母，就是她們同源的直系血親，所以張玲與張玉是旁系血親。張玲與祖父母是二親等的直系血親，張玉與祖父母也是二親等的直系血親，二親等加二親等等於四親等，所以張玲與張玉是四親等之旁系血親。

**第969條**（姻親之定義）
稱姻親者，謂血親之配偶、配偶之血親及配偶之血親之配偶。

## 解說

姻親是指因婚姻而發生親屬關係之人。在我國傳統觀念裡，姻親的範圍相當廣泛，但是在本法親屬編的規定裡，必須符合下述三種身分之一者，才算是法律所認定的姻親：

一、血親之配偶：例如兄弟姊妹的妻子或夫婿、伯叔舅之妻、姑姨之夫、甥姪之夫或妻。

二、配偶之血親：因為結婚，自己配偶的血親就是自己的姻親。例如配偶的父母、祖父母、兄弟姊妹等之直系、旁系血親。

三、配偶之血親之配偶：例如配偶的兄弟姊妹的妻子或丈夫、配偶之伯叔舅之妻、配偶之姨姑之夫。

## 實例

太平與玉美結婚，太平與玉美之父母有無姻親關係？太平之父母與玉美之父母相互間有無姻親關係？太平與玉美之舅母有無姻親關係？

就太平而言，玉美之父母是其配偶之血親，所以太平與玉美之父母有姻親關係；就太平而言，玉美之舅母則是配偶之血親之配偶，所以太平與玉美之舅母之間也有姻親關係。但是太平之父母與玉美之父母雖然互稱「親家」，雙方的關係卻是血親之配偶之血親而非配偶之血親之配偶，因此沒有姻親關係。

**第970條**（姻親之親系及親等）

姻親之親系及親等之計算如左：

一、血親之配偶，從其配偶之親系及親等。

二、配偶之血親，從其與配偶之親系及親等。

三、配偶之血親之配偶，從其與配偶之親系及親等。

## 解說

　　姻親的親系、親等因為沒有血緣脈絡可做為計算標準，所以計算親系、親等依據下列方式：

一、血親之配偶：計算直系或旁系之幾親等姻親，依據血親之配偶與計算之人的親系與親等。例如：哥哥與弟媳是二親等旁系姻親。

二、配偶之血親：計算配偶之血親與自己之親系、親等，就依據配偶與其血親的親系、親等而定。例如：丈夫與妻子的父母之親系、親等，即因為妻子與其父母為一親等之直系血親，所以就是一親等直系姻親。

三、配偶之血親之配偶：計算配偶之血親之配偶與自己的親系、親等，就依據配偶與其血親之配偶的親系、親等為計算標準。例如：自己與太太的兄弟的太太之姻親關係，即因自己的太太與其兄弟之太太為二親等旁系姻親，自己與妻子弟媳就是二親等旁系姻親。

**第971條**（姻親關係之消滅）

姻親關係，因離婚而消滅；結婚經撤銷者亦同。

## 解說

　　姻親關係是基於婚姻關係而發生，所以婚姻因離婚而解消，或者因為撤銷而不存在，姻親關係也因而消滅，但是如果是因死亡而解消婚姻者，姻親關係不消滅。

　　本條特別規定姻親消滅的原因，反面解釋也可以知道血親關係是不會因為協議而消滅，也不會宣告終止而消滅。

### 實例

　　美美與大明結婚，生有一子小明，一女小美，兩人協議離婚，大明要求美美在離婚協議書上聲明斷絕母子女關係，美美為了脫離婚暴的折磨，也就答應了，大明的母親對於美美萬般不捨，大明的母親向美美表示，即使大明與美美離婚，她還是認定美美是她的媳婦，請問，美美與小明、小美的母子女關係存不存在？大明的母親與美美的婆媳關係存不存在？

1. 父母親離婚是不會影響父母子女關係的存在，父母親聲明脫離父母子女的關係，是無效的意思表示，父母子女關係仍然存在，美美與小明、小美的母子女關係，不會因美美在離婚協議書上聲明斷絕母子女關係而不存在。

2. 大明的母親與美美是因為美美與大明結婚而發生直系姻親關係，美美與大明離婚，大明的母親與美美的直系姻親關係就消滅了，婆媳關係不存在。

# 第二章
# 婚 姻

## 第一節 婚 約

> **第972條**（婚約之要件㈠）
> 婚約，應由男女當事人自行訂定。

### 解說

　　婚約即俗稱之「訂婚」，婚約應該由男女雙方親自訂立，不可以由他人代理，或任由他人決定，因此古時候流行的父母之命、指腹為婚之婚約行為，根本不成立婚約。

### 實例

　　美美與啟明訂婚當天，美美因為生病無法出席訂婚典禮，美美可否寫授權書，委任他人代理？

　　依據最高法院33年上字第1723號判例要旨所示，婚約為不許代理之法律行為，必須當事人親自為之，所以美美不得寫授權書委託他人代理，即使授權他人代理，亦屬無效之法律行為，代理人縱使執行代訂婚約之行為，亦不發生任何法律效力。

**第973條**（婚約之要件㈡）
男女未滿十七歲者，不得訂定婚約。

## 解說

　　舊民法第973條規定訂定婚姻的男女雙方，男方必須年滿17歲以上，女方必須年滿15歲以上，但本條於民國110年1月13日修正公布，112年1月1日起施行，不論男女性別，最低訂婚年齡為滿17歲，若未滿17歲訂婚，訂婚無效。

　　小美與大明從小一起讀書、遊戲，當兩人長到16歲的時候，小美舉家搬到美國，臨行前小美與大明互訂婚約，非君不嫁，非卿莫娶，並且書立文書為證。日後兩人也未曾聯絡，大明讀大學後，遇見心儀的女孩，兩人互相計畫畢業後先訂婚再出國留學，大明忽然想起16歲時曾與小美互訂婚約，大明苦惱不已，不知道該怎麼辦？

　　小美與大明互訂婚約時，均未滿17歲，沒有訂婚能力，所以他們的婚約違反民法第973條的強行規定，小美與大明的婚約無效（學說上有認為屬於得撤銷之原因，並非無效，不過以目前實務上之通說及過往判例所示，應為無效，本書亦採通說見解），大明可以放心地與女友訂婚。

**第974條**（婚約之要件㈢）
未成年人訂定婚約，應得法定代理人之同意。

**解說**

　　未成年人之訂婚，除了有訂婚年齡之限制外，因為其仍為限制行為能力人，所以仍然需要得到法定代理人的同意，若未成年人未得到法定代理人同意而訂婚，依據最高法院23年上字第3187號判例要旨的規定，不生效力。

　　未成年人訂婚，除了要得到法定代理人同意之外，還須符合本法第973條的規定，必須男女均年滿17歲，如果沒有達到訂婚年齡，即使得到法定代理人同意，訂婚也是無效的（學說上有認為屬於得撤銷之原因，並非無效，不過以目前實務上之通說及過往判例所示，應為無效，本書亦採通說見解）。

　　如果訂婚的兩方都是未成年人，兩方都要得到自己的法定代理人同意，否則訂婚是無效的（學說上有認為屬於得撤銷之原因，並非無效，不過以目前實務上之通說及判例所示，應為無效，本書亦採通說見解）。

　　小美現年17歲與22歲的大明是一對戀人，兩人商量在情人節訂婚，小美的父親順從小美的意願不反對，小美的母親認為小美年紀太小，應以學業為重，反對兩人訂婚，大明的父母親認為小美、大明兩人都太年輕了，思想不成熟，也表示反對，所以訂婚儀式只有小美的父親主持，請問小美、大明的訂婚有效嗎？

　　小美現年17歲，已具有訂婚能力，但是訂婚仍應得到法定代理人的同意；大明現年22歲，已是成年人，具有完全的行為能力，所以訂婚不必得到父母的同意。小美的父母親都是小美的法定代理人，小美必須得到父母親二人的同意，訂婚才有

效，小美只得到父親的同意，卻未得到母親的同意，小美、大明的訂婚仍然無效。

第975條（婚約之效力）
婚約，不得請求強迫履行。

## 解說

訂婚之後，男女雙方雖然為未婚夫妻，但是法律上尚未發生結婚之效力，婚約是結婚的預約，結婚與否還要由雙方當事人決定，因此婚約之效力不強，一方即使有悔婚之情形發生，他方也不能訴請法院強制履行。

## 實例

玉美與國明訂婚後，玉美一再找各種理由拖延、更改結婚日期，時間一晃過了3年，國明忍無可忍，於是向法院提起訴訟，訴請玉美與國明結婚，法院告訴國明此路不通，因為婚約不能經法院判決強制履行。國明想，那我就效法章回小說，到玉美家搶親，國明的做法行得通嗎？

婚約是不可以強迫履行的，國明想要用搶親的方式，玉美可以明白拒絕，且國明想要用搶親的方式，也可能觸犯刑法妨害自由的罪責。

**第976條**（婚約解除之事由及方法）

婚約當事人之一方，有下列情形之一者，他方得解除婚姻約：

一、婚約訂定後，再與他人訂定婚約或結婚。

二、故違結婚期約。

三、生死不明已滿一年。

四、有重大不治之病。

五、婚約訂定後與他人合意性交。

六、婚約訂定後受徒刑之宣告。

七、有其他重大事由。

依前項規定解除婚約者，如事實上不能向他方為解除之意思表示時，無須為意思表示，自得為解除時起，不受婚約之拘束。

## 解說

　　婚約的解除，如果是雙方均同意解除的情形，當然不論何種原因，都可以任意解除，但是如果有一方不同意解除，另一方想要解除時，想要解除的一方必須他方有本法第976條第1項所列的情形之一，才可以解除婚約，但是如果不符合解除婚約之條件，而仍然執意解除婚約者，雖然不生解除效力，可是也不能強迫履行婚約，是屬於違反婚約的問題。

　　本條關於婚約法定解除事由，本有九種，但本條畢竟是民國19年間所訂立之條文，在歷次修法時均未變動，有的法定解除事由不合時宜，因此在民國108年4月24日總統令修正公布施行立法院108年4月9日三讀通過的條文。

　　原來的法定解除事由五為「有花柳病或其他惡疾者」，立

法院修法理由認為「花柳病」就是俗稱的性病。考量花柳病不是現代醫學用語，且性病的嚴重程度輕重不一，不宜於一方得病時，就賦予他方解除婚約之權，倘該性病係屬重大不治時，可適用第4款「有重大不治之病」之解除婚姻事由；至於本款「其他惡疾」之定義並不明確，因此刪除第5款規定。

本來的法定解除事由六為「婚約訂定後成為殘廢者」，殘廢是歧視的文字，對於將婚約訂定後成為殘廢者作為法定解除婚約事由，有違身心障礙者權利公約，我國既已通過施行「身心障礙者權利公約施行法」，自應避免此種歧視性法令，因此刪除第6款規定。

第5款、第6款刪除，原來的第7款、第8款、第9款事由都往前挪號次，不過原第7款的「與人通姦」事由參酌民法第1052條第1項第2款，修正為「與他人合意性交」。

訂婚的當事人如果有本條下列七種法定事由之一的話，他方的當事人就可以解除婚約：

一、婚約訂定後，再與他人訂定婚約或結婚：訂婚之後竟然又再跟他人訂婚，顯然沒有誠意，視婚姻為兒戲，當然可以與其解除約定；訂婚後又與他人結婚者，不可能再與前訂婚的人結婚，前訂婚之人當然也可以解除婚約。惟查訂婚之後，再與他人訂婚，後與之訂婚的人則無權以本款事由據以解除婚約，但是後與之訂婚的人，仍可以本條第1項第7款有其他重大事由為解除婚約的事由。

二、故違結婚期約：訂婚之後就是預期要結婚，如果一方提請婚期，另外一方無正當理由（例如：守喪、罹病）而一再藉故拖延婚期，顯然也是沒有結婚誠意，所以構成解除婚約之事由。

三、生死不明已滿1年：生死不明是指其人究竟是生是死不得而知，若只是居住所不明時，還不是所謂「生死不明」，至於生死不明滿1年以上，但在行使解除權已知道生死情況時，生死已明則不得以本款事由解除婚約。

四、有重大不治之病：重大不治之疾病是指客觀上醫學不易醫治之疾病，例如：癌症、愛滋病、瘋癲症。由於條文並未規定何時罹患，因此重大疾病之罹患時間，不論是在訂婚前或訂婚後，均可構成解除婚約之事由。

五、婚約訂定後與他人合意性交：訂婚後就預期雙方將在一定期間內結婚共組家庭，婚姻的內容本含有性的本質，訂婚後還與別人合意性交，顯然愛情不專一，自然容許他方解除婚約。

六、婚約訂定後受徒刑之宣告：婚約訂定後，受徒刑之宣告確定者，有害未婚配偶之名譽，所以為解除婚約之事由，若在訂婚前犯罪，而於訂婚後受徒刑之宣告，也構成本條款之解除事由。如果訂婚時被矇騙而不知悉他方未婚配偶受徒刑宣告，訂婚後始知悉者，則非本條款事由，但可以構成第7款之「其他重大事由」。

七、有其他重大事由：民法對於婚約之法定解除事由採列舉規定，但又惟恐社會現象變動太快，不足以涵蓋所有應准予解除婚約之事由，所以在本條第1項第7款採概括規定，若有其他重大事由，也可以構成解除婚約之事由。所謂「重大事由」應斟酌婚約當事人雙方之教育程度、地位、職業等各情節，依照社會一般觀念判斷之。例如：訂婚後犯不名譽罪而受罰金刑之宣告、訂婚前受徒刑之宣告、侮辱對方、雙方感情破裂等均是。

解除婚約也是解除契約的一種，原則上解除之意思表示應送達至對方或使對方瞭解，但是解除婚約之事由中，有的是未婚配偶生死不明、心神喪失而無法定代理人等，根本無法有效地將意思表示送達對方或使對方知道，所以如事實上不能向他方為解除之意思表示時，無須為解除之意思表示，自得為解除時起就不受婚約之拘束。

小美與大明訂婚後，小美又與大華訂婚，大明發現之後，大明發存證信函向小美、大華表示，因為小美已先和大明訂婚，所以大明有優先權撤銷小美與大華的婚約，請問大明可以撤銷小美與大華的婚約嗎？

雙重訂婚，後訂婚不會無效，也不會發生第三人可以撤銷他人婚約之權利，小美即使先和大明訂婚，大明也無權撤銷小美與大華的婚約，大明只可以小美又與大華訂婚為由，解除大明與小美的婚約。

---

**第977條**（解除婚約之賠償）

依前條之規定，婚約解除時，無過失之一方，得向有過失之他方，請求賠償其因此所受之損害。

前項情形，雖非財產上之損害，受害人亦得請求賠償相當之金額。

前項請求權不得讓與或繼承。但已依契約承諾，或已起訴者，不在此限。

## 解說

　　本條第2項、第3項是民國74年修法時新增之條文，對於在新法施行前訂婚，施行後解除婚約者，亦有適用。

　　本條所謂之有無過失，是指對於婚約解除的原因事實之發生有無過失而言，例如：訂婚後與人合意性交就是有過失。婚約解除時，無過失的未婚配偶可以向有過失的未婚配偶請求賠償損害，賠償的範圍包括財產損害與精神損害，但是只限於現時所受積極損害，不包括消極利益的損害。

　　本條之精神損害賠償權利屬於一身專屬權，所以不可以作為讓與或繼承的標的，但是如果已依契約承諾或起訴者則仍可作為讓與或繼承之標的。

　　訂婚之當事人一方有民法第976條法定解除事由存在，而且就法定解除婚約事由有過失，他方未婚配偶則無過失存在，如果雙方以協議方式解除婚約，雙方又未約定有過失的未婚配偶應賠償無過失的未婚配偶，該無過失的未婚配偶無法依據民法第977條之規定，向有過失的未婚配偶請求損害賠償。

　　文祥與玉梅訂婚後，意見不合，時起爭端，嗣後玉梅發現文祥另與其他女子交往，玉梅可否依法解除婚約？可否請求賠償損失？

　　文祥只是在訂婚後與其他女子交往，尚非法定之解除婚約事由，除非文祥另與其他女子訂婚、結婚或者合意性交，或者文祥對玉梅冷淡、感情不合等情形，玉梅才可以依法解除婚約而請求損害賠償。

　　小美與大明訂婚之後，預定2個月後結婚，小美在大明的

要求之下，辭去每月3萬元薪水之工作，準備結婚事宜，不料大明1個月之後又與小玲訂婚，小美知道後，立刻與大明解除婚約，並要求大明負損害賠償責任，小美可不可以請求損害賠償？小美請求的範圍有哪些項目？

　　大明與小美訂婚後又與小玲訂婚，大明是有過失的人，小美沒有過失，小美解除婚約之後，可以依民法第977條之規定，向大明請求損害賠償。

　　賠償的項目如下：

1. 財產上損害：因準備結婚辭去工作之薪水損失、因準備訂婚、結婚支出之費用。
2. 精神上損害賠償。

　　小美與大明訂婚之後，大明因車禍造成身心障礙，小美因而提出解除婚約之要求，由於小美訂婚後已與大明同居，小美尚且要求大明負損害賠償責任，小美可不可以請求損害賠償？

　　大明因車禍造成身心障礙，並非法定解除婚約事由，小美無解約權也不得對大明請求損害賠償。

---

**第978條**（違反婚約財產上之損害賠償）
婚約當事人之一方，無第九百七十六條之理由而違反婚約者，對於他方因此所受之損害，應負賠償之責。

---

### 解說

　　婚約不得強迫履行，而且訂婚只是結婚之預約而已，如果婚約的雙方任一方沒有結婚的意願，法律並無強制保護必要，所以承認任意的悔婚，因此，婚約的當事人之一方，即使沒

有民法第976條第1項各款的法定解除事由，他方都可以任意悔約。但是為了公平起見，沒有民法第976條第1項各款之一原因而毀婚的人，對於他方當事人因而受有財產上損害，應負損害賠償責任。

　　民法第977條第1項與民法第978條損害賠償責任的相同、差異點如下：

一、相同點：賠償義務人應賠償權利人已發生的財產上損害，至於未來可期待發生的利益，不在賠償之列。

二、差異點：

（一）基於民法第977條第1項之法定解除事由而解除婚約的情形下，請求權利人必須是無過失的未婚配偶，賠償義務人必須是有過失的未婚配偶。如果請求權利人有過失或者被請求人是無過失的情形下，損害賠償責任都無法成立。

（二）沒有民法第976條第1項之法定解除事由而違背婚約（悔婚）的情形下，請求權利人不論有無過失，都可以向悔婚的人，請求財產上的損害賠償。

**實例**

　　小美與大明訂婚之後，兩人同時看中一幢中古屋，小美並且預先支付賣方訂金新台幣10萬元。不料風雲生變，大明竟然恐懼結婚，向小美表示不想結婚了，兩人到此分手。小美說分手可以，感情不強求，但是她因訂婚所支付的請客費用，以及因不可能再與賣方簽約購買房地而遭賣方沒收的訂金，大明應賠償給她，小美說的對不對？

　　大明任意悔婚，自應對造成小美的財產損害負賠償責任。小美因為訂婚依習俗請客所支付的筵席費用，扣除習俗上男方所支付之「押桌」禮金，自得請求大明賠償。兩人為了結婚之用支付房屋買賣之訂金，由於大明悔婚無法簽約履行，而遭屋主沒收，既然訂金是由小美支付，小美所受之損害可以要求大明賠償。

　　小美與大明訂婚之後，大明任意悔婚，小美要求大明賠償筵席費用、喜餅費用，大明說筵席費用、喜餅費用都是小美的父母支付的，小美沒有受損害，不應要求大明賠償，大明的說法有無理由？

　　在習俗上，筵席費用、喜餅費用都是女方因訂婚所支付之費用，即使費用由女方的父母支付，不是由訂婚的女方支付，實務上仍認為筵席費用、喜餅費屬於訂婚之女方支出，即使實際上由她的父母支出，只是內部關係上是女方父母對於待婚女兒的餽贈，如果男方任意悔婚，女方可以請求男方負擔筵席費用、喜餅費用的損害賠償責任。大明任意悔婚，小美可以要求大明賠償筵席費用、喜餅費用，大明抗辯筵席費用、喜餅費用實際上由小美的父母支付，主張小美沒有受損害，是沒有理由的。

---

**第979條**（違反婚約非財產上之損害賠償）
前條情形，雖非財產上之損害，受害人亦得請求賠償相當之金額。但以受害人無過失者為限。
前項請求權，不得讓與或繼承。但已依契約承諾或已起訴者，不在此限。

**解說**

　　訂婚的人一方，在無法定解除婚約事由時，任意悔婚，如因此造成他方財產上損害時，不論他方有無過失，悔婚的人都應賠償他方的財產上損害，他方如果沒有過失，悔婚的人也應賠償他方的精神上損害。

　　本條精神損害賠償之權利為一身專屬權，不可以讓與或繼承，但是已依契約承諾或已起訴者，則可以讓與或繼承。

**實例**

　　大華與小美訂婚後，大華又另結新歡，大華因而悔婚，大華應如何賠償小美？

　　大華沒有法定解除婚約事由時，任意悔婚，除了應賠償小美財產上損害之外，因為小美對於大華的悔婚沒有過失，大華還應賠償小美的精神上損害。

**第979-1條**（贈與物之返還）
**因訂定婚約而為贈與者，婚約無效、解除或撤銷時，當事人之一方，得請求他方返還贈與物。**

**解說**

　　訂婚在習俗上男女雙方會互贈禮物，若訂婚後發生解除、撤銷或者婚約無效時，對於贈與物應如何處理，在本條文未增訂之前判例、學說見解紛紜，民國74年6月3日所公布之條文中明定當事人之一方得請求他方返還贈與物。

　　訂婚後如果一方死亡，他方沒有返還訂婚贈與物之責任。

## 實 例

志雄與麗娟訂婚後，雙方發現情感轉淡沒有結婚意願，因此協議解除婚約，但是志雄要求將訂婚戒指留作紀念，麗娟可否要求返還？

訂婚戒指是訂婚之贈與物，雙方既然已經解除婚約，麗娟當然可以請求返還訂婚戒指。

大華與小美訂婚後，大華不幸意外身亡，小美向大華的父母要求返還訂婚贈與物或大華的父母向小美要求返還訂婚贈與物，請問有無法律上理由？

當事人訂婚後，只有在訂婚無效、婚約解除、訂婚被撤銷時，負有相互返還訂婚贈與物的義務，在一方身亡的情形下，沒有返還訂婚贈與物的義務。小美向大華的父母要求返還訂婚贈與物或大華的父母向小美要求返還訂婚贈與物，沒有法律上理由，如提起訴訟請求，法院會駁回請求。

**第979-2條**（贈與物返還請求權之消滅時效）
第九百七十七條至第九百七十九條之一所規定之請求權，因二年間不行使而消滅。

## 解說

第977條至第979條之1所規定之請求權，有請求權之一方，如果在得為請求時起2年間不行使，就罹於時效，成為自然債務，被請求之人可以抗辯時效已經消滅，不負任何債務責任。

# 第二節　結　婚

**第980條**（結婚之實質要件(一)─結婚年齡）
男女未滿十八歲者，不得結婚。

## 解說

　　舊民法原規定結婚年齡限制，男方必須在18歲以上，女方必須在16歲以上。但本條於民國110年1月13日修正公布，112年1月1日起施行，不論男女性別，都須滿18歲才能結婚。

　　民法第12條亦於110年1月13日修正公布，112年1月1日起施行，滿18歲為成年，因此民法第980條修正後，成年人始能結婚。

**第981條**（刪除）

**第982條**（結婚之形式要件）
結婚應以書面為之，有二人以上證人之簽名，並應由雙方當事人向戶政機關為結婚之登記。

## 解說

　　本條文為民國96年5月23日修正公布，對於結婚成立要件由「儀式婚」改採「登記婚」，完全改變舊法對於結婚成立要件的認定。

　　舊法原先規定結婚的成立要件為「公開之儀式」及「二人以上的證人」，民國74年6月3日增訂公布第2項如有結婚的戶籍登記，推定結婚成立，仍然維持「儀式婚」的成立要件，只是在有結婚登記時，舉證責任轉換為主張結婚不成立的人負有舉證責任。

　　由於儀式婚較欠缺公示效果，如果當事人舉行儀式婚，但不辦理結婚登記，第三人不易分辨該夫婦有無結婚關係，或者辦理結婚登記，但是沒有舉行公開的結婚儀式，也會產生沒有婚姻關係的爭議，所以民國96年5月23日修法，將結婚的成立要件改成登記要件，因為這是重大變革，須有宣導期，而且相關行政機關法令也要配合修正，因此民法親屬編施行法第4條之1規定，新修正的民法第982條規定自公布1年後施行，也就是在民國97年5月23日開始施行登記婚。在民國97年5月23日之後，結婚如果舉行公開儀式，但是沒有到戶政事務所辦理結婚登記，則結婚不成立。

　　所謂登記婚，必須符合下列要件：

一、結婚必須有書面，例如：採用結婚證書、結婚聲明書或者任何可以表明男女雙方結婚的意思表示的書面。

二、結婚書面上須有二人以上的證人之簽名。證人是否須有完全行為能力，法律沒有明文規定，但是參酌內政部民國73年5月7日台內戶字第225424號函釋：「民法第982條所謂結婚應有二人以上之證人，係指有行為能力在場親見而願證明者為已足。」最高法院51年台上字第551號判例要旨：「民法第982條所謂結婚應有公開之儀式，指結婚之當事人應行定式之禮儀，使不特定人得以共聞共見，認識其為結婚者而言。所謂二人以上之證人，祇須有行為能

力……。」所示，在採登記婚之後，在結婚書面上的證人
之簽名，仍應由有完全行為能力的人簽名證明為妥。
三、結婚當事人雙方必須共同向戶政機關申請辦理結婚之登
記。

　　民國95年5月30日大華與小玲沒有舉行結婚公開儀式，只
有到戶政事務所辦理結婚登記。民國96年5月30日，大華與小
美共同舉行結婚典禮，但是後來沒有到戶政事務所辦理結婚登
記。大華、小玲、小美的婚姻關係如何？

　　民國95年5月30日當時的民法第982條第1項規定「結婚應
有公開儀式及二人以上之證人」，結婚並不以向戶政機關辦理
結婚戶籍登記為要件。結婚戶籍登記只有推定結婚的效力，如
果實際上沒有舉行公開儀式及二人以上之證人，即使有結婚戶
籍登記，也不發生結婚效力。大華與小玲只有向戶政機關辦理
結婚戶籍登記，沒有舉行結婚公開儀式，婚姻不成立，大華與
小玲沒有結婚關係。

　　民法第982條已於96年5月23日修正公布為：「結婚應以書
面為之，有二人以上證人之簽名，並應由雙方當事人向戶政機
關為結婚之登記。」但是該修正條文須自民國97年5月23日起
才開始施行，所以民國96年5月30日當時，仍然適用儀式婚之
舊法規定，因此民國96年5月30日，大華與小美共同舉行結婚
典禮，雖然沒有到戶政事務所辦理結婚登記，大華與小美的結
婚是有效成立的。

　　大華與小玲兩人興沖沖地籌劃婚禮，一定要留下一個難忘
的回憶。因此在民國97年6月20日大華與小玲依照部落習俗辦

了一場歡樂盛大的傳統婚禮，婚後一週內兩人爭吵不斷，也未到戶政事務所辦理結婚登記，後來兩人又分居半年，雙方決定離婚，應如何辦理？

民國97年6月20日結婚的成立要件適用民國96年5月23日修正公布之民法第982條：「結婚應以書面為之，有二人以上證人之簽名，並應由雙方當事人向戶政機關為結婚之登記。」大華與小玲雖然舉行儀式婚但是沒有辦理結婚登記，兩人實際上結婚不成立，因此兩人就事實上分手即可，不需辦理離婚登記。

民國93年5月2日大華與小玲沒有舉行結婚公開儀式，只有到戶政事務所辦理結婚登記。1年後，大華與小美共同舉行結婚典禮，但是後來沒有到戶政事務所辦理結婚登記。97年8月1日小玲、小美發現大華腳踏兩條船，他們三人的婚姻關係如何判定？

民國97年5月22日之前民法第982條第1項規定「結婚應有公開儀式及二人以上之證人」，結婚並不以向戶政機關辦理結婚戶籍登記為要件。結婚戶籍登記只有推定結婚的效力，如果實際上沒有舉行公開儀式及二人以上之證人，即使有結婚戶籍登記，也不發生結婚效力；民國97年5月23日修正公布施行之民法第982條：「結婚應以書面為之，有二人以上證人之簽名，並應由雙方當事人向戶政機關為結婚之登記。」改採結婚戶籍登記，才發生結婚效力，如果只舉行公開儀式，但是沒有辦理結婚戶籍登記，結婚不生效力。但是法律修正後，沒有溯及既往的效力，所以要論斷婚姻有效與否，還是要依結婚當時的法律規定而定。民國93年5月2日大華與小玲只有向戶政機關辦理結婚戶籍登記，沒有舉行結婚公開儀式，婚姻不成立，大

華與小玲沒有結婚關係，民國94年5月2日大華與小美有舉行公開儀式及二人以上之證人，已經發生結婚的效力，即使沒有向戶政機關辦理結婚戶籍登記，也不影響大華與小美的結婚效力。

---

**第983條**（結婚之實質要件㈢—須非一定親屬）

與左列親屬，不得結婚：

一、直系血親及直系姻親。

二、旁系血親在六親等以內者。但因收養而成立之四親等及六親等旁系血親，輩分相同者，不在此限。

三、旁系姻親在五親等以內，輩分不相同者。

前項直系姻親結婚之限制，於姻親關係消滅後，亦適用之。

第一項直系血親及直系姻親結婚之限制，於因收養而成立之直系親屬間，在收養關係終止後，亦適用之。

---

**解說**

　　本條於民國74年6月3日修正，87年6月17日再度修正。

　　本條為近親結婚之限制條款，基於優生學上以及人倫上的理由，世界各國立法例，均有限制近親結婚的規定，只是範圍不同而已，我國民法近親禁止結婚之規定如下：

一、直系血親及直系姻親：此項限制，即使在因收養而成立之直系親屬關係，在收養關係終止之後，仍然在禁止之列。姻親關係消滅時，直系姻親亦不得結婚。

二、六親等內旁系血親：六親等內旁系血親無論輩分是否相當，均不得結婚。本條與民國74年6月3日之修正條文不同

點，在於同輩分之六親等表兄弟姊妹可以結婚，本次修正則改為禁止結婚，而六親等以外之旁系血親即使輩分不相當仍可結婚，但在民國74年6月3日修正之法律則禁止旁系血親無論親疏遠近，只要輩分不相當的都不可以結婚。

本次修法固然規定六親等內旁系血親不得結婚，可是因收養成立的四親等及六親等旁系血親，輩分相同者，仍然可以結婚。

三、五親等內輩分不相同的旁系姻親：旁系姻親在五親等以內，輩分不同的，不可以結婚。

**實例**

曉玉從小被立國夫婦收養，曉玉成年後，立國夫婦想撮合其大哥的長子慶安與曉玉結婚，慶安與曉玉在法律上許不許可結婚？

曉玉為立國夫婦之養女，因為收養關係，曉玉與立國夫婦成立一親等之直系血親關係，曉玉與慶安則因該收養關係，成立四親等之旁系血親，且為同輩之堂兄弟姊妹，依據民法第983條第1項第2款但書規定，慶安與曉玉如果結婚，沒有違背近親結婚禁止的規定，仍然是可以結婚。

**第984條**（結婚之實質要件四—須無監護關係）

監護人與受監護人，於監護關係存續中，不得結婚。但經受監護人父母之同意者，不在此限。

## 解說

在監護關係中，為了保護受監護人之利益，所以不准監護人在監護受監護人之期間內與受監護人結婚，如果雙方執意結婚則必須監護人辭退監護職務改由他人監護，或者經過受監護人的父母同意才可以結婚。

**第985條**（結婚之實質要件(五)—須非重婚）
有配偶者，不得重婚。
一人不得同時與二人以上結婚。

## 解說

民國74年6月3日修正前，法條只規定，有配偶者，不得重婚，並沒有規定一人同時與二人以上結婚的情形，究竟結婚是否成立，容易發生法律適用爭執，所以在民國74年6月3日增訂本條第2項規定：「一人不得同時與二人以上結婚。」並配合本法第988條修正，對於重婚之後婚、一人同時與二人以上結婚的情形，均規定無效。

民國74年6月3日修正本條規定，依民法親屬編施行法第15條規定，並自公布日施行，但是並沒有溯及既往適用規定，所以重婚在民國74年6月3日之前者仍適用舊法規定，重婚在民國74年6月3日之後者，適用新法規定。

所以重婚在民國74年6月3日之前，重婚為得撤銷婚，可由利害關係人撤銷，後婚如未撤銷，前婚及後婚均為有效，重婚在民國74年6月3日之後，後婚為無效婚姻。

大法官釋字第362號及第552號解釋，對於重婚的法律效果

有例外的解釋，但均無法解決善意重婚之問題，所以民國96年5月23日修正民法第988條第1項第3款但書規定，重婚的當事人均為善意無過失，信賴前婚姻已經消滅而結婚的話，法律例外承認該重婚有效。這個例外規定依據民法親屬編施行法第4條之1第2項規定有溯及既往適用的效力，也就是民國96年5月23日修正前，重婚的雙方都是善意無過失，信賴前婚姻已經消滅而結婚的話，該重婚有效。

由於台灣與大陸人民以前因為時空背景因素，造成家庭分隔，衍生婚姻問題，民國81年7月31日公布之「台灣地區與大陸地區人民關係條例」第64條有特別規定，在特殊情形，不適用「重婚在民國74年6月3日之前者，仍適用舊法規定，屬於得撤銷婚；重婚在民國74年6月3日之後者，適用新法規定，屬於無效婚。」之原則。台灣與大陸人民重婚關係特殊效力如下：

一、大陸地區人民與台灣地區人民原有婚姻關係，因為一方在大陸，一方在台灣而不能同居者，一方在民國74年6月4日以前重婚者，利害關係人不得聲請撤銷重婚之後婚姻。

二、大陸地區人民與台灣地區人民原有婚姻關係，因為一方在大陸，一方在台灣而不能同居者，一方在民國74年6月4日以後76年11月1日以前重婚者，重婚之後婚姻視為有效。

三、大陸地區人民與台灣地區人民原有婚姻關係，因為一方在大陸，一方在台灣而不能同居者，雙方均在民國76年11月1日以前分別重婚者，自雙方之較後重婚成立之日起，原婚姻消滅。

民國80年間，大華與小美經公證結婚，但未向戶政事務所

辦理結婚登記。民國81年間，大華與小英舉行結婚迎娶儀式，大華與小英向戶政事務所辦理結婚登記，大華的合法配偶究竟是誰？

　　在民國97年5月23日之前，結婚的成立要件採儀式婚，非採登記婚，民國80年間，大華與小美經公證結婚，結婚已經有效成立，雖未向戶政事務所辦理結婚登記，仍不影響結婚之效力，大華在與小美仍有婚姻關係之狀態下，又與小英結婚，屬於重婚狀態，依據民法第988條第1項第1款規定，重婚之後婚姻無效，所謂無效，就是自始確定當然無效，雖然大華與小英向戶政事務所辦理結婚登記，大華與小英的婚姻仍然是無效。由於大華明知自己已有一有效婚姻存在時，又再與人結婚，大華是有過失的配偶，沒有民法第988條第1項第3款但書規定的適用。所以在法律上，大華的合法配偶是小美。

　　大華與小美結婚5年後，大華又在民國70年間與小茵結婚，10年後為小美知悉，小美應如何解決大華與小茵的婚姻？

　　大華在民國70年間與小茵重婚，重婚發生在民國74年6月3日之前，重婚的後婚，屬於得撤銷婚姻，大華也是有過失的配偶，不受善意重婚的保護規定，小美可以撤銷大華與小茵的婚姻，使後婚無效。

　　老吳於民國20年在中國大陸與阿香結婚，民國38年老吳隨部隊至台灣，從此與阿香失去聯絡，老吳於民國60年間在友人介紹下與阿美結婚，民國76年兩岸開放探親後，老吳帶著阿美與子女至大陸探親，老吳與阿香重逢，阿香孑然一身，未再改嫁，阿香可否撤銷老吳與阿美的婚姻？

　　依據台灣地區與大陸地區人民關係條例第64條特別規定，

大陸地區人民與台灣地區人民原有婚姻關係，因為一方在大陸，一方在台灣而不能同居者，一方在民國74年6月4日以前重婚者，利害關係人不得聲請撤銷重婚之後婚姻。因此阿香不能撤銷老吳與阿美的婚姻。

老吳於民國20年在中國大陸與阿香結婚，民國38年老吳隨部隊至台灣，從此與阿香失去聯絡，老吳於民國60年間在友人介紹下與阿美結婚，兩岸開放探親後，老吳深恐阿香出現會造成現在的家庭問題，最近老吳獲同鄉告知，阿香也於西元1960年與他人結婚另組家庭，老吳還需繼續擔憂嗎？

依據台灣地區與大陸地區人民關係條例第64條特別規定，大陸地區人民與台灣地區人民原有婚姻關係，因為一方在大陸，一方在台灣而不能同居者，雙方均已另行結婚，雙方之原婚姻，自後重婚成立時消滅，因此老吳與阿香婚姻已經消滅，老吳不必擔心前婚姻的問題。

民國82年間，大華心懷不軌，趁妻子小美出國之際，虛構妻子惡意遺棄，提起裁判離婚訴訟，並取得確定判決，據以辦理離婚登記。嗣後，大華與不知情的小茵結婚，小美回國後，知道大華的詭計，小美提起再審訴訟，判決確定回復婚姻關係，小美是否還可主張大華與小茵為重婚關係，應屬無效？

大華明知小美出國所在，卻故意虛構小美惡意遺棄的事由，處心積慮取得離婚確定判決，恢復單身身分與小茵結婚，就小茵而言，固然是善意的第三人，但是大華為惡意之人，所以當小美提起再審之訴回復婚姻之後，大華與小茵的婚姻關係則處於重婚狀態，而且不符民法第988條第1項第3款但書規定，大華與小茵的重婚屬於無效婚。

　　大華與小美、小玲都發展出男女同居關係，小美、小玲均懷有身孕，為了將來小孩出生的身分問題，大華與小美、小玲同時舉行結婚典禮，大華與小美、小玲的婚姻關係如何界定？

　　民法第985條第2項、第988條第1項第3款規定，一人不得同時與二人以上結婚，如有違反者，婚姻無效。大華與小美、小玲同時舉行結婚典禮，已經違反上述強行規定，他們的結婚無效。

**第986條**（刪除）

**第987條**（刪除）

**第988條**（結婚之無效）

結婚有下列情形之一者，無效：

一、不具備第九百八十二條之方式。

二、違反第九百八十三條規定。

三、違反第九百八十五條規定。但重婚之雙方當事人因善意且無過失信賴一方前婚姻消滅之兩願離婚登記或離婚確定判決而結婚者，不在此限。

**解說**

　　本條明文規定一、結婚不具備法定方式；二、違反近親結婚限制；三、重婚；四、同時與二以上之人結婚，都是無效的婚姻。重婚原則上是無效婚姻，但是也有例外情形。

一、結婚不具備法定方式：我國結婚之要件，採要式行為，必

須依照民法第982條第1項規定，在民國97年5月23日之前需有公開的儀式及二人以上的證人始可，民國97年5月23日之後，則須具備結婚書面，有二人以上證人之簽名，並應由雙方當事人向戶政機關為結婚之登記，否則結婚無效。

二、違反近親結婚限制：本法第983條規定一定親屬之間不得結婚，如有違反，結婚無效，以維持一定的倫常關係，以及避免血緣太近，生育時容易產生遺傳上的疾病。哪一類親屬關係禁止結婚，請參看民法第983條的解說。

三、重婚：民國74年6月3日公布增訂本項規定，認為重婚有違一夫一妻制度，因此保障前婚姻，認為重婚之後婚無效，但是司法院大法官釋字第362號及第552號解釋，例外對於一定條件之善意無過失的重婚之後婚，承認有效，因此民國96年5月23日增訂公布民法第988條第1項第3款但書規定，重婚之雙方當事人因信賴國家機關之行為，基於善意無過失信賴一方前婚姻消滅的兩願離婚登記或離婚確定判決而結婚時，法律上則改採保障後婚姻，認為重婚為有效婚姻。此項保障善意無過失之重婚規定，依照民法親屬編施行法第4條之1第2項規定：「修正之民法第九百八十八條之規定，於民法修正前重婚者，仍有適用。」也就是在96年5月23日之前所發生之重婚事實，只要是重婚雙方當事人都是善意無過失信賴一方前婚姻消滅的兩願離婚登記或離婚確定判決而結婚，就保障後面之重婚有效。但是如果重婚之一方為善意無過失之人，另一方為有過失或惡意之人，該重婚仍然屬於無效婚姻。

四、同時與二以上之人結婚：一人同時與二以上之人結婚，根

本就違反一夫一妻制度，所以本法明文規定無效。

 **例**

請參見民法第982條、第983條、第985條之實例與解說。

---

**第988-1條**（前婚姻視為消滅之效力、賠償及相關規定）

前條第三款但書之情形，前婚姻自後婚姻成立之日起視為消滅。

前婚姻視為消滅之效力，除法律另有規定外，準用離婚之效力。但剩餘財產已為分配或協議者，仍依原分配或協議定之，不得另行主張。

依第一項規定前婚姻視為消滅者，其剩餘財產差額之分配請求權，自請求權人知有剩餘財產之差額時起，二年間不行使而消滅。自撤銷兩願離婚登記或廢棄離婚判決確定時起，逾五年者，亦同。

前婚姻依第一項規定視為消滅者，無過失之前婚配偶得向他方請求賠償。

前項情形，雖非財產上之損害，前婚配偶亦得請求賠償相當之金額。

前項請求權，不得讓與或繼承。但已依契約承諾或已起訴者，不在此限。

---

**解說**

本條為民國96年5月23日公布增訂條文。

民法第988條第1項第3款但書明白規定重婚雙方當事人都

是善意無過失信賴一方前婚姻消滅的兩願離婚登記或離婚確定判決而結婚的時候，重婚例外為有效婚姻，前婚姻之效果如何，均須有明確的規範，所以本條規定重婚有效時，前婚姻的法律效果。茲說明如下：

一、前婚姻消滅：如果認為重婚符合民法第988條第1項第3款但書規定的情形，前婚姻視為在該後婚姻成立時消滅。立法理由說明立法政策是維持一夫一妻制度，在重婚雙方當事人都是善意無過失信賴一方前婚姻消滅的兩願離婚登記或離婚確定判決而結婚的時候，究竟要保護前婚姻？還是後婚姻？屬於立法政策之考量，經審酌認為婚姻之本質重在夫妻共同生活，前婚姻原則上已無共同生活的事實，前婚姻的夫妻雙方以前曾達成離婚協議或一方請求裁判離婚，前婚姻已出現破綻，又基於身分安定性的要求，因此認以維持後婚姻較符合婚姻本質。

二、前婚姻消滅準用離婚效力的規定：本條創立法律擬制使婚姻消滅的制度，前婚姻消滅終究不是因離婚發生消滅，所以法律明文規定，除非法律另有規定外，準用離婚的效力。因此關於贍養費、對於未成年人親權行使、剩餘財產價額分配請求權等均準用離婚的規定。但是前婚姻如為兩願離婚登記或裁判離婚確定，已就夫妻剩餘財產價額分配做成協議或判決時，前婚姻如因撤銷兩願離婚登記或廢棄離婚裁判而恢復自始存在時，理論上夫妻剩餘財產價額分配協議或判決原應失所附麗，而不存在或發生再審事由，如要計算夫妻剩餘財產價額分配，需自前婚姻視為消滅之日起計算，如此反而發生複雜的法律關係，所以明定前婚姻如為兩願離婚登記或裁判離婚確定，已就夫妻剩餘財產

價額分配做成協議或判決時，仍依原來判決分配或協議分配定之，不可以另外重新計算。本條第2項所謂「除法律另有規定外」，也就是指前婚姻如為兩願離婚登記或裁判離婚確定，已就夫妻剩餘財產價額分配作成協議或判決時，仍依原來判決分配或協議分配定之，不可以另外重新計算。

三、消滅時效規定：前婚姻視為消滅時，如果前婚姻於之前被撤銷之兩願離婚登記或被廢棄離婚裁判，尚未作成夫妻剩餘財產價額分配時，前婚姻視為消滅之後的夫妻剩餘財產價額分配請求權，自請求權人知道有剩餘財產的差額時起，2年間不行使消滅；自前婚姻於之前被撤銷之兩願離婚登記或被廢棄離婚裁判確定時起，超過5年，夫妻剩餘財產價額分配請求權也一樣時效消滅。

四、前婚姻配偶的損害賠償請求權：前婚姻視為消滅，必定是前婚姻配偶善意無過失信賴前婚姻已經兩願離婚登記或裁判離婚確定，因而成立後婚姻，才會發生前婚姻視為消滅的情形，所以就重婚之前婚姻配偶而言，對於前婚姻視為消滅也是善意無過失，原本不能準用民法第1056條規定使前婚姻之配偶向善意無過失的重婚配偶請求損害賠償，基於保護前婚姻配偶的權益明定無過失的前婚姻配偶可以向也是善意無過失的重婚配偶請求損害賠償，包括財產上、精神上損害賠償都可請求，這項權利也是無過失的前婚姻配偶的一身專屬權利，但當事人已依契約承諾或已起訴者，不在此限。

　　大華與小英判決離婚確定之後，小英發現當初判決離婚有法院組織不合法的再審事由存在，在判決確定之後1個月內就提起再審訴訟，大華則在離婚確定之後半年內與小美結婚，經過1年後再審訴訟確定，廢棄原離婚判決，這時候小英與大華的婚姻是否恢復了？

　　大華經過判決離婚確定之後，才與小美結婚，再審訴訟廢棄原離婚判決的事由，是因為法院組織不合法，可以認定大華與小美都是信賴原離婚判決而結婚，大華與小美就渠等的結婚都是善意無過失的當事人與第三人，依據民法第988條第1項第3款、第988條之1第1項規定，大華與小美的後婚姻有效存在，大華與小英的前婚姻判決雖然經過再審判決廢棄，但是大華與小英的前婚姻在大華與小美結婚的時候就視為消滅了。

　　大華與小英經過兩願離婚登記之後，大華才與小美結婚，但是後來大華與小英的兩願離婚登記遭撤銷，由於大華與小美都是善意無過失信賴大華與小英已經兩願離婚登記，大華與小英的婚姻在大華與小美結婚時視為消滅，小英於是向大華請求給付剩餘財產價額分配新台幣100萬元、精神損害賠償新台幣100萬元，大華認為當初雙方兩願離婚時，已經支付給小英剩餘財產價額分配新台幣80萬元，大華是善意無過失的當事人，小英不能再向他要求給付，請問大華的想法對嗎？

　　大華與小英辦理兩願離婚登記的時候，一併給付小英剩餘財產價額分配新台幣80萬元，雖然該兩願離婚登記被撤銷，但是大華與小英的婚姻還是因大華與小美締結善意無過失的後婚姻而視為消滅，因為在原先被撤銷的兩願離婚登記時，雙方已經做剩餘財產價額分配，即使兩願離婚登記的時候至被撤銷

之間，剩餘財產又有增加，依照民法第988條之1第2項但書規定，也不可以再請求分配，所以小英不能再向大華要求分配剩餘財產。至於精神損害賠償部分，只要小英是無過失的配偶，依據民法第988條之1第5項規定，小英可以向大華請求精神損害賠償。

> **第989條**（結婚之撤銷(一)—未達結婚年齡）
> 結婚違反第九百八十條之規定者，當事人或其法定代理人得向法院請求撤銷之。但當事人已達該條所定年齡或已懷胎者，不得請求撤銷。

## 解說

　　民國112年1月1日之前，民法第980條仍允許未成年人結婚，因此112年1月1日之前，也有可能結婚違反第980條結婚年齡之限制，這種情形，結婚並非無效，而是結婚之當事人或者其法定代理人，得向法院請求撤銷，法定代理人即使曾同意當事人結婚，仍可以行使撤銷權，但是當事人或其法定代理人行使撤銷權時，當事人雙方均已達結婚年齡，或者已懷胎時，就不得行使撤銷權。

## 實例

　　17歲的小華與16歲的小美，在雙方父母親的同意下，舉行結婚典禮，婚後1年，兩人經常吵吵鬧鬧，不是小華離家出走，就是小美忽然失蹤，無法好好經營家庭生活，小美的父母親覺得他們二人根本是長不大的孩子，不適宜太早進入婚姻生

活，以免衍生一大堆社會問題，但是小華又不願離婚，小美的
父母親還有何對策？

　　小華與小美結婚時，小華未達當時民法第980條規定之滿
18歲的結婚年齡，小美的父母親雖曾同意小華與小美結婚，小
美的父母親仍可依民法第989條規定，向法院請求撤銷小華與
小美的婚姻，小華與小美的婚姻，一經法院撤銷確定，小華與
小美的婚姻關係就從此不存在。

**第990條**（刪除）

**第991條**（結婚之撤銷㈢—有監護關係）
結婚違反第九百八十四條之規定者，受監護人或其最近親屬
得向法院請求撤銷之。但結婚已逾一年者，不得請求撤銷。

### 解說

　　監護人在監護存續期間與受監護人結婚時，其效力並非無
效，但是受監護人或其最近親屬得向法院請求撤銷之。不過如
果結婚已超過1年的情形，受監護人或其最近親屬不得請求撤
銷。

　　受監護宣告的人，應由親屬會議所指定的人代為訴訟行
為。由最近親屬提起撤銷訴訟的情形，所謂「最近親屬」的範
圍，學說不一，以與受監護人親等最近為當。

　　如果親屬會議無法組成，難以召開無法指定時，可以爰用
民法第1132條規定解決。

**第992條**（删除）
**第993條**（删除）
**第994條**（删除）

**第995條**（結婚之撤銷四—不能人道）
當事人之一方，於結婚時不能人道而不能治者，他方得向法院請求撤銷之。但自知悉其不能治之時起已逾三年者，不得請求撤銷。

## 解說

　　當事人之一方在結婚的時候不能人道而且不能醫治的時候，他方配偶可以向法院請求撤銷婚姻，但是他方配偶自知悉其不能醫治之時起已超過3年者，不得請求撤銷。所謂3年期間，為無時效性質的法定期間，並非消滅時效，所以沒有時效中斷、時效未完成的問題。

　　撤銷權的行使為他方配偶，不能人道而無法醫治的當事人不能主張撤銷婚姻。

　　志明與春嬌結婚後，春嬌發現志明不能人道，經一再堅持，志明只好在春嬌的陪同下至醫院求診，經醫師診斷，宣告無藥可醫，志明又不願離婚，春嬌耗了2年半，春嬌應如何解消婚姻關係？

　　志明於結婚時就不能人道且無法醫治，為得撤銷結婚之原因。但是依民法第995條撤銷，有時間上的限制，也就是自知

悉後，3年期間內不行使撤銷權時相對人就不得行使撤銷權。春嬌應在知悉志明於結婚時就不能人道且無法醫治起3年內，向法院訴請撤銷婚姻。

　　志明與春嬌結婚後，志明發現自己不能人道且無法醫治，志明主動向春嬌表明離婚，春嬌卻表示不離不棄的堅定意志，志明可以主動聲請撤銷婚姻嗎？

　　根據民法第995條規定，撤銷權的行使為他方配偶，不能人道而無法醫治的當事人不能主張撤銷婚姻，所以志明無法以於結婚時發現自己不能人道且無法醫治為理由，主張撤銷婚姻。

**第996條**（結婚之撤銷㈤—精神不健全）
**當事人之一方，於結婚時係在無意識或精神錯亂中者，得於常態回復後六個月內向法院請求撤銷之。**

**解說**

　　結婚為一種契約行為，行為人如果欠缺意思表示能力，契約根本不能成立，當事人之一方在結婚時是在無意識或精神錯亂中所為者，當事人之一方欠缺意思表示能力，本來結婚也應該無效，但是本條特別規定當事人之一方得於恢復意識或精神回復正常時，6個月內向法院請求撤銷婚姻，否則其不撤銷或者常態回復後超過6個月才向法院請求撤銷者，此項婚姻仍然有效成立。

**第997條**（結婚之撤銷㈥—因被詐欺或脅迫）
因被詐欺或被脅迫而結婚者，得於發見詐欺或脅迫終止後，
六個月內向法院請求撤銷之。

**解說**

　　男女結婚應本誠信將自己身體、健康、品德上某種缺陷或身分、地位上某種條件不備告知對方，使對方衡量是否仍然願意結婚，結婚之一方如果隱匿這些事項而使他方陷於錯誤而結婚，他方配偶發現後，可以被詐欺為由，向法院請求撤銷婚姻。

　　結婚之一方並非出於自願，而是被脅迫而結婚者，也可以被脅迫為由，向法院請求撤銷婚姻。

　　被詐欺或被脅迫而結婚的人，得於發現被詐欺或脅迫終止之後，6個月內向法院撤銷婚姻，否則婚姻仍然有效存在。

**實例**

　　大華患有精神病，平常有藥物控制，但有時症狀轉劇，大華結婚時對妻子小美隱瞞其身體健康狀況，嗣結婚共同生活後，小美才知道大華有精神疾病，小美應如何解消婚姻？

　　身心健康為一般人選擇配偶之重要條件，倘配偶之一方患有精神病，時癒時發，必然影響婚姻生活，所以在一般社會觀念上，應認有告知他方之義務，如果患有精神病的配偶隱瞞此項狀況，致他方配偶誤信其精神正常，而與他結婚，即為因被詐欺而為結婚，小美婚後才知道大華有精神疾病，小美可以在知道後6個月內，根據民法第997條規定，以被詐欺結婚為由，向法院訴請撤銷婚姻。

**第998條**（結婚撤銷之不溯及效力）
結婚撤銷之效力，不溯及既往。

## 解說

　　一般之撤銷只要意思表示到達對方即發生效力，而且溯及既往，法律行為視為自始無效。但是婚姻成立後發生身分上關係及財產上效果，為避免社會秩序紊亂以及影響子女幸福，本條特別規定結婚之效力不溯及既往，因此結婚撤銷前所生或懷孕之子女仍然為婚生子女，不會變成非婚生子女，所處分之財產，處分行為仍然有效，不會發生財產回復原狀的問題，瑞士民法、日本民法也是採相同之立法。

　　老張與淑珠結婚，並生下一子，但是淑珠結婚時，並不知道老張是殺人罪之逃犯且老張本姓李，淑珠遂向法院聲請撤銷結婚，經法院審理准許之，淑珠是否可以將所生小孩改為從母姓？
　　結婚撤銷之效力不溯及既往，因此在撤銷前已成立之親子關係不生變動。

**第999條**（婚姻無效或撤銷之損害賠償）
當事人之一方，因結婚無效或被撤銷而受有損害者，得向他方請求賠償。但他方無過失者，不在此限。
前項情形，雖非財產上之損害，受害人亦得請求賠償相當之金額。但以受害人無過失者為限。
前項請求權，不得讓與或繼承。但已依契約承諾或已起訴者，不在此限。

實例

　　大華與小美兩人於美國結婚返國之後，兩人生活時常發生衝突，後來又在親族聚會中發現兩人因長輩基於收養關係而為六親等之旁系血親，且輩分不相當，小美於是提起確認婚姻不存在訴訟，並要求大華賠償其財產上、精神上損害賠償，是否可行？

　　大華與小美有六親等輩分不相當之旁系血親關係，雖然是基於收養關係而成立的，依照民法第983條第1項第2款規定，仍受禁止結婚之限制，因此依據民法第988條規定，兩人之結婚無效，小美當然可以提起確認婚姻無效訴訟，但是大華與小美兩人原先均不知彼此有因收養關係產生六親等輩分不相當之旁系血親關係，就本件無效婚姻而言，大華與小美均為無過失之人，因此小美不得向大華請求財產上及精神上損害賠償。

　　小美與大華原為同居的男女朋友，小美懷孕後，大華立刻逃之夭夭，避不見面，小美隱瞞已懷孕之事實與大明結婚，婚後3個月被大明發現，大明因而以被小美詐欺為由，向法院訴請撤銷婚姻，並請求損害賠償，大明可以請求的項目為何？

　　根據民法第999條規定，因結婚無效或被撤銷而受有財產損害者，可以向有過失的配偶請求賠償。如請求權人無過失，還可以向有過失的配偶請求非財產上的賠償。小美隱瞞已懷孕之事實與大明結婚，小美對於婚姻被撤銷的原因是有過失的，大明則沒有過失，大明可以向小美請求財產上及非財產上的損害賠償，例如：因結婚支出的典禮、宴客費用、生活費用、精神損害賠償等。

**第999-1條**（結婚無效或經撤銷準用規定）

第一千零五十七條及第一千零五十八條之規定，於結婚無效時準用之。

第一千零五十五條、第一千零五十五條之一、第一千零五十五條之二、第一千零五十七條及第一千零五十八條之規定，於結婚經撤銷時準用之。

## 解說

在民國74年6月3日公布增訂民法第999條之1，原先係規定：「第一千零五十五條、第一千零五十七條及第一千零五十八條之規定，於結婚無效或經撤銷時準用之。」惟於民國85年9月25日又再公布修正。修正的理由，是認為結婚無效時，關於父母對未成年子女權利義務之行使或負擔，已於新增訂的第1069條之1規定而當然適用，所以關於結婚無效時，父母對於未成年子女權利義務行使或負擔之規定，就不用再列準用規定。

此外，關於父母對於未成年子女權利義務的行使或負擔，在民國85年9月6日制定，同年9月25日公布施行，除修正民法第1055條規定之外，另行增訂第1055條之1、第1055條之2規定，所以本條關於婚姻撤銷時，父母對於未成年人子女權利義務行使或負擔的準用條文，也要重新規定，才符合新的法律條文規定。

因此，本條在修訂時，第1項規定，結婚無效時，準用第1057條離婚關於贍養費給予的規定，也就是結婚無效時，無過失的配偶如果因結婚無效而陷於生活困難時，即使他方配偶也無過失，也應給陷於生活困難的無過失配偶相當的贍養費。本

條第1項尚規定無效婚姻準用第1058條規定。民法第1058條在民國91年6月26日修正為：「夫妻離婚時，除採用分別財制者外，各自取回其結婚或變更夫妻財產制時之財產。如有剩餘，各依其夫妻財產制之規定分配之。」結婚無效時，因準用該條規定，無效婚的配偶除原本採用分別財產制，不生取回或結算問題之外，採用法定財產制或約定共同財產制的人，各自取回其無效婚結婚時或變更夫妻財產制時的財產。如有剩餘，各依其所採用夫妻財產制的規定分配。

　　麗華隱瞞患有精神病的事實與偉明結婚，偉明結婚後6個月內主張被詐欺撤銷結婚，但是麗華已懷胎6個月，此胎兒出生時應屬於婚生子女還是非婚生子女？胎兒出生後，誰可以對該未成年子女行使權利或負擔義務？

　　結婚撤銷之效力不溯及既往，在請求撤銷時，麗華已懷有身孕，撤銷以後子女才出生，出生之子女仍為婚生子女，但是麗華與偉明之婚姻已被撤銷，無法共同生活，此時應準用本法第1055條、第1055條之1、第1055條之2規定，麗華與偉明可以協議由麗華或偉明任一人，或兩人共同行使負擔對於未成年子女的權利或義務。如果兩人不協議或協議不成時，可由法院依符合未成年子女之最佳利益為依據，來酌定由何人以及如何來行使負擔對於未成年子女的權利義務。

# 第三節　婚姻之普通效力

**第1000條**（夫妻之冠姓）
夫妻各保有其本姓。但得書面約定以其本姓冠以配偶之姓，並向戶政機關登記。
冠姓之一方得隨時回復其本姓。但於同一婚姻關係存續中以一次為限。

## 解說

原先條文規定嫁娶婚，除非夫妻雙方另有約定，否則妻冠夫姓；招贅婚，除非夫妻雙方另有約定，否則夫冠妻姓，均違憲法男女平等原則。因此民國87年6月17日公布修正本條條文，不論是嫁娶婚或招贅婚，夫妻原則上均保有本姓，但是夫妻雙方也可以書面約定冠上配偶的姓，並且向戶政機關辦理登記。

冠配偶姓的人，可以隨時恢復本姓，但是在同一婚姻存續之中，只能回復一次。不可以冠夫（妻）姓之後，申請回復本姓，俟後再冠夫（妻）姓，又再申請回復本姓。

## 實例

大華與小美結婚後，大華與小美以書面約定冠上夫姓，嗣後小美單獨向戶政事務所要求回復本姓，不要冠夫姓，戶政事務所應如何辦理？

民法第1000條規定，夫妻結婚時，原則上各保有其本姓，但得書面約定以其本姓冠以配偶之姓，並向戶政機關登記。冠

姓之一方得隨時回復其本姓。但於同一婚姻關係存續中以一次為限。可以知道夫妻約定妻冠夫姓時，此項約定需雙方以書面約定才有效。但是撤夫姓，則尊重個人意願，不需夫妻雙方應以書面方式為之，妻可以單獨意思表示撤夫姓，所以單獨向戶政事務所要求回復本姓，不要冠夫姓，只要是同一婚姻關係存續中未曾撤夫姓，戶政事務所自應依小美要求撤夫姓，回復小美的本姓。

> **第1001條**（夫妻之同居義務）
>
> **夫妻互負同居之義務。但有不能同居之正當理由者，不在此限。**

## 解說

　　結婚後夫妻因互負同居義務，所謂同居是指夫妻因結婚而共同生活，負擔一切婚姻共同生活義務，如果同住一屋分室而居或者偶住一、二日者，均屬未盡履行同居之義務，但是如果有不能同居之正當理由時，法律上賦予不能同居之配偶有別居的抗辯權。

　　所謂不能同居的正當理由，法條沒有特別明文規定，依據實務上見解，例如：不堪同居之虐待、夫納妾、一方與人合意性交或重婚，一方犯不名譽之罪被處徒刑確定有案，出獄後又居無定所，至外地讀書等均屬有不能同居之正當理由。

　　夫妻財產制，在民國91年6月26日公布修正後，有重大變革。修正前原本採用法定聯合財產制的夫妻，依據民法第1026條規定，生活費用原則上由夫負擔，如果妻有正當理由不履行

同居義務時,夫仍應負擔妻之生活費用,但是民國91年6月26日公布修正夫妻財產制,刪除民法第1026條規定,增訂民法第1003條之1規定,家庭生活費用,除法律或契約另有約定外,由夫妻各依其經濟能力、家事勞動或其他情事分擔之。所以自民國91年6月26日之後,妻如果有正當理由不履行同居義務時,妻亦應依本身經濟能力等狀況,自行負擔生活費用,除非妻無法自行維持生活,妻可以依民法第1116條之1規定,請求夫負擔扶養義務。

老張因與妻口角,妻憤而收拾日常衣物,並把家中房地產權狀攜回娘家,老張因此不准妻再回到家中,老張之妻是否有權回去?

老張並無不履行同居義務之正當理由,因此老張之妻欲回到與老張之婚姻住所,老張不得拒絕。

---

**第1002條**（夫妻之住所）
夫妻之住所,由雙方共同協議之;未為協議或協議不成時,得聲請法院定之。
法院為前項裁定前,以夫妻共同戶籍地推定為其住所。

**解說**

司法院大法官釋字第452號解釋原先條文規定妻從夫居為違憲條文,因此於民國87年6月17日公布修正條文。

依據新修正的條文規定,不論是嫁娶婚或招贅婚,夫妻

住所要由雙方共同協議訂定，不可以因為雙方未協議定住所，就採夫（招贅時為妻）有居住所指定權。夫妻如果未做協議或協議不成，可以聲請法院裁定住所地。法院在做裁定之前，以夫妻共同戶籍地推定為夫妻住所，但是如果夫妻沒有共同戶籍地，依照家事事件法第98條規定準用家事事件法第52條、第53條規定。

**第1003條**（日常家務之代理權）
**夫妻於日常家務，互為代理人。**
**夫妻之一方濫用前項代理權時，他方得限制之。但不得對抗善意第三人。**

## 解說

　　所謂「日常家務」，通常指食、衣、住、行、育、樂及醫療等一切家庭生活所必要的事項及因此所生之法律行為。其範圍因夫妻共同生活之社會地位、職業、資產、收入及所在地區之習慣等而有不同。

　　一般家庭日常生活事項，有時由夫出面為之，有時由妻出面為之，都只是取其便利而已，而且日常事務，多為瑣碎尋常之事，若每一法律行為都出具授權書，是不可能之事，也徒生滋擾，所以對於日常家務，夫妻互有法定代理權。

　　此項法定代理權也不得濫用，若有濫用之情形，另一方配偶可以限制對方法定代理權的行使，可是為了避免交易安全沒有保障，被限制法定代理權的配偶，如果逾越權限行使交易行為時，不知情的第三人應該受到保護，交易行為仍然有效。

李太太向他人借錢做生意，因為李先生的債信好，所以在未告知李先生的情形下，以李先生的名義向他人借錢，債務到期時，李太太無法還錢，債權人找李先生要錢，李先生要不要負清償責任？

李太太借錢做生意不是日常家庭事務，如果要以李先生名義向他人借錢，必須事先取得李先生之同意始得為之。債權人也應該知道這不是日常家務，李太太沒有法定代理權，李先生可以李太太無權代理而主張毋庸負清償責任。

**第1003-1條**（家庭生活費用分擔方式）
家庭生活費用，除法律或契約另有約定外，由夫妻各依其經濟能力、家事勞動或其他情事分擔之。
因前項費用所生之債務，由夫妻負連帶責任。

## 解說

本條為民國91年6月26日公布增訂的條文。基於男女平等原則，夫妻均有分攤家庭生活費用的義務，同時本條第1項規定，明文肯定家事勞動的價值，在計算夫妻分攤家庭生活費用時，也要把家事勞動的價值計算進去，也就是如果家庭生活費用為新台幣3萬元，妻從事家務勞動的價值為1萬5,000元時，就認為妻已負擔了1萬5,000元的家庭生活費用。

家庭生活費用如何分攤，本條明文規定除法令有規定或夫妻另行約定之外，分別依夫妻個人的經濟能力、家事勞動或其

他情事分擔。

　　家庭生活費用如何分攤，為夫妻的內部關係，第三人不清楚，為免影響交易的安全，本條第2項明文規定，因家庭生活費用所生的債務，夫妻應負連帶責任。例如購買家電產品作為家庭日常用品，該購買家電產品的費用在未付清前，夫妻對於出賣人應負連帶給付責任。

　　所謂「家庭生活費用」包括夫妻生活費用、子女撫養費用、必要的醫藥費用、子女教育費用、健保費、水電費、房地稅捐、房租、必要的休閒育樂費用。數額多寡應依當事人實際生活的經濟狀況而定。

　　在民國91年6月26日公布增訂民法第1003條之1之前，舊法在採用夫妻聯合財產制的情形，於民法第1026條規定家庭生活費用，夫無支付能力時，由妻就其財產之全部負擔之，也就是採夫妻聯合財產制時的夫妻（雙方沒有特別約定採用約定財產制時，就是用法定聯合財產制），家庭生活費用原則上由夫負擔，只有在夫無法支付家庭生活費用時，妻的財產才需拿出來支付家庭生活費用，所以妻對於家庭生活費用支付，是補充性的責任。民國91年6月26日公布增訂民法第1003條之1之後，不管夫妻採用法定財產制或約定財產制，夫妻對於家庭生活費用的支付都有責任。

　　民國92年2月7日民事訴訟法修正公布第526條第4項，在該條項施行之後，配偶對於家庭生活費聲請假扣押時，為了保護弱勢配偶，法院命請求配偶供擔保的金額不得高於請求金額之十分之一，遠比一般債權的保全所需支付的擔保金低。此外，擔保金在訴訟終結或假扣押原因消滅時，是可以取回的，這在假扣押擔保金都是如此的。

**實例**

　　大華與小美結婚後，並未特別約定如何支付生活費用，婚後2年，大華因為外遇不願回家，而且不負擔生活費用，小美除了照料小孩操持家務之外，還要工作以維持經濟來源，小美深感壓力太大，小美可以要求大華支付家庭生活費用嗎？

　　在民國91年6月26日公布增訂民法第1003條之1之前所發生的生活費用，小美可以主張大華應全額負擔。對於民國91年6月26日之後所發生的生活費用，小美可以就雙方的經濟能力、家事勞動主張大華應分擔部分生活費用。

　　大華至電器用品店，以分期付款的方式購買一台電視機，大華付了兩期之後，就因為欠缺責任感，遲不按期付款給電器用品店，電器用品店可以找小美要求支付其餘款項嗎？

　　民國91年6月26日公布增訂民法第1003條之1，夫妻對於家庭生活費用所生之債務，負連帶責任。所以雖然是大華出面購買電視機，小美對於購買電視機的價金債務，也要負連帶責任，如果大華遲不給付所剩價金，電器用品店可以找小美要求支付其餘款項。

## 第四節　夫妻財產制

### 第一款　通　則

**第1004條**（夫妻財產制契約之訂立―約定財產制之選擇）
夫妻得於結婚前或結婚後，以契約就本法所定之約定財產制中，選擇其一，為其夫妻財產制。

## 解說

　　民法第1004條之規定，夫妻就夫妻財產制，採用哪一種約定夫妻財產制，並不限於結婚前約定之，結婚後亦得以契約就民法親屬編所定的約定財產制中選擇其一，為其夫妻財產制。本法的約定財產制分為共同財產制及分別財產制兩種，由夫妻雙方自行決定，不過就目前實務看來，夫妻如採約定財產制，都是選擇使用分別財產制。

**實例**

　　小美與大華籌備結婚時，覺得夫妻不應分彼此，所以兩人講好不採用約定財產制，但是結婚後，兩人又覺得還是採用分別財產制比較好，小美與大華兩人於結婚後，還可以重新約定採用分別財產制嗎？

　　小美與大華結婚後，還是可以隨時決定採用約定財產制，小美與大華決定採用分別財產制，就要以契約約定，並且向法院辦理登記，才具有公示的效力。

> **第1005條**（法定財產制之適用）
> 夫妻未以契約訂立夫妻財產制者，除本法另有規定外，以法定財產制，為其夫妻財產制。

## 解說

　　一般來說，夫妻於結婚前或結婚後未約定使用何種夫妻財產制者，仍然占大多數，但是夫妻之財產關係仍然要有一個適用標準，以免夫妻權利義務不清而且也危害社會交易秩序的穩

定。所以在沒有約定的情形下，除了本法第1009條至第1011條的情形採用分別財產制外，以法定財產制為夫妻財產制。

　　小美與大華籌備結婚時，覺得夫妻不應分彼此，所以兩人講好不採用約定財產制，結婚後，朋友問他們這對頂客族夫妻採用哪一種夫妻財產制，小美與大華反而愣住，不知道他們適用哪一種夫妻財產制？

　　小美與大華未約定採用哪一種夫妻財產制時，如果沒有受破產宣告或遭債權人聲請法院宣告採用分別財產制時，小美與大華適用法定財產制。

**第1006條**（刪除）

**第1007條**（夫妻財產制契約之要件㈠—要式契約）
**夫妻財產制契約之訂立、變更或廢止，應以書面為之。**

## 解說

　　本條於民國91年6月26日公布修正時，只是把原條文「變更」之後的頓號刪除，使條文文句精確。

　　夫妻財產制為要式契約，不論是訂立、變更或廢止夫妻財產制契約，均應以書面契約為之，如果不訂立書面而以口頭為之或用錄音、錄影的方式，均屬無效。

實例

　　小美與大華結婚後，兩人就口頭商議採用分別財產制契約作為夫妻財產制，兩人沒有作成書面契約，分別財產制契約是否有效成立？

　　夫妻財產制契約屬於要式契約，夫妻雙方應以書面訂立夫妻財產制契約，只有口頭約定夫妻財產制契約，契約不成立。所以小美與大華分別財產制契約的約定不成立，兩人仍應適用法定財產制。

---

**第1008條**（夫妻財產制契約之要件(二)—契約之登記）
夫妻財產制契約之訂立、變更或廢止，非經登記，不得以之對抗第三人。
前項夫妻財產制契約之登記，不影響依其他法律所為財產權登記之效力。
第一項之登記，另以法律定之。

---

**解說**

　　本條於民國91年6月26日公布修正，修正的理由為：

一、將原條文第1項「變更」後之頓號刪除，使條文文句精確。

二、為貫徹物權法定主義及保護交易安全，同時避免夫妻藉登記夫妻財產制之方式，逃避其債權人之強制執行，所以明定其他財產權登記之效力不因與夫妻財產契約登記不一致而受影響。

三、原第2項規定做文字修正後，移列至第3項。

　　夫妻財產制契約屬於要式契約，夫妻雙方以書面訂立夫妻財產制契約之後，夫妻雙方就適用約定財產制，但這只發生對內的效力，夫妻雙方必須將夫妻財產制契約辦理登記，才能對外發生效力，對於第三人發生效力，如果夫妻財產制契約未辦理登記，不管知不知道夫妻雙方內部已有書面訂立夫妻財產制契約，第三人可以不受拘束。

　　為了保護交易的安全，避免夫妻藉訂立夫妻財產制契約的方式，逃避債務責任，所以特別明文規定夫妻財產制契約的登記，不影響依其他法律所為財產權登記之效力。

　　夫妻財產制契約的登記，規定於非訟事件法第101條至第107條。非訟事件法第107條並授權司法院訂立「法人及夫妻財產制契約登記規則」。

　　根據非訟事件法第101條規定：「民法有關夫妻財產制契約之登記，由夫妻住所地之法院管轄；不能在住所地為登記或其主要財產在居所地者，得由居所地之法院管轄。不能依前項規定定管轄之法院者，由司法院所在地之法院管轄。前二項登記事務，由地方法院登記處辦理之。」所以夫妻財產制契約原則上由夫妻住所地之法院管轄，根據民法第1002條規定，夫妻應該有一個共同住所，但是夫妻若未協議婚姻住所或協議不成且夫妻又沒有共同戶籍地的情形下，得由居所地之所在法院管轄，這時在夫或妻的居所地的管轄法院辦理登記皆可。如果夫妻主要財產在居所地者時，基於夫妻財產登記的公益性成分，也可以在夫或妻的居所地的管轄法院辦理登記。如果還是不能訂定管轄法院的話，則以中央政府所在地的法院管轄，目前中央政府所在地的地方法院為台灣台北地方法院。

　　非訟事件法第102條規定，夫妻財產制契約登記之後，辦

理登記之住所或居所遷移至原法院管轄區域以外時，夫妻之一方應為遷移之陳報。

　　小美與大華結婚時，約定採用分別財產制，小美與大華應至何處辦理夫妻財產制契約登記？

　　小美與大華結婚後必須協議婚姻住所為何處，以該婚姻住所地的管轄地方法院，作為登記法院，小美與大華必須共同向地方法院登記處聲請辦理夫妻財產制契約登記。

**第1008-1條**（除夫妻財產制外，其他約定之方法）
前二條之規定，於有關夫妻財產之其他約定準用之。

## 解說

　　本條為民國91年6月26日公布修正的條文。修正的理由是因為原條文為「前三條之規定」，民法第1006條已經刪除，所以條文配合修正為「前二條之規定」。

　　夫妻財產制契約除約定採用哪一種契約之外，也有其他的約定，例如：家庭生活費用的約定、自由處分金的約定等，也準用民法第1007條、第1008條的規定。

　　小美與大華結婚後，雙方口頭約定一人各付一半生活費，嗣後大華因為外遇，不願意支付生活費用，小美因為生育，需照顧2個月大的雙胞胎，因而辭職在家擔任專職家庭主婦，小

美向大華要求生活費用，大華不肯支付，小美於是向法院提起訴訟，大華抗辯雙方原先對於家庭生活費用的負擔有約定，他只要負擔一半的生活費用，大華的抗辯有無理由？

有關夫妻財產的其他約定，民法第1008條之1規定，準用民法第1007條的規定，也就是夫妻雙方對於家庭生活費用的約定應以書面訂立，否則無效。小美與大華結婚後，雙方只有以口頭約定一人各付一半生活費，並未訂立書面契約，所以一人各付一半生活費的約定無效。小美可以依民法第1003條之1規定，基於大華有工作經濟能力佳，小美為專職家庭主婦負擔全部家務，要求大華負擔全部家庭生活費用。

大華與小美結婚後，小美為專職家庭主婦，大華與小美約定每個月另外給小美新台幣1萬元自由處分金（或稱零用錢），直到大華退休為止，如有一期不付，視為全部到期，為了表示言而有信，大華書立書面承諾書給小美收執為憑。大華後來因為欠債，遭債權人強制執行財產，小美就以其有自由處分金債權聲明參與分配，債權人可以否認其分配債權嗎？

有關夫妻財產的其他約定，民法第1008條之1規定，準用民法第1008條的規定，也就是夫妻雙方對於夫妻財產其他約定之訂立、變更或廢止，非經登記，不得以之對抗第三人。大華與小美就自由處分金以書面約定，固然對於夫妻雙方都有拘束力，但是大華與小美就自由處分金的書面約定，沒有向管轄法院辦理登記，此項自由處分金約定，不能對抗大華的債權人。

**第1009條**（刪除）

**第1010條**（夫妻一方聲請改用分別財產制）

夫妻之一方有左列各款情形之一時，法院因他方之請求，得宣告改用分別財產制：

一、依法應給付家庭生活費用而不給付時。

二、夫或妻之財產不足清償其債務時。

三、依法應得他方同意所為之財產處分，他方無正當理由拒絕同意時。

四、有管理權之一方對於共同財產之管理顯有不當，經他方請求改善而不改善時。

五、因不當減少其婚後財產，而對他方剩餘財產分配請求權有侵害之虞時。

六、有其他重大事由時。

夫妻之總財產不足清償總債務或夫妻難於維持共同生活，不同居已達六個月以上時，前項規定於夫妻均適用之。

## 解說

　　本條原規定宣告分別財產制，在民國91年6月26日公布修正，其修正的理由為文字修正及配合夫妻財產制修正。

　　本條第1項、第2項夫妻之一方請求法院宣告改用分別財產制的理由是相同的，所不同的情形是有權聲請的人不同，適用本條第1項各款規定，請求法院宣告改用分別財產制的請求人，只限於具有第1項各款事由的他方配偶；適用本條第2項規定，請求法院宣告改用分別財產制的請求人，在夫妻的總財產不足清償總債務或夫妻難於維持共同生活，不同居已達6個月的時候，不管夫妻哪一方具有過失，夫妻任一方都可以請求法院宣告改用分別財產制。

在婚姻存續期間，夫妻在沒有（一）夫妻的總財產不足清償總債務或（二）夫妻難於維持共同生活，不同居已達6個月的情形之下，夫妻的一方在他方有下列情形之一時，可以向法院請求宣告改用分別財產制，法院可以決定是否准許宣告改用分別財產制：

一、依法應給付家庭生活費用而不給付時：最高法院在民國56年間，曾作出判例，認為以本條款請求法院宣告改用分別財產制時，必須配偶一方依法律規定，應給付家庭生活費用而不給付時，才能請求法院宣告改用分別財產制，如果雙方以契約約定給付家庭生活費用，則不在適用之列。民國91年6月26日公布增訂民法第1003條之1規定，家庭生活費用，除法律或契約另有約定外，由夫妻各依其經濟能力、家事勞動或其他情事分擔之。所以論者有謂，夫妻一方如依契約或依法律規定，應給付家庭生活費用而不給付時，他方配偶可以向法院請求宣告改用分別財產制，這個部分，筆者亦採相同見解。家庭生活費用的負擔規定於夫妻財產制的通則之中，所以本款事由於採用法定財產制、約定共同財產制的夫妻均有適用。

二、夫或妻的財產不足清償自己的債務時：本條款事由只適用於原本採用法定財產制的夫妻，原本採用約定共同財產制的夫妻則不適用，因為如果原本採用約定共同財產制的夫妻，可以援用本條請求法院宣告改用分別財產制的話，就與民法第1034條規定的效力不符。夫或妻的財產不足清償妻自己的債務，為了避免他方配偶的財產被不足清償自己的債務的配偶浪費或不當處分掉，也為了保護第三人與他方配偶交易的安全，所以准許他方配偶可以向法院請求宣

告改用分別財產制。

三、依法應得他方同意所為的財產處分，他方無正當理由拒絕同意時：民國91年6月26日公布修正民法親屬編之後，適用法定財產制的夫妻，夫妻對於自己的財產都可個別自由管理、使用、收益，不需他方配偶同意，只有採用約定共同財產制的夫妻，依據民法第1033條規定，才有夫妻之一方處分共同財產時，應得他方配偶同意的需要。在採用約定共同財產制的情形下，夫妻的財產及所得除特有財產之外，合併為共同財產，所以夫妻之一方處分自己名下的共同財產時，尚需得到他方配偶的同意，如果他方配偶無正當理由拒絕同意時，無異使他方配偶可以任意阻擾一方配偶的交易行為，所以許可受阻擾的配偶可以向法院請求宣告改用分別財產制。

四、有管理權之一方對於共同財產之管理顯有不當，經他方請求改善而不改善時：民國91年6月26日公布修正民法親屬編之後，適用法定財產制的夫妻，夫妻對於自己的財產都可個別自由管理、使用、收益，不需管理權人，只有採用約定共同財產制的夫妻，才有管理共同財產的問題，所以本條款事由，指發生於採用約定共同財產制的夫妻。依據民法第1032條規定，採用約定共同財產制的夫妻共同管理財產或約定管理權人，所以當管理權人對於共同財產的管理顯有不當，經他方請求改善而不改善時，為了避免共同財產遭管理權人任意浪費、處分，影響他方配偶的權益，所以許可他方配偶可以向法院請求宣告改用分別財產制。

五、因不當減少其婚後財產，而對他方剩餘財產分配請求權有侵害之虞時：剩餘財產分配請求權是法定財產制的特有制

度，所以本條款事由只適用於法定財產制的夫妻。適用法定財產制的夫妻，在離婚、死亡、改用其他夫妻財產制的時候，都會涉及財產結算，夫妻的一方如果不當減少其婚後財產，致影響將來他方剩餘財產分配請求權的權益，許可他方配偶可以向法院請求宣告改用分別財產制，使夫妻提早做結算，分配剩餘財產價額的差額，以避免將來無法請求到剩餘財產價額的差額。

六、有其他重大事由時：法律立法時，總需避免掛萬漏一的情形，所以如果夫妻之一方不具備上述各款事由，但是就具體情形如繼續適用法定財產制或採用約定共同財產制，將會影響他方配偶的財產權益時，准許他方配偶可以向法院請求宣告改用分別財產制。

夫妻任何一方只要有下列情形之一，夫妻任何一方都可以向法院請求宣告改用分別財產制，即使請求人是造成上述六種事由的人，也可以請求：

一、夫妻的總財產不足清償總債務：不論採用法定財產制或約定共同財產制的夫妻，如果有總財產不足清償總債務的情形，夫妻任何一方都可以向法院請求宣告改用分別財產制。

二、夫妻難於維持共同生活，不同居已達6個月的時候：夫妻已經沒有共同生活，如果繼續適用法定財產制或採用約定共同財產制，將會相互影響任一方配偶的財產權益時，准許任何一方配偶可以向法院請求宣告改用分別財產制。

大華與小美結婚後，沒有約定採用哪一種夫妻財產制，大

華與小美以書面約定兩人個別負擔一半家庭生活費用，大華因為欠缺責任感，付了3個月之後，就不願意支付，經小美一再催討，大華還是不肯支付家庭生活費用，小美於是要求大華共同辦理分別財產制登記，大華也不願意，小美還有什麼方式處理？

大華與小美以契約約定家庭生活費用的支付責任，在民國91年6月26日公布修正第1003條之1、第1010條規定，小美可以大華具有民法第1010條第1項第1款依法應給付家庭生活費用而不給付時的事由，向法院請求宣告改用分別財產制。

大華與小美結婚後，沒有採用任何約定財產制，大華生活充滿浪費習性，經常領薪水之後當一天皇帝，做二十九天乞丐，所有日常生活開銷都要小美支付，甚至小美還要替大華支付積欠的會錢新台幣100萬元、信用卡借款新台幣20萬元、民間借貸新台幣50萬元，不然無法應付債權人的登門催討，小美覺得很困擾，希望趁自己還沒有什麼財產時，先把大華與她的財產分清楚，小美可以怎麼處理？

大華與小美於婚姻關係存續期間，沒有採用任何約定財產制，依據民法第1005條規定，適用法定財產制。大華沒有儲蓄觀念，還奢侈浪費，負債累累，無法還債，如果大華的總債務大於總資產，小美可以援用民法第1010條第1項第1款、第2款規定，向法院請求宣告改用分別財產制，目前小美也沒有財產，財產結算時，就不用分配剩餘財產價額的差額給大華，適用分別財產制之後，如果大華仍不改浪費欠債習慣，即使自己將來有財產而與大華離婚時，也不必擔心將來要分配剩餘財產價額的差額給大華，因為分別財產制沒有夫妻財產結算的問題。

　　大華與小美結婚之後，因為大華常常毆打小美，小美因而離家出走，2年不見音訊，大華可不可以向法院請求宣告改用分別財產制？

　　大華常常毆打小美致小美離家出走，大華是有過失的配偶，但是因為兩人分居已超過半年以上，依據民法第1010條第2項規定，大華可以向法院請求宣告改用分別財產制。

**第1011條**（刪除）

**第1012條**（夫妻財產制之變更廢止）
夫妻於婚姻關係存續中，得以契約廢止其財產契約，或改用他種約定財產制。

### 解說

　　夫妻婚姻關係存續期間，有時因事實需要而須改變夫妻財產制，所以本條許可夫妻得以契約廢止原先的財產契約，或者以契約改訂其他約定財產制。

**第1013條**（刪除）
**第1014條**（刪除）
**第1015條**（刪除）

## 第二款　法定財產制

**第1016條**（刪除）

**第1017條**（婚前財產與婚後財產）
夫或妻之財產分為婚前財產與婚後財產，由夫妻各自所有。
不能證明為婚前或婚後財產者，推定為婚後財產；不能證明
為夫或妻所有之財產，推定為夫妻共有。
夫或妻婚前財產，於婚姻關係存續中所生之孳息，視為婚後
財產。
夫妻以契約訂立夫妻財產制後，於婚姻關係存續中改用法定
財產制者，其改用前之財產視為婚前財產。

### 解說

　　本條原條文規定妻的原有財產及聯合財產認定標準，不僅
意義不明確，且不符合男女平等原則，所以在民國91年6月26
日公布修正，將法定財產制做一大翻修，期使法定財產制走向
兩性平權原則。

　　適用法定財產制的夫妻，財產分為「婚前財產」與「婚後
財產」兩種。不管是「婚前財產」或「婚後財產」，夫妻都是
各自所有、管理、使用、收益自己的財產，互不干涉彼此的財
產自由。

　　夫妻分別所有的財產，如果無法分出「婚前財產」還是
「婚後財產」？法律上推定為「婚後財產」，在這種情形之

下，如果夫妻要主張是「婚前財產」，主張的一方要負舉證責任。

如果不能區分究竟是夫的財產，還是妻的財產？法律上推定為夫妻共有。

夫或妻的「婚前財產」在婚後婚姻關係存續期間所生的孳息，不管是法定孳息或是自然孳息，都視為「婚後財產」。

夫妻原本採用約定財產制，如果婚姻關係存續期間改用法定財產制，在改用之前的財產視為婚前財產。

本條在民國91年6月26日公布修正，所以就會產生新舊法適用問題，這也是新舊法交替時最困難的法律問題，雖然本書是提供給一般非法律專業人員使用，讀者也需特別瞭解新舊法如何適用，以免在日常生活中產生誤認。

民法親屬編施行法第6條之2規定：「中華民國九十一年民法親屬編修正前適用聯合財產制之夫妻，其特有財產或結婚時之原有財產，於修正施行後視為夫或妻之婚前財產；婚姻關係存續中取得之原有財產，於修正施行後視為夫或妻之婚後財產。」民國91年6月26日公布刪除民法第1016條、修正第1017條之前，法定聯合財產制將夫或妻結婚時及結婚後所有的財產稱為妻或夫的原有財產，妻或夫的原有財產除去夫妻的特有財產之外，共同組成聯合財產，所以在舊法時代，法定聯合財產制的制度之下，夫妻名下的財產可區分為：（一）夫結婚時取得的原有財產；（二）妻結婚時取得的原有財產；（三）夫結婚後取得的原有財產；（四）妻結婚後取得的原有財產；（五）夫的特有財產；（六）妻的特有財產，其中（一）夫結婚時取得的原有財產、（二）妻結婚時取得的原有財產、（五）夫的特有財產、（六）妻的特有財產，與夫妻婚姻關係

存續期間，夫妻財產取得和他方配偶的協助助力無關，為了避免法律適用紛爭，民法親屬編施行法第6條之2特別就此新舊法適用問題規定，民國91年6月26日公布修正民法親屬編前已結婚且適用法定聯合財產制的夫妻，（一）夫結婚時取得的原有財產、（二）妻結婚時取得的原有財產、（五）夫的特有財產、（六）妻的特有財產，在民國91年6月26日公布修正之後，視為夫妻各自的婚前財產；（三）夫結婚後取得的原有財產、（四）妻結婚後取得的原有財產，如果是在婚姻關係存續期間，民國91年6月26日公布修正民法親屬編之前所取得的財產，視為夫的婚後財產、妻的婚後財產，當然民國91年6月26日公布修正民法親屬編之後，夫或妻取得的財產，都是他們各自的婚後財產。

　　大華在單身時代有定期存款新台幣20萬元，在與小美結婚後購買一輛汽車代步；小美結婚前有房屋一幢，結婚後大華從其原本定期存款新台幣20萬元之中，提出新台幣10萬元給小美，小美將該新台幣10萬元以自己名義購買基金，請問大華的「婚前財產」、「婚後財產」是哪些？小美的「婚前財產」、「婚後財產」是哪些？

1. 大華的「婚前財產」是新台幣10萬元，「婚後財產」是汽車一輛。

2. 小美的「婚前財產」是房屋一幢，「婚後財產」是基金10萬元。

　　大華與小美結婚前後，兩人購買不少家具，有的單方出資，有的共同出資，但因為都是日常生活所需，兩人也沒特別

約定或留下單據憑證，這些家具的所有人如何認定？

如果不能認定財產於婚前或婚後取得，推定為婚後財產，如果無法認定何人所有，推定為夫妻共有，依題旨，大華與小美結婚前後，所購買的家具，推定為大華與小美共有的婚後財產。

大華在單身時代有定期存款新台幣20萬元，結婚後5年內利息累積新台幣5,000元，這算不算是大華的「婚前財產」？

大華在單身時代有定期存款新台幣20萬元，是大華的「婚前財產」，結婚後該定期存款新台幣20萬元所生的利息是大華的「婚後財產」。

大華與小美於民國88年結婚，雙方未約定採用約定夫妻財產制，結婚時，大華名下有一輛汽車、小美名下有一幢小套房，結婚後大華擔任農夫，所以名下有一個農場，大華在民國90年1月新購一幢房地，結婚後小美擔任司機，所以有一輛計程車，小美在民國91年7月1日購買一只鑽戒，大華與小美的「婚前財產」、「婚後財產」如何區分？

1. 大華的婚前財產如下：一輛汽車、一座農場。

　認定理由如下：大華與小美於民國88年結婚，雙方未約定採用約定夫妻財產制，因此當時是適用法定聯合財產制，結婚時，大華名下所有一輛汽車，為大華的原有財產，大華擔任農夫因而所有的農場，是大華職業上所必需的物，為大華的特有財產，依據民法親屬編施行法第6條之2規定視為大華的婚前財產。

2. 大華的婚後財產如下：一幢房地。

　認定理由如下：大華所有的一幢房地，在民國90年1月所

購，為大華與小美婚姻關係存續中取得，依據民法親屬編施行法第6條之2規定視為大華的婚後財產。

3. 小美的婚前財產如下：一幢小套房、一輛計程車。

認定理由如下：大華與小美於民國88年結婚，雙方未約定採用約定夫妻財產制，因此當時是適用法定聯合財產制，結婚時，小美名下所有的一幢小套房，為小美的原有財產，小美因擔任計程車司機所有的計程車，是小美職業上所必需的物，為小美的特有財產，依據民法親屬編施行法第6條之2規定視為小美的婚前財產。

4. 小美的婚後財產如下：一只鑽戒。

認定理由如下：小美在民國91年7月1日購買一只鑽戒，雖是她個人使用之物，但在民國91年6月26日公布修正民法親屬編之後，已不認為是小美的特有財產，而是小美的婚後財產。

---

**第1018條**（各自管理財產）
**夫或妻各自管理、使用、收益及處分其財產。**

## 解說

　　本條原規定夫妻財產的管理權人由夫為之，但亦可約定由妻任管理人。因原條文有違兩性平等原則，故民國91年6月26日公布修正之。

　　適用法定財產制的夫妻，夫的財產由夫自行管理、使用、收益及處分；妻的財產由妻自行管理、使用、收益及處分，夫妻對於他方的財產沒有管理、使用、收益及處分的權利。

實例

　　大華與小美結婚後，小美購買了一幢小套房，準備出租，大華知道後，反對小美出租該小套房，大華說他是夫，應以他的意見為意見，大華的說法對嗎？

　　大華的說法不對。民法第1018條規定，夫或妻各自管理、使用、收益及處分其財產。大華對於小美的財產沒有管理、使用、收益及處分的權利，大華不能干涉小美出租小美所有的小套房。

**第1018-1條**（自由處分金）

夫妻於家庭生活費用外，得協議一定數額之金錢，供夫或妻自由處分。

**解說**

　　本條為民國91年6月26日公布增訂的條文。增訂的理由為，傳統將夫妻關係視為夫支配妻的關係，有違男女平等原則，所以增訂本條規定，宣示夫妻類似合夥關係，同時也肯定家務勞動的價值。

　　民國91年6月26日公布修正之後，夫妻法定財產制就夫妻財產採分別所有、管理、使用、收益，但是夫妻一方財產的增加，往往是因為另一方在家務、營業上的協助而來，如果因為一方的犧牲使另一方財產增加，卻不能立刻分享成果，對於犧牲貢獻的人並不公平，尤其是對家庭主婦而言，更亦造成實質上不公平，使家庭主婦容易淪為經濟上的新貧族，所以本增訂條文規定夫妻於家庭生活費用外，得協議一定數額之金錢，供

夫或妻自由處分，也就是夫妻可以協議，經濟能力較高的配偶約定給經濟較差的配偶（特別是家庭主婦），一筆獨立於家庭生活費用之外的金錢（或稱為自由處分金，或稱為零用錢），供經濟較差的配偶自由使用。

　　本條增訂時原本希望夫妻雙方有爭議時由法院審定，但是因為立法階段爭議頗多，所以立法時採夫妻雙方協議，如果夫妻雙方無法協議，並未賦予夫妻一方訴訟上請求權。

　　大華與小美結婚後，小美為專職家庭主婦，大華因為小美全力料理家務，使大華全心經營事業，獲得不少財富，小美因為沒有工作，沒有收入，如有任何花費都要向大華報告，小美希望大華每個月可以給她一筆零用錢，隨她意願花費，但是大華不肯，小美能不能請求法院裁定大華支付呢？

　　夫妻於家庭生活費用外，得協議一定數額之金錢，供夫或妻自由處分，但是無法以訴訟或非訟方式，向法院請求裁判，所以在大華不願意與小美協議支付小美零用金時，小美無法向法院請求裁判大華支付零用金。

**第1019條**（刪除）
**第1020條**（刪除）

**第1020-1條**（婚後剩餘財產之分配）
**夫或妻於婚姻關係存續中就其婚後財產所為之無償行為，有**

害及法定財產制關係消滅後他方之剩餘財產分配請求權者，他方得聲請法院撤銷之。但為履行道德上義務所為之相當贈與，不在此限。

夫或妻於婚姻關係存續中就其婚後財產所為之有償行為，於行為時明知有損於法定財產制關係消滅後他方之剩餘財產分配請求權者，以受益人受益時亦知其情事者為限，他方得聲請法院撤銷之。

## 解說

　　本條為民國91年6月26日公布增訂的條文。民國74年6月3日公布修正民法親屬編時，就法定聯合財產制設有民法第1030條之1剩餘財產價額差額分配制度，但實務運作結果，發現當夫妻準備離婚時，剩餘財產較多的配偶，為了避免他方配偶向他請求剩餘財產價額差額分配，往往浪費財產或脫產，使他方配偶無法向他請求剩餘財產價額差額分配，這樣原本立意良好且肯定家事勞動價值的立法，反而對惡意脫產的配偶形同具文，所以增訂本條文仿民法第244條規定，賦予他方配偶撤銷詐害剩餘財產分配的權利。

　　夫或妻在婚姻關係存續中，依據法定財產制規定，夫或妻都自行管理使用收益處分自己的財產，夫或妻如果將自己的婚後財產無償處分或讓與，例如：將財產贈與給他人，致影響將來法定財產制關係消滅後（離婚或死亡）他方配偶的剩餘財產分配請求權者，他方配偶可以向法院聲請撤銷該無償行為。但是夫或妻將自己的婚後財產無償處分或讓與，是因為要履行道德上的義務，例如：捐贈婚後財產給公益團體作為急難救助、特別救助，這是履行道德上的義務，只要數額相當，並未超過

社會上一般觀念，不影響婚後財產的特別減少，他方配偶不得請求撤銷。

至於所謂「相當贈與」，由法院依照具體案例，依照夫妻的經濟狀況、公益的類型、贈與數額與婚後財產減少狀況等要點分析判斷。

夫或妻在婚姻關係存續中，夫或妻如果將自己的婚後財產有償處分或讓與，如果於有償處分或讓與行為時，明知有損於法定財產制關係消滅後他方配偶的剩餘財產分配請求權者，以有償行為的受益人受益時也知會損害法定財產制關係消滅後他方配偶的剩餘財產分配請求權者，他方配偶得聲請法院撤銷該有償行為。

### 實例

大華與小美為夫妻關係，大華因為外遇，將其名下婚後三幢房地贈與給其外遇女友小玉，小美知道後，可以做什麼措施，以保護自己的權利？

大華的婚後財產，在大華與小美法定財產制關係消滅時，大華的婚後財產要拿來作剩餘財產分配，大華將婚後財產贈與給其外遇女友小玉，顯然會危害小美將來的剩餘財產分配請求權，所以小美可以向法院聲請撤銷大華贈與三幢房地給小玉的行為，回復為大華所有，藉以保全將來的剩餘財產分配請求權。

大華與小美為夫妻關係，大華本於人飢己飢的精神，捐助新台幣30萬元給家扶中心作為扶助貧童之用，小美知道後，認為會危害她將來的剩餘財產分配請求權，小美可以向法院聲請撤銷大華的捐贈行為嗎？

　　大華捐助新台幣30萬元給家扶中心作為扶助貧童之用，屬於道德上的贈與，金額相當，法院會駁回小美的聲請，不准撤銷大華的捐贈行為。

　　大華與小美雖為夫妻關係，兩人關係卻相當惡劣，大華唯恐將來與小美離婚時，小美會向他要太多財產，大華於是與他的友人大明商議，大華將他名下的房地出售給大明，小美可以向法院聲請撤銷大華、大明的買賣行為嗎？

　　大華將他名下的房地出售給大明，目的是為避免小美會向他要太多剩餘財產分配，大明也知道大華的目的，所以大明是惡意的受益人，小美可以向法院聲請撤銷大華、大明的買賣行為。

---

**第1020-2條**（婚後剩餘財產撤銷權之除斥期間）
前條撤銷權，自夫或妻之一方知有撤銷原因時起，六個月間不行使，或自行為時起經過一年而消滅。

---

### 解說

　　本條為民國91年6月26日公布修正民法親屬編，配合前條增訂保全措施所增訂的條文。

　　撤銷權的行使會影響交易的安全，行使的時間不宜過久，所以本條規定前條撤銷權，自夫或妻之一方知道有撤銷原因時起算，6個月間不行使消滅，或自有償、或無償行為時起經過1年，即使知道有撤銷原因，自知道時起算還未超過6個月也不能行使撤銷權。

　　本條期間是一種除斥期間，沒有時效不完成或中斷的問題。

大華與小美雖為夫妻關係，兩人關係卻相當惡劣，大華唯恐將來與小美離婚時，小美會向他要太多財產，大華於是與他的友人大明商議，大華將他名下的房地出售給大明，事隔1年半被小美發現，小美可以向法院聲請撤銷大華、大明的買賣行為嗎？

　　大華將他名下的房地出售給大明，目的是為避免小美會向他要太多剩餘財產分配，大明也知道大華的目的，所以大明是惡意的受益人，但是大華將房地賣給大明已超過1年期間，小美不可以向法院聲請撤銷大華、大明的買賣行為。

**第1021條**（刪除）

**第1022條**（婚後財產之報告義務）
**夫妻就其婚後財產，互負報告之義務。**

### 解說

　　本條原規定夫因妻的請求，夫應報告其管理妻的原有財產狀況，在民國91年6月26日公布修正本條條文。修正的理由是修正後的法定財產制，夫對於妻的財產沒有管理權。法定財產制已修正，規定夫妻分別自行使用、收益自己的財產，夫妻對於他方的財產都沒有管理權，但是夫妻共同生活，禍福與共，夫妻應相互瞭解雙方的財產狀況，所以本條規定夫妻就其婚後財產，互負報告的義務，使對方瞭解雙方經濟狀況。

## 實例

　　大華與小美為夫妻關係，沒有約定夫妻財產制，兩人對於個人的財產都自行管理，小美發現最近幾個月以來，大華的信用卡帳單不太尋常，小美要求大華說明其財產狀況，大華有必要說嗎？

　　大華與小美為夫妻關係，沒有約定夫妻財產制，也就是適用法定財產制，即使兩人對於個人的財產都自行管理，依據民法第1022條規定，夫妻就其婚後財產，互負報告之義務。小美要求大華說明其財產狀況，大華有義務說明。

---

**第1023條**（各負清償義務）

夫妻各自對其債務負清償之責。

夫妻之一方以自己財產清償他方之債務時，雖於婚姻關係存續中，亦得請求償還。

---

## 解說

　　本條原規定夫對於自己結婚前、後，所負擔的債務以及妻基於日常家務代理所生的債務，由夫負清償責任。民國91年6月26日公布修正民法親屬編，修訂本條條文。修訂的理由是：

一、本來法定聯合財產制的夫妻，對於第三人所負的債務責任，依財產的種類不同，區分債務責任的歸屬，內容複雜，不易分辨，為了貫徹男女平等原則及保護交易安全，所以明定夫妻各自對於自己的債務負清償責任。

二、民國91年6月26日公布修正民法親屬編之前，民法第1027
條規定，夫妻就自己應負擔的債務，而以他方配偶的財產
清償債務時，他方配偶的補償請求權，需在夫妻法定聯合
財產制關係消滅時，才可以請求，如果夫妻未離婚或未改
用其他財產制，夫妻一方一直以他方配偶的財產清償自己
的債務，他方配偶都無法要求清償，是相當不公平的，而
且法定財產制，已經改由夫妻自行管理、使用、收益、處
分自己的財產，夫妻一方如果以他方配偶的財產清償自己
的債務，他方配偶應可以在婚姻關係存續中，請求配偶負
清償責任。

　　民國91年6月26日公布修正民法親屬編之後，（一）夫妻
各自對於自己的債務負清償責任；（二）夫妻在婚姻關係存續
中，如果有夫替妻還債或妻替夫還債的情形，夫在替妻還債之
後，夫對妻取得求償權，夫可以向妻請求清償其所代為清償的
債務；同樣地，妻在替夫還債之後，妻對夫取得求償權，妻可
以向夫請求清償其所代為清償的債務。

　　本條也有新舊法適用的問題，由於民法親屬編施行法沒
有規定溯及既往，所以妻基於日常家務代理權，在民國91年6
月26日之前所成立的債務，由夫負清償之責。至於夫妻以自己
財產清償他方的債務的求償權，如果發生在民國91年6月26日
之前，夫妻的求償權是否仍需在法定財產關係消滅時才可以請
求，目前尚無定論。筆者認為民國91年6月26日之前，舊法是
限制行使的時間，並非認定求償權成立的時間，屬於程序上的
性質，依程序重新原則，應該在法定財產關係未消滅前，就可
以行使求償權。

**實例**

　　大華與小美為夫妻關係，沒有約定夫妻財產制，大華積欠他人會錢新台幣3萬元，債權人上門催討，小美先以自己的存款替大華清償會款新台幣3萬元，過了3個月，大華收到一筆貨款新台幣5萬元，小美可以向大華要求還她新台幣3萬元嗎？

　　在法定財產制度之下，夫妻所欠的債務，都自行負責，小美先以自己的存款替大華清償會款新台幣3萬元，小美隨時都可以向大華請求清償小美替他支付的債務。

**第1024條**（刪除）
**第1025條**（刪除）
**第1026條**（刪除）
**第1027條**（刪除）
**第1028條**（刪除）
**第1029條**（刪除）
**第1030條**（刪除）

**第1030-1條**（法定財產制關係消滅時剩餘財產之分配）
法定財產制關係消滅時，夫或妻現存之婚後財產，扣除婚姻關係存續所負債務後，如有剩餘，其雙方剩餘財產之差額，應平均分配。但下列財產不在此限：
一、因繼承或其他無償取得之財產。
二、慰撫金。

夫妻之一方對於婚姻生活無貢獻或協力，或有其他情事，致平均分配有失公平者，法院得調整或免除其分配額。

法院為前項裁判時，應綜合衡酌夫妻婚姻存續期間之家事勞動、子女照顧養育、對家庭付出之整體協力狀況、共同生活及分居時間之久暫、婚後財產取得時間、雙方之經濟能力等因素。

第一項請求權，不得讓與或繼承。但已依契約承諾，或已起訴者，不在此限。

第一項剩餘財產差額之分配請求權，自請求權人知有剩餘財產之差額時起，二年間不行使而消滅。自法定財產制關係消滅時起，逾五年者，亦同。

## 解說

　　本條為剩餘財產價額差額分配請求權的規定，最早於民國74年6月3日公布施行，因為法定財產制修正，且為了保護婚姻關係中的家庭主婦或對婚姻貢獻較多的配偶，所以91年修法時配合修正。

　　民國91年6月26日修正公布新法的法定財產制之後，夫妻財產只區分為「婚前財產」及「婚後財產」兩種，所以「剩餘財產價額差額分配」的計算方式為：在法定財產制關係消滅時，（一）夫的「現存婚後財產」扣除夫在「婚姻關係存續中所負擔現存的債務」所剩的餘額，為夫的剩餘財產，同樣的，（二）妻的「現存婚後財產」扣除妻在「婚姻關係存續中所負擔現存的債務」所剩的餘額，為妻的剩餘財產，夫妻應就雙方的剩餘財產的差額平均分配。也就是說剩餘財產較少的一方可以向剩餘財產較多的一方，請求分配剩餘財產的差額的一半。

　　本條的剩餘財產價額差額分配，是一種價額分配，而不是就實際的物品所有權做切割，民國74年6月3日公布施行時，法條稱為「剩餘財產差額分配請求權」，實務上運用時，即常引起誤解，令人誤以為是就實際的物品有一半所有權，91年修正時法條仍稱為「剩餘財產差額分配請求權」，未修正稱為「剩餘財產價額差額分配請求權」，是修法上的瑕疵。

　　本條的剩餘財產價額差額分配，主要是認為夫妻一方婚後財產的增加，並非完全是財產所有人的功勞，多半還是因為得利於另一方在事業上、家務上的協助，尤其是家庭主婦的家務貢獻，所以在法定財產關係消滅時，應該做剩餘財產的結算，使夫妻剩餘財產較少的一方可以向剩餘財產較多的一方，請求分配剩餘財產的差額的一半。

　　基於以上的觀念，所以夫妻的婚後財產如果是（一）因為繼承或其他無償取得的財產或（二）慰撫金，這兩項婚後財產與夫妻協力無關，所以在計算夫或妻的「現存婚後財產」時，不列入計算剩餘財產時的婚後財產。本條在民國74年6月3日公布時，只限於因為繼承或其他無償取得的財產，不包括慰撫金項目，民國91年6月26日公布修正時加上慰撫金項目也不在計算之列。

　　在具體案例之中，計算剩餘財產價額差額分配的方式，如果一概採差額的一半分配，有時候並不公平，例如：剩餘財產價額較少的一方，也許是浪費成性，對於家庭只有破壞沒有協助，如果還可以向勤儉持家的配偶請求剩餘財產價額差額的一半，顯然不公平，原先法條賦予法院得酌減其分配額，但酌減，是否可以減至零，可能有疑義，所以91年修正法條明文規定，法院可以調整或免除，也就是可以減至零，不准主張剩餘

財產價額差額分配；另外，剩餘財產價額較少的一方也許是勞苦功高的配偶，剩餘財產價額較多的配偶可能是對家庭無貢獻或破壞的一方，如果剩餘財產價額較少的一方也只能請求分配價額差額的一半，可能也不公平，所以91年修法後，法條賦予法院得調整，所以勞苦功高但剩餘財產價額較少的配偶也可以主張超過一半的價額差額分配，再由法院行使調整權，當然依法院不得為訴外裁判原則，法院行使調整權所得的數額也不能超過當事人主張之數額。

　　民國110年1月20日公布施行增訂第2項部分文字及第3項條文，原來第3項、第4項條文順移至第4項、第5項。增訂第2項部分文字及第3項條文的內容，作為法院在調整或免除剩餘財產價額分配比例的判斷依據。本條第2項增列「夫妻之一方對於婚姻生活無貢獻或協力，或有其他情事，致平均分配有失公平者」之要件，在於當法院遇到夫妻之一方對於婚姻生活無貢獻或協力，或有其他情事，法院在計算剩餘財產價額分配時，可以基於公平性原則，做調整或免除。至於增訂第3項條文的內容，實際上是統整既往實務上的見解予以法制化。也就是法院在做調整或免除剩餘財產價額分配比例的判斷時，需考量夫妻雙方，在婚姻存續期間的家事勞動、子女照顧養育、對家庭付出之整體協力狀況、共同生活及分居時間之久暫、婚後財產取得時間、雙方之經濟能力等因素，做綜合判斷。

　　本條在民國74年6月3日公布時，並未界定夫妻剩餘財產價額分配請求權為一身專屬權，結果當夫妻取得剩餘財產價額差額的財產之後，可能會被剩餘財產較多的夫妻之債權人以撤銷詐害債權撤銷掉，所以民國91年6月26日修正公布新條項，在本條現今第4項明文規定，「夫妻剩餘財產價額差額分配請求

權」不得讓與或繼承，也就是「夫妻剩餘財產價額差額分配請求權」是一種身分上的專屬權，所以剩餘財產較多的夫妻之債權人不能以撤銷詐害債權為由，撤銷剩餘財產較少的配偶，基於行使「剩餘財產價額差額分配請求權」所取得的財產。

夫妻對於「剩餘財產價額差額分配請求權」雖不能讓與或繼承，但是如已依契約取得承諾，或已向法院起訴請求時，則可以讓與或繼承。

本條於民國96年5月23日修正公布，刪除夫妻剩餘財產價額分配請求權為配偶一身專屬權的規定，立法理由認為（一）夫妻剩餘財產價額分配請求權本質仍為財產權，不具專屬性質；（二）若將夫妻剩餘財產價額分配請求權規定為專屬權，則民法第1009條、第1011條規定就毫無意義；（三）對於有請求權的繼承人不利，所以回復為一般財產權。

本條現今第4項於民國101年12月26日修正公布。確認夫妻剩餘財產價額分配請求權為配偶之一身專屬權，第三人不得代位行使。立法理由認為，舊法認為剩餘財產分配請求權為一般財產權，故實務常見因配偶一方負債後，銀行或其他債權人得以該配偶之財產不足清償債務，援引民法第1011條與第1030條之1規定，聲請宣告改用分別財產制，並代位主張剩餘財產分配請求權，造成原本財產各自獨立之他方配偶，婚後努力工作累積財產，反因配偶之債權人代位行使剩餘財產分配請求權而致財產上不利益。除使剩餘財產分配請求權之立法原意盡失，更嚴重剝奪配偶他方之財產獨立自主權，使配偶他方因婚姻關係而淪為隱性之連帶債務人；故101年修法就將民法夫妻剩餘財產分配請求權修改為一身專屬權，債權人不可以向法院聲請宣告債務人夫妻改用分別財產制，並代位主張剩餘財產分配請

求權。

　　剩餘財產價額差額分配請求權應及早行使，以免影響財產秩序的安定，所以請求權人自知有剩餘財產價額差額時起，2年間不行使剩餘財產價額差額分配請求權時，請求權罹於時效消滅，如果法定財產關係消滅超過5年，即使請求權人自知有剩餘財產價額差額時起，尚未超過2年，請求權仍然罹於時效消滅。

　　民國92年2月7日民事訴訟法修正公布第526條第4項，在該條項施行之後，法定財產關係消滅時或將消滅時，夫妻之一方對於夫妻剩餘財產差額分配債權聲請假扣押時，為了保護弱勢，法院命聲請的配偶，供擔保的金額不得高於請求金額之十分之一，遠比一般債權的保全所需支付的擔保金低。此外，擔保金在訴訟終結或假扣押原因消滅時，是可以取回的，這在任何種類的擔保金都是如此的。

　　大華與小美於民國85年間結婚，兩人適用法定財產制，大華結婚時有一輛1200cc.汽車，小美結婚時有一輛1600cc.汽車，結婚後大華購買一房地登記為大華名義，大華與小美在民國91年7月1日辦理離婚，離婚時大華的1200cc.汽車價值新台幣5萬元，小美的1600cc.汽車價值新台幣6萬元，大華的房地價值新台幣600萬元，大華的房地有負債新台幣300萬元，小美除了該1600cc.汽車一輛之外，沒有其他財產，也沒有任何負債，誰應該付給誰剩餘財產價額差額的分配呢？

　　大華結婚時有一輛1200cc.汽車，在離婚時價值新台幣5萬元，小美結婚時的1600cc.汽車，在離婚時價值新台幣6萬元，

這分別是大華、小美的婚前財產,不列入剩餘財產中計算。

大華在結婚後購買的房地登記,為大華的婚後財產,在離婚時價值新台幣600萬元,應列入剩餘財產中計算。大華因結婚後財產所負擔的債務,在離婚時有新台幣300萬元債務,應列入婚姻關係存續中所負擔的債務,准予扣除,所以大華的房地新台幣600萬元減債務新台幣300萬元的餘額,為新台幣300萬元。小美在結婚後沒有婚後財產,也沒有債務,所以剩餘財產為零。大華與小美兩人的剩餘財產比較結果差額為新台幣300萬元,因此小美可向大華請求分配剩餘財產價額差額的一半,也就是小美可向大華請求給付新台幣150萬元。

本題計算方式如下:

NT.6,000,000－NT.3,000,000＝NT.3,000,000

(大華的房地)－(大華的債務)＝(大華的剩餘財產價額)

NT.0－NT.0＝NT.0

(小美的婚後財產)－(小美的婚後債務)＝(小美的剩餘財產價額)

NT.3,000,000－NT.0＝NT.3,000,000

(大華的剩餘財產價額)－(小美的剩餘財產價額)＝(兩人剩餘財產價額的差額)

NT.3,000,000÷2＝NT.1,500,000

(兩人剩餘財產價額的差額)÷2＝(兩人剩餘財產價額的差額的一半)


大華與小美於民國85年間結婚,兩人適用法定財產制,結婚後大華購買一幢房地,小美結婚後,因為理財有方,有股票及定期存款,小美並且繼承遺產新台幣100萬元,大華與小美

在民國91年7月1日辦理離婚，離婚時，大華的房地價值新台幣1,000萬元，小美有股票價值新台幣100萬元、定期存款新台幣500萬元，定期存款之中有100萬元，屬於繼承遺產。離婚時，大華在婚姻關係存續中有債務新台幣200萬元，小美在婚姻關係存續中有債務新台幣50萬元，兩人應如何結算分配剩餘財產價額的差額？

　　本題所設計的財產項目，均為大華與小美的婚後財產及債務。其中小美的定期存款中有100萬元是小美的繼承財產，所以小美不必列入剩餘財產做分配。所以大華離婚時房地價值新台幣1,000萬元減除婚姻關係存續中所負擔的債務新台幣200萬元，大華的剩餘財產為新台幣800萬元；小美離婚時的股票價值新台幣100萬元加定期存款新台幣500萬元，扣除繼承財產新台幣100萬元，扣除婚姻關係存續中所負擔的債務新台幣50萬元，小美的剩餘財產為新台幣450萬元。兩人剩餘財產的差額為新台幣350萬元，小美的剩餘財產較少，小美可向大華請求分配剩餘財產價額差額的一半，也就是小美可向大華請求給付新台幣175萬元。

　　本題計算方式如下：

NT.10,000,000－NT.2,000,000＝NT.8,000,000

（大華的房地）－（大華的債務）＝（大華的剩餘財產價額）

NT.1,000,000＋NT.5,000,000－NT.1,000,000－NT.500,000＝NT.4,500,000

（小美的股票）＋（小美的定期存款）－（小美的繼承財產）－（小美的債務）＝（小美的剩餘財產價額）

NT.8,000,000－NT.4,500,000＝NT.3,500,000

（大華的剩餘財產價額）－（小美的剩餘財產價額）＝（兩人剩餘財產價額的差額）

NT.3,500,000÷2＝NT.1,750,000

（兩人剩餘財產價額的差額）÷2＝（兩人剩餘財產價額的差額的一半）

　　大華與小美於民國91年7月間結婚，兩人適用法定財產制，結婚後大華購買一幢房地，大華因為與小雲通姦，被小美發現，經小美依法訴訟，取得小雲賠償的慰撫金新台幣50萬元，大華與小美在民國92年7月1日辦理離婚，離婚時，大華的房地價值新台幣200萬元，沒有債務，小美除了取得的慰撫金新台幣50萬元之外，還於民國91年12月份欠下債務新台幣20萬元。兩人應如何結算分配剩餘財產價額的差額？

　　大華與小美結婚都在民國91年6月26日民法親屬編公布施行之後，適用法定財產制且沒有新舊法適用問題。

　　大華的房地為婚後財產價值新台幣200萬元，沒有債務，因此大華的剩餘財產為新台幣200萬元。小美的婚後財產為新台幣50萬元，但因為屬於慰撫金，不列入剩餘財產分配，小美還有債務新台幣20萬元，所以剩餘財產只剩債務，剩餘財產提列為零。大華的剩餘財產較多，小美可向大華請求分配剩餘財產價額差額的一半，也就是小美可向大華請求給付新台幣100萬元。

　　本題計算方式如下：

NT.2,000,000－NT.0＝NT.2,000,000

（大華的房地）－（大華的債務）＝（大華的剩餘財產價額）

NT.500,000－NT.500,000－NT.200,000＝NT.0

（小美的慰撫金）－（小美的慰撫金）－（小美的債務）＝（小美的剩餘財產價額）

NT.2,000,000－NT.0＝NT.2,000,000

（大華的剩餘財產價額）－（小美的剩餘財產價額）＝（兩人剩餘財產價額的差額）

NT.2,000,000÷2＝NT.1,000,000

（兩人剩餘財產價額的差額）÷2＝（兩人剩餘財產價額的差額的一半）

　　大明與玉英在民國78年結婚，沒有約定採用哪一種夫妻財產制，大明平常遊手好閒，嗜賭酗酒，家庭完全靠玉英做工養家活口，玉英在民國92年6月訴請法院裁判離婚，並且獲得勝訴確定。裁判離婚確定時，大明兩手空空，玉英則有價值新台幣500萬元的房屋，沒有債務，大明於是向玉英要求分財產，玉英應該怎麼處理？

　　大明與玉英於民國78年結婚，沒有約定採用約定財產制，因此適用法定財產制，離婚時有剩餘財產價額差額分配問題。依據民法第1030條之1規定，夫或妻現存之婚後財產，扣除婚姻關係存續中所負債務後，如有剩餘，雙方剩餘財產之差額，應平均分配。因為大明沒有財產所以剩餘財產為零，玉英有價值新台幣500萬元的房地產，沒有債務，玉英的剩餘財產為新台幣500萬元，大明可以依據民法第1030條之1第1項的規定，主張玉英應給付剩餘財產價額差額的一半，但是這樣的分配顯然是很不公平的，因為玉英在婚姻關係存續中為家庭任勞任怨，一人獨力賺錢養家及料理家務，大明完全不顧家庭，對於家庭毫無貢獻，大明如果還可以主張分配剩餘財產價額差額的一半，顯然與剩餘財產價額差額分配請求權肯定配偶對於家庭貢獻，促使剩餘財產較多的配偶婚後財產增加的本質不符，玉

英可以依據民法第1030條之1第2項的規定，主張大明請求分配剩餘財產價額差額的一半，顯失公平，請求法院調整分配的比例，或免除分配，主張大明沒有權利向她要求給付新台幣250萬元的財產。

> **第1030-2條**（法定財產制關係消滅時債務之計算）
> 夫或妻之一方以其婚後財產清償其婚前所負債務，或以其婚前財產清償婚姻關係存續中所負債務，除已補償者外，於法定財產制關係消滅時，應分別納入現存之婚後財產或婚姻關係存續中所負債務計算。
> 夫或妻之一方以其前條第一項但書之財產清償婚姻關係存續中所負債務者，適用前項之規定。

## 解說

本條是民國91年6月26日公布增訂的條文，增訂的理由是：（一）夫妻在法定財產關係消滅時應做財產清算，夫妻婚前財產及債務與婚姻共同生活及婚姻貢獻無關，所以夫或妻以自己的婚後財產清償其婚前所負擔的債務，或者以自己的婚前財產清償自己婚姻關係存續中所負擔的債務，除了已經先行補償者之外，應分別納入現存的婚後財產或婚姻關係存續中所負擔的債務計算，以示公平；（二）因繼承或其他無償取得的財產、慰撫金都與婚姻共同生活及婚姻貢獻無關，所以夫或妻以該項財產清償自己婚姻關係存續中所負擔的債務，除了已經先行補償者之外，在法定財產關係消滅時，應納入婚姻關係存續中所負擔的債務計算，以示公平。

　　夫或妻一方用自己的婚後財產清償自己婚前所負擔的債務，在法定財產關係消滅時，除了已經先行補償者之外，應列入自己現存的婚後財產計算；夫或妻一方用自己的婚前財產清償自己婚後所負擔的債務，在法定財產關係消滅時，除了已經先行補償者之外，應列入自己在婚姻關係存續中所負擔的債務計算。

　　夫或妻一方用自己因繼承或其他無償取得的財產或慰撫金，清償自己婚姻關係存續中所負擔的債務，在法定財產關係消滅時，除了已經先行補償者之外，應列入自己在婚姻關係存續中所負擔的債務計算。

**實例**

　　大華在結婚時有一幢小套房，結婚後，大華積欠友人大明新台幣100萬元，另外增加一幢別墅，嗣後大華將小套房賣掉獲得新台幣100萬元，正好清償大明新台幣100萬元，大華離婚時只剩下別墅一幢價值新台幣3,000萬元，沒有債務，大華的剩餘財產有多少？

　　大華以婚前財產小套房出售所得價金，清償婚姻關係存續期間所負擔的100萬元債務，因為還沒做補償，在離婚時，應計入大華在婚姻關係存續期間所負擔的債務，所以大華離婚時所剩下別墅一幢價值新台幣3,000萬元，還要扣除新台幣100萬元的補償婚前財產債務，大華的剩餘財產應為新台幣2,900萬元。

　　大華在結婚前積欠大明新台幣50萬元，結婚5年後，大華以工作、投資的收入清償積欠大明新台幣50萬元的債務，結婚7年後，大華與妻子約定改採分別財產制，這個時候，大華有

婚後財產房屋一幢，價值新台幣500萬元，積欠銀行債務新台幣100萬元，大華在採用分別財產制之前，要先結算法定財產制下的剩餘財產，應如何計算？

大華結婚後的工作所得、投資收入，屬於大華的婚後財產，大華以婚後財產清償婚前債務新台幣50萬元，在做財產結算時，如果還沒做補償，應算入婚姻關係存續中所負擔的債務，因此，大華在法定財產關係消滅時，婚後財產有新台幣500萬元的房屋一幢及婚後財產補償債權新台幣50萬元，合計為新台幣550萬元，婚姻關係存續中所負擔的債務為新台幣100萬元，大華的剩餘財產為新台幣450萬元。

小美在結婚後第5年獲得父母贈與新台幣100萬元，結婚第7年因為工作疏失需賠償他人新台幣10萬元，小美就以上述所獲得的贈與，拿出新台幣10萬元賠償，結婚第8年，小美與丈夫約定採用分別財產制，在法定財產關係消滅時，如果小美只剩下新台幣90萬元，汽車一輛價值新台幣100萬元，在採用分別財產制之前，小美要先結算法定財產制下的剩餘財產，應如何計算？

小美在結婚後第5年獲得父母贈與新台幣100萬元，屬於小美的無償取得，小美以無償取得的財產清償婚後債務新台幣10萬元，因為還沒做補償，在法定財產關係消滅時，應計入小美在婚姻關係存續期間所負擔的債務，所以小美要計入剩餘財產計算的婚後財產為汽車一輛價值新台幣100萬元扣除還沒補償的債務新台幣10萬元，小美的剩餘財產應為新台幣90萬元。

小美於婚姻關係存續期間因為丈夫大明毆打她，獲得新台幣15萬元的精神損害賠償，結果正好要支付死會會錢，小美就

以精神損害賠償金裡的5萬元支付，不久，小美與大明離婚，離婚時小美的精神損害賠償金剩下新台幣10萬元，其餘定期存款5萬元，沒有其他債務，小美的剩餘財產有多少？

　　小美於婚姻關係存續期間，以精神損害賠償金5萬元，清償婚姻關係存續期間所負擔的債務，在離婚時，如果還沒做補償，小美還負有新台幣5萬元的補償債務，精神損害賠償金剩下新台幣10萬元是不列入剩餘財產結算的，小美的婚後財產為定期存款新台幣5萬元扣除新台幣5萬元的補償債務，小美的剩餘財產為零。

**第1030-3條**（法定財產制關係消滅時財產之追加計算）

夫或妻為減少他方對於剩餘財產之分配，而於法定財產制關係消滅前五年內處分其婚後財產者，應將該財產追加計算，視為現存之婚後財產。但為履行道德上義務所為之相當贈與，不在此限。

前項情形，分配權利人於義務人不足清償其應得之分配額時，得就其不足額，對受領之第三人於其所受利益內請求返還。但受領為有償者，以顯不相當對價取得者為限。

前項對第三人之請求權，於知悉其分配權利受侵害時起二年間不行使而消滅。自法定財產制關係消滅時起，逾五年者，亦同。

**解說**

　　本條是民國91年6月26日公布增訂的條文，在民國74年6月3日，推出剩餘財產價額差額分配請求權制度之後，實務上，

夫妻之一方能藉由此項制度向他方配偶請求到分配財產，事實上是很困難的。因為夫妻走上離婚一途時，較有資力的配偶為了怕他方配偶會行使剩餘財產價額差額分配請求權，往往會隱匿或浪費財產，使他方配偶在財產結算時，無法請求分配，所以此次修訂時，採取追加計算制度，以保障配偶的剩餘財產價額差額分配請求權。因為夫妻之剩餘財產價額差額分配請求權實際上是一種期待權，在法益保護上，要與第三人的交易安全有所平衡，所以追加計算的標準、消滅時效也要有所限制，所以訂立本條文。

夫或妻為了減少他方配偶對於剩餘財產的分配，因而在法定財產關係消滅前5年內，處分自己婚後財產，雖然該婚後財產已經不存在，法律上擬制仍將該處分掉的財產追加計算為現存之婚後財產，法定財產關係消滅時，該脫產的配偶的現存婚後財產。但是如果是為了履行道德上義務，所做的相當贈與，該配偶應該不算是惡意的配偶，所以夫妻在做財產結算時，就法定財產關係消滅前5年內，屬於道德義務的相當贈與，所贈與出去的婚後財產，不可以追加計算為法定財產關係消滅時的現存婚後財產。

關於什麼是「為了履行道德上義務，所做的相當贈與」，請參看第1020條之1的解說內容。

在夫或妻有因為前述惡意處分婚後財產，就該惡意處分掉的婚後財產追加計算視為法定財產關係消滅時的現存婚後財產的情形時，分配義務人的現存財產不足以支付給分配權利人時，分配權利人可以就不足額部分，對受讓該處分的婚後財產的第三人，在第三人受領的利益範圍內，行使返還利益的請求。第三人如果也是有以相對代價取得讓與的財產時，分配權

利人只能在相對人以顯不相當的對價取得該讓與財產時，行使返還不足利益的請求權。

　　總而言之，分配權利人可以就不足額部分，對受讓該處分的婚後財產的第三人，在第三人受領的利益範圍內，行使返還利益的請求其條件如下：

一、夫或妻處分婚後財產的主觀意思是基於減少他方剩餘財分配的目的。

二、夫或妻處分婚後財產的時間在法定財產關係消滅之前5年內。

三、夫或妻處分婚後財產是以無償或顯不相當的對價讓與。

　　分配權利人可以就不足額部分，對受讓該處分的婚後財產的第三人，在第三人受領的利益範圍內，行使返還利益的請求權，應注意短期消滅時效的規定，分配權利人要行使這項權利時，要在知道分配權利受侵害時起2年內行使，否則罹於消滅時效，如果自法定財產關係消滅5年後，才知道分配權利受侵害，同樣也罹於消滅時效。罹於消滅時效的效果是該被請求的第三人，可以提出消滅時效抗辯，拒絕返還利益。

　　本條是民國91年6月26日公布增訂的條文，沒有溯及既往的規定，所以只適用於民國91年6月26日新法施行後惡意配偶的脫產行為。

## 實例

　　大華與小美於民國85年結婚，適用法定財產制，兩人婚後感情不睦，兩人隨時都在盤算離婚的事。大華在民國86年間買了一輛轎車，大華怕小美將來分配財產，於是民國88年間將轎車贈與給好友大明，再由大明無償借貸給大華使用該轎車，

民國91年7月1日大華累積了一筆存款新台幣100萬元，大華無償讓與給弟弟小華；小美在民國91年7月3日將自己名下所有的股票賣掉獲得新台幣50萬元，全部拿去清償債務，民國92年5月，大華與小美辦理離婚，離婚時，大華與小美都沒有財產，雙方也沒有做財產結算。小美離婚後6個月內得知大華其實是有財產的，小美要如何行使剩餘財產價額差額分配請求權呢？

大華贈與轎車給大明、贈與金錢給小華、小美出售股票等讓與財產的行為，都發生在兩人離婚之前5年內，首先應審究的，是否有擬制追加計算離婚時現存婚後財產問題。

依題旨所示，大華贈與轎車給大明、贈與金錢給小華的讓與行為，顯然都是為了使小美得不到剩餘財產分配，但是大華贈與轎車給大明是發生於民國91年6月26日公布施行民法第1030條之3之前，該贈與轎車無法追加計算為離婚時大華的婚後財產。大華贈與金錢給小華的讓與行為發生於民國91年6月26日公布施行民法第1030條之3之後，該贈與的新台幣100萬元可以追加計算為離婚時大華的婚後財產。小美出售股票清償債務，應無惡意處分脫產之意，所以沒有追加計算離婚時婚後財產的問題。

由此可知，大華離婚時婚後財產擬制為新台幣100萬元，因為大華沒有負債，大華的剩餘財產為新台幣100萬元，小美離婚時沒有任何財產債務，小美的剩餘財產為零，所以小美可以向大華請求給付新台幣50萬元。

大華與小美於民國92年2月間離婚，大華為了避免小美向他要求剩餘財產分配，大華在民國92年1月間將名下的存款新台幣100萬元轉至女友小梅的名下，以至於雙方離婚時，因為都沒有剩餘財產，所以沒有做剩餘財產分配，經過小美努力追

查，發現大華在民國92年1月間將名下的存款新台幣100萬元轉至女友小梅的名下，小美接下來要怎麼行使權利？

大華為了避免小美向他要求剩餘財產分配，在民國92年1月間將名下的存款新台幣100萬元轉至女友小梅的名下，發生在其離婚前1個月，小美可以主張追加計算該新台幣100萬元為大華離婚時的婚後財產，因為雙方在離婚時均已無其他財產或債務，所以小美可以向大華行使剩餘財產價額差額分配請求權，請求大華給付新台幣50萬元，如果大華已經沒有財產，小美可以根據民法第1030條之3第2項規定，對小梅主張行使返還利益，請求給付新台幣50萬元。

大華與小美於民國92年2月間離婚，大華為了避免小美向他要求剩餘財產分配，大華在民國92年1月間將名下價值的新台幣1,000萬元的房地以新台幣500萬元廉價出售給第三人大明，大華與小美離婚時結算財產，大華分配剩餘財產新台幣250萬元給小美，小美後來發現大華在民國92年1月間廉價轉讓房地產的事實，小梅還可以行使什麼權利？

大華在民國92年1月間將名下價值的新台幣1,000萬元的房地以新台幣500萬元廉價出售給第三人大明，是為了減少小美向他要求剩餘財產分配，小美可以將該價值新台幣1,000萬元的房地，追加計算為大華離婚時的婚後財產，依題旨，離婚時只有大華有剩餘財產，因為其中500萬元在當初離婚時已結算過剩餘財產，所以小美只就未計算之新台幣500萬元再做結算，小美可以再向大華請求分配剩餘財產，小美有權再向大華請求給付新台幣250萬元。如果大華只有支付新台幣100萬元，沒有其他財產可供執行，就不足之新台幣150萬元部分，小美可以根據民法第1030條之3第2項規定，對大明主張行使返還利

益，請求給付新台幣150萬元。

大華與小美於民國92年2月間離婚，大華為了避免小美向他要求剩餘財產分配，大華在民國92年1月間將名下的存款新台幣100萬元轉至女友小梅的名下，以至於雙方離婚時，因為都沒有剩餘財產，所以沒有做剩餘財產分配，經過小美離婚後2個月努力追查，發現大華在民國92年1月間將名下的存款新台幣100萬元轉至女友小梅的名下，小美要求大華給付新台幣50萬元作為剩餘財產分配，大華採取緩兵之計，拖拖拉拉，直到民國95年，大華只付了新台幣10萬元，小美於是找小梅追討新台幣40萬元，小美可以達成目的嗎？

夫妻一方為了減少他方配偶分配剩餘財產而惡意處分財產，如果分配義務人的現存財產不足以支付給分配權利人時，分配權利人可以就不足額部分，對受讓該處分的婚後財產的第三人，在第三人受領的利益範圍內，行使返還利益的請求，為民法第1030條之3第2項所明文規定，但是行使返還權利有短期消滅時效的適用，分配權利人在知道權利受侵害起，如果要對第三人行使返還利益的請求，應該在2年內請求，否則第三人可以罹於消滅時效抗辯，拒絕返還，小美在民國92年4月間知道分配權利受侵害，小美如果要對小梅請求返還新台幣40萬元的利益，最遲應該在民國94年4月間時效消滅前行使權利，小美直到民國95年間才要對小梅請求返還新台幣40萬元的利益，小梅可以主張時效抗辯，拒絕返還。

**第1030-4條**（婚後財產與追加計算財產之計價基準）
夫妻現存之婚後財產，其價值計算以法定財產制關係消滅時

為準。但夫妻因判決而離婚者，以起訴時為準。

依前條應追加計算之婚後財產，其價值計算以處分時為準。

## 解說

　　本條是民國91年6月26日公布增訂的條文。增訂的理由是因為夫妻剩餘財產是以價額為計算標準，計算的時點應該明確免生爭議。

　　夫妻現存的婚後財產，以法定財產制關係消滅時，作為價值計算的時點。法定財產關係消滅的原因有下列五種，法定財產關係消滅的時點如下所示：

一、兩願離婚：夫妻到戶政事務所辦理離婚登記時，為法定財產關係消滅的時點。

二、裁判離婚：起訴時，為法定財產關係消滅的時點。

三、死亡：夫妻一方死亡時，為法定財產關係消滅的時點。

四、約定改用約定財產制：夫妻以契約成立約定財產制時，為法定財產關係消滅的時點。

五、法院宣告改用分別財產制：法院宣告改用分別財產制的裁定確定時，為法定財產關係消滅的時點。

　　民國88年2月3日修正公布施行民事訴訟法第572條夫妻財產之分配訴訟可以與離婚訴訟於第一審或第二審言詞辯論終結前，合併提起，但是在實務上，法院認為離婚訴訟還沒有確定的時候，無從計算現存夫妻婚後財產與現存債務，仍然認為應於離婚訴訟確定時，才可以開始進行夫妻財產分配訴訟，現在本增訂條文確立裁判離婚時，法定財產關係消滅的計算時點，以起訴時為準，如此就可以解決民事訴訟法第572條夫妻財產之分配訴訟實際上無法與離婚訴訟，合併提起的困境。

依據前條規定可以主張追加計算的婚後財產，婚後財產的處分時點，通常與夫妻法定財產關係消滅時點不一致，為了避免發生計算價值的爭議，本條第2項明文規定以該財產處分的時點為價值計算的時點。

### 實例

大華與小美於民國77年間結婚，民國78年大華以新台幣300萬元購買房屋一幢，小美於民國80年間以新台幣500萬元購買房屋一幢，民國92年離婚時，大華的房屋價值新台幣600萬元，小美的房屋價值新台幣300萬元，離婚時，大華、小美的婚後財產價值為多少？

夫妻現存的婚後財產，以法定財產制關係消滅時，作為價值計算的時點。大華的房屋以價值新台幣600萬元為計算標準，小美的房屋以價值新台幣300萬元為計算標準。

大華與小美於民國92年2月間離婚，大華為了避免小美向他要求剩餘財產分配，大華在民國92年1月間將名下價值的新台幣1,000萬元的房地無償轉讓給母親，小美在民國93年間發現此事，93年該房地的市價為新台幣800萬元，小美主張追加計算大華的婚後財產，應該以新台幣1,000萬元或新台幣800萬元作為計算大華離婚時的婚後財產價值？

大華為了避免小美主張剩餘財產價額差額分配，將名下價值的新台幣1,000萬元的房地無償轉讓給母親，小美要行使追加計算大華的婚後財產時，以大華處分財產時的價值做計算時點，所以即使嗣後房地產價值低落，仍以處分時之價值為準，應以新台幣1,000萬元作為計算大華離婚時的婚後財產價值。

## 第三款　約定財產制

### 第一目　共同財產制

**第1031條**（共同財產之定義）
夫妻之財產及所得，除特有財產外，合併為共同財產，屬於夫妻公同共有。

**解說**

　　本條是民國91年6月26日修正公布的條文。修正的理由是公同共有財產沒有應有部分，原條文第2項稱夫妻之一方不得處分共同財產的應有部分，與公同共有的觀念不合，所以刪除原條文第2項規定。

　　在共同財產制度之下，夫妻將自己的財產與所得合併為共同財產，成立一個公同共有關係，但是夫妻各自的特有財產，由夫妻自行所有、管理、使用、處分，不在共同財產裡面。

**實例**

　　大華結婚時有一幢房地，小美結婚時有一輛自用轎車，兩人結婚後約定夫妻財產採用共同財產制，對於他們的財產會有什麼變化？

　　大華與小美結婚後約定夫妻財產採用共同財產制，原本屬於大華、小美的財產會形成一個公同共有關係，所以大華、小美公同共有房地、自用轎車。

第1031-1條 (特有財產之範圍及準用規定)

**左列財產為特有財產：**

**一、專供夫或妻個人使用之物。**

**二、夫或妻職業上必需之物。**

**三、夫或妻所受之贈物，經贈與人以書面聲明為其特有財產者。**

**前項所定之特有財產，適用關於分別財產制之規定。**

## 解說

本條為民國91年6月26日公布增訂。增訂的理由是：本次修正前「特有財產」的定義規定於「法定聯合財產」制度之中，為法定的特有財產及約定的特有財產兩種。本次修正後，「法定財產制」已無特有財產觀念，所以舊法第1013條、第1015條均已刪除，但是約定共同財產制，仍有「特有財產」的設計，因此將舊法第1013條的規定，移至本條文，另外在約定共同財產制之下，只有法定特有財產的設計，沒有約定特有財產的設計。

特有財產是夫妻共同財產中屬於夫或妻各自可完全支配而不構成夫妻共同財產制的財產。特有財產有下列三種：

一、專供夫或妻個人使用之物：只限於動產，例如：夫妻各自所有的衣服、夫的刮鬍刀、妻的化粧品。

二、夫或妻職業上必需之物：動產、不動產均可包括在內，只要是夫或妻職業上、營業上所必需之物，皆可列為特有財產。例如：夫為醫師，診療器為夫的特有財產；妻為農夫，耕地即為妻之特有財產。

三、夫或妻所受之贈物，經贈與人聲明為其特有財產：動產、

不動產均可包括在內。贈與人贈與夫或妻之財產，在所有權移轉完畢之前，應聲明為其特有財產，才可以列為特有財產，若在移轉所有權完畢之後，才聲明為受贈人之特有財產，則不生特有財產之效力。若贈與時受贈人尚未結婚，但贈與人聲明結婚後仍為其特有財產者，也算是特有財產。

夫妻之一方如果將受贈之特有財產變價改置其他財產，該重新購置之財產仍為其特有財產。

### 實例

　　美玲與大華結婚時，採用約定共同財產制，父親以一幢小套房作為陪嫁，並聲明為美玲之特有財產，美玲於婚後將小套房賣掉，將所得價款購買鄉下一塊苗圃，這塊苗圃是否仍為美玲的特有財產？

　　美玲將自己的特有財產賣掉所得價金仍為特有財產，以之購買之苗圃仍為特有財產。

> **第1032條**（共同財產之管理）
> 共同財產，由夫妻共同管理。但約定由一方管理者，從其約定。
> 共同財產之管理費用，由共同財產負擔。

### 解說

　　舊法原規定共同財產，由夫管理，管理費用，由共同財產負擔，此有違男女平等原則，所以民國91年6月26日修正本條規定。

103

　　共同財產，原則上由夫妻共同管理。但是也允許雙方以契約約定由夫妻之一方管理共同財產。此項管理權的約定，要以書面為之，才對夫妻生效，要經過法院登記公告，才能對抗第三人。共同財產的管理費用，由共同財產負擔。

### 實例

　　大華與小美結婚後，約定採共同財產制，大華說小美欠缺數字觀念，要由大華管理共同財產，小美不肯，共同財產應由誰管理？

　　共同財產，原則上由夫妻共同管理，大華沒有取得小美的同意，大華對於共同財產就沒有管理權，仍應由大華與小美共同管理。

### 第1033條（共同財產之處分）
夫妻之一方，對於共同財產為處分時，應得他方之同意。
前項同意之欠缺，不得對抗第三人。但第三人已知或可得而知其欠缺，或依情形，可認為該財產屬於共同財產者，不在此限。

### 解說

　　本條於民國91年6月26日修正公布。修正的理由是因為為了貫徹保障男女平等原則，共同財產已改成由夫妻共同管理為原則，例外才約定由夫或妻擔任管理權人。為了強化夫妻公同共有的精神，並且避免管理上所必要的處分一詞在解釋上所發生的疑義，所以此次修正時，刪除原條文第1項但書的規定。

　　夫妻一方要處分共同財產時，基於公同共有的關係，需得到他方的同意。

　　夫妻的一方如果沒有得到他方的同意而處分共有財產，原則上不得對抗第三人，也就是未同意的一方，原則上不能對交易的第三人主張處分行為無效。但是如果第三人本來就知道該財產為夫妻的共同財產，而且處分時並未得到夫妻一方之同意，或者第三人可得而知，只是過失而不知道沒有得到夫妻一方之同意，夫或妻可以同意權的欠缺主張處分行為無效。

　　大華與小美結婚後採用共同財產制，大華沒有得到小美的同意，將屬於共同財產的房屋賣掉並辦妥移轉登記，小美可不可以對買受人主張無效，塗銷移轉登記？

　　夫妻的一方如果沒有得到他方的同意而處分共有財產，原則上不得對抗第三人，小美不可以對買受人主張無效，塗銷移轉登記。除非小美可以舉證證明買受人在交易行為時就已經知道或可得知道大華處分共同財產，沒有得到小美的同意，小美才可以對買受人主張無效，塗銷移轉登記。

**第1034條**（夫妻債務之清償責任）
**夫或妻結婚前或婚姻關係存續中所負之債務，應由共同財產，並各就其特有財產負清償責任。**

## 解說

　　本條於民國91年6月26日修正公布。修正的理由是因為舊

民法第1034條至第1036條規定夫妻對於各種債務如何負清償責任，不僅複雜，而且不符合共同財產制的本質。因此就夫妻所負債務的清償責任併為一條。夫或妻的債權人可以選擇使用共同財產或特有財產做清償，以求簡明確實。

夫或妻結婚前所負的債務，或者婚姻關係存續中所負擔的債務，夫或妻的債權人可以選擇以夫妻的共同財產作求償標的或者以債務人的特有財產作求償標的。

本條於民國91年6月26日修正，也沒有溯及既往的適用，但是因為實務上沒有人採用共同財產制，所以在新舊法適用上，所產生的問題不大。

大華與小美結婚後採用共同財產制，兩人居住處是大華與小美的共同財產，大華所有的一輛計程車為大華的特有財產，大華的債權人在聲請強制執行時，應該執行哪一項財產？

因為大華與小美結婚後採用共同財產制，所以大華的債權人在聲請強制執行時，可以選擇執行大華與小美公同共有的房屋或大華的計程車，如果一份財產不足以清償大華的債權人全部債權，大華的債權人可以就大華與小美公同共有的房屋或大華的計程車，聲請全部執行。

**第1035條**（刪除）
**第1036條**（刪除）
**第1037條**（刪除）

**第1038條**（共同財產制的補償請求權）
共同財產所負之債務，而以共同財產清償者，不生補償請求
權。
共同財產之債務，而以特有財產清償，或特有財產之債務，
而以共同財產清償者，有補償請求權，雖於婚姻關係存續
中，亦得請求。

## 解說

　　本條於民國91年6月26日公布修正。修正的理由是原條文
第1項規定「共同財產所負的債務而以共同財產清償者，夫妻
間，不生補償請求權。」應該是夫妻共同財產相互間，不生補
償請求權，所以將「夫妻間」三個字刪除。

## 實例

　　小美與大華結婚後，約定採用共同財產制，大華結婚時所
有之房屋與小美結婚時所有之汽車共同組成共同財產，大華在
婚姻關係存續期間，積欠大明債務，大華取得小美的同意，將
共同財產——汽車讓與給大明，作為清償債務之用，日後小美
有無權利，要求大華補償相當於汽車價值的財產給她？

　　共同財產所負的債務，而以共同財產清償者，不生補償請
求權，民法第1038條第1項定有明文。小美沒有權利要求大華
補償相當於汽車價值的財產給她。

　　小美與大華結婚後，約定採用共同財產制，小美所有之汽
車為小美的特有財產，大華在婚姻關係存續期間，積欠大明債
務，大華取得小美的同意，將汽車讓與給大明，作為清償債務
之用，日後小美有無權利，要求大華補償相當於汽車價值的財

産給她？

　　共同財產的債務，而以特有財產清償，夫妻之間雖於婚姻關係存續中，特有財產所有權人仍可以請求共同財產補償，民法第1038條第2項定有明文。小美有權利要求大華補償相當於汽車價值的財產給她。

---

**第1039條**（共同財產制之消滅）

夫妻之一方死亡時，共同財產之半數，歸屬於死亡者之繼承人，其他半數，歸屬於生存之他方。

前項財產之分割，其數額另有約定者，從其約定。

第一項情形，如該生存之他方，依法不得為繼承人時，其對於共同財產得請求之數額，不得超過於離婚時所應得之數額。

---

### 解說

　　夫妻之一方死亡時，共同財產關係消滅，共同財產的一半由死者的繼承人繼承，另一半則由生存配偶取回。如果夫妻對於共同財產的分割另有約定時，依照其約定分割。

　　生存配偶如果是依法不得繼承之人，其對於共同財產請求的數額不能超過在離婚狀況之下所可得到的數額。

---

**第1040條**（共同財產制之消滅時財產之取回）

共同財產制關係消滅時，除法律另有規定外，夫妻各取回其訂立共同財產制契約時之財產。

---

共同財產制關係存續中取得之共同財產，由夫妻各得其半數。但另有約定者，從其約定。

## 解說

本條於民國91年6月26日公布修正的條文。修正的理由是：（一）共同財產的組成包括共同財產制契約訂立時的財產及共同財產制存續中所增加的財產，原條文未做區分，與民法第1058條第1項規定不能配合，所以修正，以資明確；（二）夫妻取回訂立共同財產制契約時的財產之後，如有剩餘，顯然是共同財產制關係存續中，夫妻共同協力所取得，除了夫妻另有約定之外，宜由夫妻各得其半數，已示公平，所以增訂第2項規定。

共同財產制關係消滅時，除法律另有規定外，夫妻個別取回訂立共同財產制契約時的財產。所謂法律另有規定，例如民法第1038條第2項、第1039條等規定。

共同財產制關係存續中取得的共同財產，在共同財產制關係消滅時，由夫妻各得其半數。但另有約定者，從其約定。

### 實例

小美與大華結婚後，約定採用共同財產制，大華結婚時所有之房屋與小美結婚時所有之汽車共同組成共同財產，小美與大華在婚姻關係存續期間，增加存款新台幣1,000萬元，兩人離婚時，如何分財產？

大華結婚時所有之房屋，歸大華單獨所有，小美結婚時所有之汽車，歸小美單獨所有，新台幣1,000萬元是婚姻關係存續中增加的財產，大華、小美各分得新台幣500萬元。

**第1041條**（勞力所得共同財產制）

夫妻得以契約訂定僅以勞力所得為限為共同財產。

前項勞力所得，指夫或妻於婚姻關係存續中取得之薪資、工資、紅利、獎金及其他與勞力所得有關之財產收入。勞力所得之孳息及代替利益，亦同。

不能證明為勞力所得或勞力所得以外財產者，推定為勞力所得。

夫或妻勞力所得以外之財產，適用關於分別財產制之規定。

第一千零三十四條、第一千零三十八條及第一千零四十條之規定，於第一項情形準用之。

## 解說

　　本條於民國91年6月26日公布修正的條文。修正的理由是原條文規定提及夫妻的原有財產，本次法定財產修正後，已沒有原有財產的觀念，所以一併修正。另外將勞力所得共同制的勞力所得定義清楚，以免發生適用疑義。

　　夫妻可以以契約約定，只以勞力所得為限，作為共同財產制。這樣的約定也是要以書面契約訂定，才能成立，要向法院辦理登記，才能發生對抗第三人的效力。

　　所謂勞力所得，指夫或妻於婚姻關係存續中取得的薪資、工資、紅利、獎金及其他與勞力所得有關之財產收入。勞力所得的孳息及代替利益，也屬於勞力所得。例如：薪資所得所累積的存款利息，屬於勞力所得，以勞力所得購買其他產權，該產權標的也屬於勞力所得。

　　既然採所得共同財產制，當然儘量使夫妻財產能夠在勞力所得架構下組成共同財產，所以夫妻財產如果有不能證明為勞

力所得或勞力所得以外財產者，推定為勞力所得。夫妻一方對於夫妻財產，如果主張不是勞力所得的共同財產，主張的一方應負舉證責任。

　　夫妻的財產除了約定將勞力所得組成共同財產之外，夫妻其他的財產適用關於分別財產制的規定，這也與舊法適用法定財產制的規定不同。

　　夫妻約定將勞力所得組成共同財產時，準用民法第1034條、第1038條、第1040條規定。也就是說：

一、夫或妻結婚前或婚姻關係存續中所負的債務，應由所得共同財產，並各就其特有財產負清償責任。

二、所得共同財產所負的債務，而以所得共同財產清償者，不生補償請求權。所得共同財產的債務，而以特有財產清償，或特有財產之債務，而以所得共同財產清償者，有補償請求權，雖於婚姻關係存續中，亦得請求。

三、所得共同財產制關係消滅時，除法律另有規定外，夫妻各取回其訂立所得共同財產制契約時之財產。共同財產制關係存續中取得的共同財產，由夫妻各得其半數。但另有約定者，從其約定。

　　小美與大華結婚後，約定採用所得共同財產制，大華結婚時勞力所得與小美結婚時勞力所得共同組成共同財產，小美與大華在婚姻關係存續期間，小美的工作單位年終分紅有新台幣100萬元，該新台幣100萬元的紅利，小美有沒有單獨使用之權？

　　年終分紅屬於勞力所得的一種，因此小美所獲得的新台幣

100萬元紅利，屬於共同財產，如果沒有得到大華的同意，小美無法自由使用該新台幣100萬元所得。

小美與大華結婚後，約定採用所得共同財產制，結婚時大華有房屋一幢、小美也有房屋一幢，結婚後，小美要出售小美名下所有的房屋，大華是否有權反對？

結婚時大華所有的房屋一幢、小美所有的有房屋一幢，都不是他們的勞力所得，沒有組成共同財產，上述房地適用分別財產制規定，小美要出售小美名下所有的房屋，大華沒有權利反對。

## 第二目　（刪除）

**第1042條**（刪除）
**第1043條**（刪除）

## 第三目　分別財產制

**第1044條**（分別財產制之意義）
分別財產，夫妻各保有其財產之所有權，各自管理、使用、收益及處分。

**解說**

本條於民國91年6月26日公布修正施行。修正的理由是原條文漏未規定處分權，所以修正之。

採用分別財產制的夫妻，夫妻各自保有自己財產的所有權，並且各自管理、使用、收益及處分自己的財產。

小美與大華結婚後，約定採用分別財產制，小美與大華如何組成夫妻財產？

　　採用分別財產制的夫妻，夫妻各自保有自己財產的所有權，並且各自管理、使用、收益及處分自己的財產，所以沒有組成夫妻財產的問題。

**第1045條**（刪除）

**第1046條**（分別財產制債務之清償）
**分別財產制有關夫妻債務之清償，適用第一千零二十三條之規定。**

## 解說

　　本條於民國91年6月26日公布修正。修正的理由是原條文對於分別財產制之下，夫或妻的債務負擔分別規定於民法第1046條、第1047條，不僅內容複雜，而且與分別財產制的法理不合，所以將民法第1046條、第1047條修正合併為本條，明定夫妻外部責任與內部的求償關係，都適用民法第1023條規定，也就是與法定財產制相同。

　　分別財產制有關夫妻債務之清償，適用第1023條之規定，也就是說：

一、夫妻各自對其債務負清償之責，夫妻相互間毋庸對他方的債務負責。

二、夫妻之一方以自己財產清償他方之債務時，雖於婚姻關係
　　存續中，也可以請求他方償還。

實例

　　小美與大華結婚後，約定採用分別財產制，大華積欠他人
新台幣100萬元，小美需替大華清償債務嗎？小美如果替大華
清償債務，小美可不可以隨時要求大華補償她的損失？

　　小美與大華結婚後，約定採用分別財產制，大華積欠的債
務，小美不必負清償責任。如果小美替大華清償債務，小美可
以隨時要求大華補償她的損失。

第1047條（刪除）
第1048條（刪除）

# 第五節　離　婚

第1049條（兩願離婚）
夫妻兩願離婚者，得自行離婚。

解說

　　夫妻無繼續維持婚姻的意願時，雙方可以合意離婚，兩願
離婚必須雙方均出於自願，不得有一方強迫的情形，而且也是
不許代理的行為，所以需要雙方親自為之，不可以授權他人代

理離婚。不過最高法院29年上字第1606號判例要旨認為雙方已決定離婚，但以第三人代為訂立書面，第三人是本人的意思表示機關，其與本人訂立無異，所以許可為之。

　　因為民國110年1月13日修正公布，112年1月1日起施行，只有成年人才可以結婚，不會再有未成年人離婚的情形，因此本條原有但書未成年人離婚的規定，一併自112年1月1日起刪除。

　　未成年於舊法時代結婚，如於112年1月1日以後離婚時，仍未滿18歲時，因為本條已經刪除未成年人離婚，須得法定代理人同意的規定，直接適用新修訂條文，不須得到法定代理人同意。

### 實例

　　19歲的明芳與年方20歲的丈夫感情不睦，明芳的父母親就替明芳與其夫協議離婚，是否生離婚之效力？

　　離婚是不可代理的身分行為，父母替子女代訂之離婚協議書，契約不成立，根本無效。

---

**第1050條**（離婚之要式性）
兩願離婚，應以書面為之，有二人以上證人之簽名並應向戶政機關為離婚之登記。

---

### 解說

　　兩願離婚採要式行為，應有離婚協議書以及二人以上的證人在離婚協議書上簽名。如果只是把結婚證書撕毀不算是已離

婚，而且離婚協議書上的證人都必須是在場親見親聞離婚事實的人，否則會影響離婚的效力。

在民國74年6月3日公布修正之民法親屬編，規定離婚必須向戶政事務所登記才算成立與生效，這是與舊法不用向戶政事務所辦理離婚登記就生離婚效力，最大的不同之點。在新法之下，雙方已簽下離婚協議書且有二位以上證人簽名，但是若未辦理離婚登記時，離婚不成立，夫妻之一方也不得請求他方協同辦理離婚登記。

**實例**

張先生與張太太因吵架而在離婚協議書上簽名，但是後來反悔而未辦理戶籍離婚登記，張氏夫婦是否已經離婚？

兩願離婚未辦理戶籍登記之前，離婚不成立，張氏夫婦尚未至戶政事務所辦理登記，離婚尚未成立，所以張氏夫婦仍然有婚姻關係，沒有發生離婚之結果。

大華與小茗離婚，兩人寫好協議書之後，在見證人欄自行填上兩人友人的名字，然後大華與小茗兩人共同持離婚協議書到戶政事務所辦理離婚登記，大華與小茗的婚姻關係是不是就解消了？

兩願離婚應有二人以上的證人，所謂證人，就是指在夫妻離婚時在場共見共聞知道夫妻有離婚之意，而且願意於離婚協議書上做證人的人，如果夫妻離婚時沒有兩個證人在場見證，離婚即使外表上有離婚協議書，且已經到戶政事務所辦理離婚登記，離婚仍然是無效的，夫妻之間婚姻關係仍然存在，大華與小茗離婚沒有二人以上證人在場，大華與小茗雖然共同到戶政事務所辦理離婚登記，離婚仍然無效，在法律上兩人還是有婚姻關係存在。

## 第1051條（刪除）

## 第1052條（裁判離婚之原因）

夫妻之一方，有下列情形之一者，他方得向法院請求離婚：

一、重婚。

二、與配偶以外之人合意性交。

三、夫妻之一方對他方為不堪同居之虐待。

四、夫妻之一方對他方之直系親屬為虐待，或夫妻一方之直系親屬對他方為虐待，致不堪為共同生活。

五、夫妻一方以惡意遺棄他方在繼續狀態中。

六、夫妻一方意圖殺害他方。

七、有不治之惡疾。

八、有重大不治之精神病。

九、生死不明已逾三年。

十、因故意犯罪，經判處有期徒刑逾六個月確定。

有前項以外之重大事由，難以維持婚姻者，夫妻一方得請求離婚。但其事由應由夫妻一方負責者，僅他方得請求離婚。

### 解說

　　本條文於民國74年6月3日增訂公布第2項，新增離婚事由，以免原條文第1項離婚事由過分嚴格，無法適應現代社會各種婚姻破裂無法維持之狀態，本條文於民國96年5月23日修正公布第1項第2款文字及第10款事由。民國97年1月9日修正公布本條第1項第4款。

　　夫妻除了協議離婚之外，在夫妻之一方具有本條規定之離

婚事由，他方配偶可以請求法院裁判離婚。茲就本條所列裁判
離婚事由敘述如下：

一、重婚者：夫妻互負忠誠義務，只要夫妻之一方有與他人重
　　婚的事實，不論是否提起刑事訴訟，他方配偶均可請求裁
　　判離婚。

二、與配偶以外之人合意性交：本款事由與原先未修正前的事
　　由是一致的，立法修正理由稱配合刑法文字修正，夫妻互
　　負貞操義務，若一方與配偶以外之人合意性交，他方配偶
　　均可以此事由，請求裁判離婚。

三、夫妻之一方對他方為不堪同居之虐待：夫妻之一方對於他
　　方配偶施予肉體上或精神上的虐待，以至於他方配偶不堪
　　與之同居。例如：慣行毆打、當眾罰配偶下跪等均屬不堪
　　同居之虐待的事由。

四、夫妻之一方對他方之直系親屬為虐待，或夫妻一方之直系
　　親屬對他方為虐待，致不堪為共同生活：本款事由原為夫
　　妻之一方對於他方的直系尊親屬虐待，或受他方直系親屬
　　虐待，以致無法共同生活，增加虐待直系卑親屬或受直系
　　卑親屬虐待的情形，而就目前社會案件顯現，以夫妻之一
　　方虐待他方配偶之直系卑親屬居多，所以本條的實益在保
　　護兒童，當發生繼父母虐待繼子女時，即可構成夫妻裁判
　　離婚事由。

五、夫妻之一方以惡意遺棄他方在繼續狀態中者：夫妻互負同
　　居及扶養義務，夫妻之一方若以破壞婚姻為目的而違反互
　　負同居及扶養義務，就是惡意遺棄，而這種狀態要在持續
　　之中。夫妻之一方不僅須有違背同居義務的客觀事實，而
　　且也要有拒絕同居的主觀情事，才符合本款要件。

六、夫妻之一方意圖殺害他方：夫妻之一方只要有殺害對方的
　　想法，不必一定要有殺害的行為出現，因為夫妻一方有這
　　種意圖存在，已沒有做夫妻的可能，可以構成裁判離婚事
　　由。

七、有不治之惡疾者：不治的惡疾是在結婚後所罹患的，才屬
　　於離婚事由，例如：麻瘋病、梅毒均屬不治之惡疾，身心
　　障礙、不孕症則非惡疾。

八、有重大不治之精神病：精神病的種類、重緩程度，各有不
　　同。必須是客觀上醫學技術尚無法治療回復精神狀態，而
　　且達到不堪為共同生活的程度。

九、生死不明已超過3年：夫妻以共同生活為目的，如果夫妻
　　一方行蹤不明，不知是生是死，已使婚姻處於動盪不明狀
　　態，所以在生死不明超過3年時，許可他方配偶可以請求
　　裁判離婚。

十、因故意犯罪，經判處有期徒刑逾6個月確定：本款事由在
　　民國96年5月23日修正公布，原條款事由為「被處三年以
　　上徒刑或因犯不名譽之罪被處徒刑者」，由於「不名譽之
　　罪」是不確定的法律概念，易生爭執，所以修正為「因故
　　意犯罪，經判處有期徒刑逾六個月確定」，今後只要是配
　　偶之一方故意犯罪而遭受判決有期徒刑超過6個月，他方
　　配偶就可以主張裁判離婚事由。如果是過失犯罪即使判刑
　　超過6個月，不構成裁判離婚事由。

十一、其他重大事由：本項是民國74年6月3日增訂公布。有鑑
　　　於社會變化萬千，人際關係愈趨複雜，前面十種離婚事
　　　由，無法涵蓋所有無法維持原因之事由，在一方不願意
　　　離婚的情形下，反而造成相敬如「兵」、「冰」的怨

偶，所以在有重大事由時，沒有過失的配偶也可以提起裁判離婚。所謂重大事由，例如：感情破裂、夫妻一方不能人道、夫妻一方有同性戀的情形等。

以重大事由作為裁判離婚事由，在立法時，考量無責配偶的保障以及公益上維持，法條還限制有責配偶的離婚請求權，因此在實務運作上，婚姻難以維持的事由，完全歸咎於一方配偶時，這個有責配偶是不可以提起離婚的。

然而憲法法庭112年憲判字第4號判決主文，對於本條第2項但書這樣的立法提出了質疑，該號憲法法庭判決主文揭示，本條第2項但書規定「其事由應由夫妻一方負責者，僅他方得請求離婚。」原則上符合憲法第22條保障婚姻自由的意旨，然而如果唯一有責配偶造成婚姻破裂的事由發生後，已經經過相當期間，或該事由是否已持續相當期間，一律不許唯一有責之配偶一方請求裁判離婚，完全剝奪其離婚之機會，而可能導致個案顯然過苛之情事，與憲法保障婚姻自由之意旨不符。所以該號憲法法庭判決要求相關機關應自本判決宣示之日（112年3月24日）起2年內，依112年憲判字第4號判決意旨妥適修正之。逾期未完成修法，法院就此等個案，應依112年憲判字第4號判決意旨裁判之。

憲法法庭112年憲判字第4號判決，在判決理由也說明修法時涉及裁判離婚制度規劃與離婚原因等法律位階之法規範設計，需要重新檢討改進現行裁判離婚制度，例如是否引進分居制度，明文規定分居多久作為裁判離婚條件。又為了避免放寬離婚原因，造成不良後果，也可以引用苛刻條款，例如為婚姻所生之未成年子女利益，因有特殊原因，有必要繼續維持婚姻者，或拒絕離婚之他方配偶，因有特殊情況，離婚將對其造成

極端苛刻，而有必要繼續維持婚姻者，該婚姻即使已破裂，仍不得離婚。

　　憲法法庭112年憲判字第4號判決，在判決理由也說明修法時，即使同意單一有責配偶提出婚姻破裂離婚，法律也要設計保障離婚後無責或弱勢配偶及未成年子女之生活保障，例如修法明文規定合理提高他方配偶請求夫妻剩餘財產分配的比例、令有責配偶給付較高額的贍養費、負擔較高比例之未成年子女扶養費，或加重離婚所生之損害賠償責任等不利效果，以便讓無責或弱勢配偶及未成年子女的權益，在裁判離婚程序中，得以獲取公平的實質補償，才符法律秩序維護與國民法感情之期待。

　　憲法法庭一方面要放寬單一有責配偶的離婚機會，一方面又希望無責配偶或弱勢配偶獲得補償，這是一個極度艱鉅的修法工程，均有待立法者是否可以提出理想與實際相符合的法案。

　　明達與美宜夫妻二人年輕氣盛，為了決定如何使用年終獎金，意見不一而吵架又互相扭打，美宜一怒之下，以不堪同居虐待為由，向法院提起離婚訴訟，法院是否會准許呢？

　　夫妻吵架難免會有互罵、互毆的情形，明達與美宜不過為一時意氣之爭，不構成不堪同居之虐待，法院在審理時會不准兩人離婚。

　　醒亞平日遊手好閒，好賭成性，常常要妻子若梅向人借錢供其揮霍，如果不從就以刀子脅迫或者打得若梅遍體鱗傷，若梅是否可以訴請法院裁判離婚？

　　醒亞之行為已構成不堪同居之虐待，若梅可以訴請法院裁判離婚。

　　老周擔任卡車司機，不慎染上吸食安非他命惡習，老周被警方查獲，經檢察官移送勒戒，勒戒完畢，檢察官為不起訴處分，老周的太太可以請求離婚嗎？

　　依據毒品危害防制條例第20條規定，施用毒品經觀察勒戒之後，如果沒有繼續施打毒品傾向，檢察官即給予不起訴。但是施用毒品經勒戒完畢而獲得不起訴處分，雖然沒有刑責存在，但也使夫妻婚姻關係破裂無法繼續維持的時候，老周的太太可以民法第1052條第2項規定，請求離婚。

　　大華與小美為夫妻關係，大華經常對小美施予口頭上辱罵，不時以三字經粗話、笨豬等話語當眾辱罵小美，令小美顏面大受損害，精神壓力與日俱增，小美可以請求法院裁判離婚嗎？

　　口頭上的辱罵，也是一種暴力行為，大華對於小美的口語辱罵，可以構成不堪同居的精神虐待，小美可以依據民法第1052條第1項第3款規定向法院請求裁判離婚。

　　春美與大強結婚，並且帶著與前夫所生的女兒小美與大強共同生活，大強是個脾氣很不好的人，只要一不高興就會毆打小美，致小美經常鼻青眼腫，但是大強對於春美又極盡呵護之能事，為了保護小美，春美是否可以結束此段婚姻？

　　大強虐待小美，使春美母女苦不堪言，春美可以主張大強虐待小美，致令不堪共同生活，請求法院依據民法第1052條第1項第4款規定，請求法院裁判離婚。

　　大華與小美雖為夫妻關係，但是大華實際上有雙性戀癖

好，令小美苦不堪言，小美可不可以訴請法院裁判離婚？

　　雙性戀的性取向會影響夫妻家庭生活，顯然使婚姻無法維持，小美可以依據民法第1052條第2項有重大事由難以維持婚姻為由的規定，向法院請求裁判離婚。

　　大華與小美雖為夫妻關係，但是大華已數年不回家居住，也不支付家庭生活費用，小美可不可以訴請法院裁判離婚？

　　小美可以依民法第1052條第1項第5款規定，主張大華惡意遺棄小美，向法院請求裁判離婚。

　　大強為卡車司機，一日不慎發生車禍撞傷3輛車、人，大強又未與被害人和解，因此遭法院判決業務過失傷害罪處有期徒刑8個月，大強的妻子阿秀，可否以大強犯罪，請求裁判離婚？

　　大強係過失犯罪，雖然判決有期徒刑超過6個月，但是並不是故意犯罪，所以阿秀不能以大強過失犯罪經判決有期徒刑8個月確定為由主張裁判離婚。

**第1052-1條**（法院調解或和解離婚之效力）
離婚經法院調解或法院和解成立者，婚姻關係消滅。法院應依職權通知該管戶政機關。

## 解說

　　本條於民國98年4月28日公布新增條文，且依民法親屬編施行法第15條第2項規定，自公布日施行。

　　離婚成立與方式可分為裁判離婚與協議離婚二種。法院於離婚訴訟程序，需先進行調解程序，婚姻訴訟之當事人於調解

程序之中，可能會達成離婚協議，作成調解筆錄；或者雖然在調解程序，沒有達成調解，但是在進入訴訟程序之中，達成離婚協議，作成和解筆錄，以往當事人雙方尚需持調解筆錄或和解筆錄共同至戶政事務所辦理離婚登記，才會發生離婚效力，但是又衍生當事人因為積忿難消，一方不願意至戶政事務所辦理離婚登記，當事人又需另提離婚訴訟，用裁判離婚達成離婚效果，或者當事人雙方雖然共同至戶政事務所辦理離婚登記，但是又引發口語或肢體衝突，因此新增本條規定，以便消弭上述爭端。

本條明文規定婚姻在法院調解或和解成立，婚姻關係就發生消滅效力。當事人雙方在法院調解，作成調解筆錄；或者在法院作成和解筆錄，當事人雙方於調解筆錄或者和解筆錄上簽名完成的時候，就已經發生離婚效力，不再有配偶關係存在。

法院依職權主動將調解筆錄或和解筆錄寄送戶政事務所，由戶政事務所逕行辦理離婚登記。

## 實例

阿玉與阿國夫妻二人，因為雙方已經相敬如「冰」，感情破裂，兩人都想離婚，但是一談起離婚條件，兩人就大吵特吵，無法協議離婚，阿玉向法院提起離婚訴訟，終於在法院調解程序達成離婚調解筆錄，兩人一離開法院就分道揚鑣，兩人是否還需共同至戶政事務所辦理離婚登記？

根據民法第1052條之1規定，在法院成立離婚調解的話，作成調解筆錄時，婚姻關係就已消滅，法院也會將調解筆錄寄給戶政事務所，由戶政事務所完成離婚登記，阿玉與阿國不必再共同至戶政事務所辦理離婚登記。

**第1053條**（裁判離婚之限制）

對於前條第一款、第二款之情事，有請求權之一方，於事前同意或事後宥恕，或知悉後已逾六個月，或自其情事發生後已逾二年者，不得請求離婚。

## 解說

　　夫妻之一方與人重婚或者與配偶以外之人合意性交者，他方配偶於事前同意或事後宥恕，或者知道後已超過6個月，或者自重婚或與配偶以外之人合意性交事由已超過2年時，有離婚請求權的配偶不得請求離婚。

## 實例

　　大華與小美雖為夫妻關係，大華又與小梅重婚，小美知道1年後，因為大華與小梅無法斷絕關係，小美因此以大華重婚為由，向法院提起離婚訴訟，法院會准許嗎？

　　根據民法第1053條規定，夫妻一方與人重婚或與配偶以外之人合意性交，他方配偶要以此理由，訴請法院裁判離婚時，有除斥期間之限制，也就是配偶知道後超過6個月，沒有以此理由提起離婚訴訟，以後就不能以夫妻一方與配偶以外之人合意性交或重婚為裁判離婚事由，但是夫妻畢竟以一夫一妻為體制，互負忠貞義務，夫妻一方與他人合意性交或重婚，已經破壞婚姻的本質，小美雖然因為除斥期間的關係，不能以大華重婚為由，向法院提起離婚訴訟，但是小美可以依據民法第1052條第2項有重大事由難以維持婚姻為由的規定，向法院請求裁判離婚。

**第1054條**（裁判離婚之限制）

對於第一千零五十二條第六款及第十款之情事，有請求權之一方，自知悉後已逾一年，或自其情事發生後已逾五年者，不得請求離婚。

**解說**

夫妻之一方意圖殺害對方以及夫妻之一方因故意犯罪，經判處有期徒刑逾6個月，他方配偶自知道後超過1年或自事情發生後超過5年時，無權以第1052條第6款或第10款事由請求離婚。

**實例**

大明與小梅為夫妻關係，大明心懷不軌，意圖殺害小梅，以便謀得小梅的財產，幸虧被小梅發現，小梅要求大明立刻與她辦理離婚，大明一再要求小梅原諒，小梅到了事件發生1年6個月後，才以大明意圖殺害小梅為離婚事由，向法院提起離婚訴訟，法院會准許嗎？

夫妻一方以他方意圖殺害配偶為離婚事由，起訴請求法院裁判離婚，需注意不要逾越自知道事由起1年的除斥期間。小梅自知道大明意圖殺害小梅起算，1年6個月後，才以大明意圖殺害小梅為離婚事由，向法院提起離婚，已經超過1年的除斥期間，小梅不能以大明意圖殺害小梅為離婚事由，向法院提起離婚訴訟，但是大明意圖殺害小梅的行為，已經嚴重破壞夫妻在人生道路上相互扶持的本質，小美可以依據民法第1052條第2項有重大事由難以維持婚姻為由的規定，向法院請求裁判離婚。

　　大明與小梅為夫妻關係，小梅到結婚後第7年才知道大明在結婚前曾經犯詐欺罪被判2年有期徒刑確定，小梅可不可以大明犯不名譽之罪，被判有期徒刑確定，訴請法院裁判離婚？

　　夫妻一方故意犯罪，被判有期徒刑者超過6個月以上，他方配偶可以訴請法院裁判離婚，但是以這個事由向法院提起離婚訴訟，需注意除斥期間的限制，如果夫妻一方犯罪被判有期徒刑者的事由，距離起訴時，已超過5年之後，他方配偶就不能以此理由提起離婚訴訟。小梅到結婚後第7年才知道大明婚前曾因詐欺罪入獄服刑過，已經超過5年的除斥期間，小梅不可以大明故意犯罪經判處2年有期徒刑確定，訴請法院裁判離婚。

**第1055條**（離婚未成年子女保護教養之權義及變更）
夫妻離婚者，對於未成年子女權利義務之行使或負擔，依協議由一方或雙方共同任之。未為協議或協議不成者，法院得依夫妻之一方、主管機關、社會福利機構或其他利害關係人之請求或依職權酌定之。
前項協議不利於子女者，法院得依主管機關、社會福利機構或其他利害關係人之請求或依職權為子女之利益改定之。
行使、負擔權利義務之一方未盡保護教養之義務或對未成年子女有不利之情事者，他方、未成年子女、主管機關、社會福利機構或其他利害關係人得為子女之利益，請求法院改定之。
前三項情形，法院得依請求或依職權，為子女之利益酌定權利義務行使負擔之內容及方法。

> 法院得依請求或依職權，為未行使或負擔權利義務之一方酌定其與未成年子女會面交往之方式及期間。但其會面交往有妨害子女之利益者，法院得依請求或依職權變更之。

### 解說

　　本條於民國85年9月25日修正公布施行。本條原先是規定夫妻於裁判離婚時，關於子女監護的訂定，原則上歸夫所有，但法院得為其子女利益，酌定監護人。這樣的條文一方面不符合憲法保障的男女平等原則，另一方面也未在未成年子女的立場來決定離婚夫妻如何行使監護權才對未成年子女有利，所以重新修正條文，而且不論兩願離婚或裁判離婚，父母對於未成年子女的教養與保護義務，沒有理由有不同認定標準。因此本次增修民法親屬編時，刪除第1051條，而於本條規定，不論夫妻採用兩願離婚或裁判離婚，對於未成年子女親權行使的訂定，都適用本條規定。

　　本條關於監護權的行使，揚棄舊法行之已久的名詞「監護權」，而改成為「對於未成年子女權利義務之行使或負擔」，立法者的意思認為，以往採用「監護權」一詞，易使父母誤以為對未成年子女有所有權（其實也沒有所有權），而忽視其所應盡的責任。而「親權」與「監護權」的範圍並非一致，如果使用「監護權」一詞，易與民法親屬編的第四章監護規定產生混淆，況且第1089條就父母對子女的親屬關係而言：「對於未成年子女之權利義務，除法律另有規定外，由父母共同行使或負擔之。」因此加以修改以與第1089條的用語一致。

　　依據新修正的條文，夫妻離婚時，與未成年子女的權利義務關係訂定標準，方式如下：

一、夫妻離婚的話，對於未成年子女權利義務的行使或負擔，由夫妻雙方協議，由一方單獨或雙方共同行使負擔。夫妻離婚時雙方沒有就對於未成年子女權利義務的行使或負擔作成協議或協議不成，法院得依夫妻之一方、社會福利主管機關、社會福利機構或其他利害關係人的請求，或法院依職權酌定夫妻一方或共同行使負擔對於未成年子女的權利義務。

二、夫妻協議不利於未成年子女時，法院得依社會福利主管機關、社會福利機構，或其他利害關係人的請求或依職權，為了未成年子女的利益，改定由夫妻原未行使權利負擔義務之一方或雙方共同行使負擔未成年子女的權利義務。

三、夫妻離婚後，應行使、負擔權利義務的一方，沒有盡到保護教養的義務，或對於未成年子女有不利的情形，例如：經濟上破產無法提供未成年子女的基本生活所需，不讓未成年子女就學、就醫、對於未成年子女有虐待疏忽的情形時，離婚夫妻他方、未成年子女、社會福利主管機關、社會福利機構或其他利害關係人得為未成年子女的利益，請求法院改定對於未成年子女行使權利負擔義務的人。

四、本條第1項至第3項只規定主管機關可以作聲請人，但主管機關是指什麼事項的主管機關，法律沒有明文規定，作者參酌兒童及少年福利與權益保障法之相關規定，以及本條所列社會福利機構為聲請人，當係指社會福利主管機關。

五、法院在定或改定對於未成年子女行使權利負擔義務的人時，法院可以依當事人的請求或依職權，為了未成年子女的利益，酌定有行使權利負擔義務的人，行使負擔的內容與方法。

六、法院得依據當事人請求，或者依職權，對於未行使權利負擔義務的一方（指離婚配偶）酌定與未成年子女會面交往的方式與期間，嗣後如會面交往的方式或期間妨害未成年子女的利益時，法院得依請求或依職權變更與未成年子女會面交往的方式與期間。

依據家事事件法第3條規定，定對於未成年子女權利義務之行使負擔事件，為戊類事件，屬於親子非訟事件，但是夫妻如因離婚訴訟進行第一、二審訴訟程序，也提起未成年子女權利義務之行使負擔事件，依據家事事件法第105條規定，合併於離婚訴訟之中處理。

法院酌定、改定或變更父母對於未成年子女權利義務之行使或負擔時，依據家事事件法第107條規定，得命交付子女、容忍自行帶回子女、未行使或負擔權利義務之一方與未成年子女會面交往之方式及期間、給付扶養費、交付身分證明文件或其他財物，或命為相當之處分，並得訂定必要事項。

### 實例

曉月與志強結婚後有一子小華，嗣後兩人因個性不合，協議離婚，並且約定由志強對於小華行使權利負擔義務。2年後，曉月發現志強經常把小華單獨放在家裡，且常常有一頓沒一頓地挨餓，曉月能不能把對小華權利義務的行使負擔要回來，將小華帶回自己身邊照顧？

曉月與志強於離婚協議時，雖約定由志強行使、負擔對於小華的權利義務，但顯然志強對於小華沒有盡到適當的保護養育義務，因此曉月可以向法院請求改定由其行使負擔對於小華的權利義務，於法院裁判確定後，小華就可回到曉月的身邊，

由曉月來照顧小華。

　　大華與小梅兩人協議離婚，但是對於兩人所生未成年子女小華，應由何人行使親權，兩人僵持不下，大華還說如果他到法院打官司，法院都是將小孩優先判給父親行使親權，要求小梅放棄親權行使，大華說的對嗎？

　　不論在兩願離婚或裁判離婚狀況，父母對於未成年子女的親權行使，如果不能協議如何行使親權的時候，可以由法院裁判。在裁判離婚時，還可以合併起訴審理。離婚的父母如何對未成年子女行使親權，沒有父親優位或母親優位的道理，完全以由哪一個人來行使對於未成年子女的權利義務，最符合未成年子女的最佳利益而定。當大華與小梅對於小華的親權行使無法協議訂定時，兩人都有權利請求法院裁判由何人行使對於小華的權利義務，法院會依民法第1055條之1所列標準，考量小華的最佳利益，裁判由父親或母親來行使親權。所以大華的說法是不對的。

　　大華與小梅正在進行裁判離婚訴訟，小梅並且於訴訟中合併請求判決兩人所生子女小華由小梅行使權利負擔義務，小梅還可不可以要求大華支付小華生活費？

　　根據民法第1055條第4項規定，法院在訂定未成年人的親權行使人的時候，法院可以依聲請或依職權，為了未成年子女的利益，酌定權利義務行使負擔的內容及方法。支付未成年子女的生活費用，也屬於酌定權利義務行使負擔的內容及方法，小梅於離婚訴訟之中，除了可以請求法院酌定親權行使人之外，也可以請求法院命大華如何支付撫養小華的生活費用，如果採用定期支付方式，法院可以裁判，大華如有一期不付視為全部到期。

　　大華與小梅正在進行裁判離婚訴訟，小梅並且於訴訟中合併請求判決兩人所生子女小華由小梅行使權利負擔義務，小梅並且要求大華日後不得探視小華，小梅的請求有理由嗎？

　　父母親對於未成年子女的親權，不因為父母親離婚而消滅，父母親離婚因而有定對於未成年子女的親權行使之必要時，未行使親權的父親或母親，對於未成年子女則有探視權，也就是會面交往的權利。因為未行使親權的父親或母親，對於未成年子女的會面交往，是一種特別的狀況，如果父母親或未成年子女認為隨時探視不妥，會影響到未成年子女的作息時，法院可以依職權或請求人的請求，訂定未行使親權的父親或母親，在何時何地對於未成年子女的會面交往的方式。

---

**第1055-1條**（裁判離婚子女之監護㈠）

法院為前條裁判時，應依子女之最佳利益，審酌一切情狀，尤應注意下列事項：

一、子女之年齡、性別、人數及健康情形。

二、子女之意願及人格發展之需要。

三、父母之年齡、職業、品行、健康情形、經濟能力及生活狀況。

四、父母保護教養子女之意願及態度。

五、父母子女間或未成年子女與其他共同生活之人間之感情狀況。

六、父母之一方是否有妨礙他方對未成年子女權利義務行使負擔之行為。

七、各族群之傳統習俗、文化及價值觀。

前項子女最佳利益之審酌，法院除得參考社工人員之訪視報告或家事調查官之調查報告外，並得依囑託警察機關、稅捐機關、金融機構、學校及其他有關機關、團體或具有相關專業知識之適當人士就特定事項調查之結果認定之。

## 解說

　　本條為民國85年9月25日公布新增條文，揭示法院在訂定或改定父母對於未成年子女權利義務的行使或負擔的時候，應本於符合未成年子女的最佳利益的原則為依據，並且列示什麼是符合未成年子女的最佳利益的參考項目，而且為了審酌未成年子女的最佳利益，要求法院參考社工員訪視報告。

　　本條在民國102年12月11日公布增修條文，主要是因為自民國85年9月25日公布施行以後，在實務上各地方政府委託機構出具之訪視報告，經驗與專業知識不一，所提社工訪視報告內容是否具有參考價值，且家事事件法於101年2月29日施行，已增加法院得向其他機關機構囑託調查，因此配合家事事件法規定增修，增加法院審酌未成年子女的最佳利益因素時的參考調查資料。另外增加法院審酌未成年子女的最佳利益須考慮的事項。

　　夫妻離婚時，對於未成年子女親權行使人沒有約定或者協議不成，而須由法院裁判訂定未成年子女親權行使人，或者親權行使人未盡責，而須由法院裁判改定未成年子女親權行使人的時候，法院應該依據符合未成年子女的最佳利益，審酌一切情形，訂定或改定未成年子女親權行使人。「未成年子女的最佳利益」是一個不確定性法律概念，為了避免法院審酌時，發生標準不一的情形，本條第1項特別揭示審酌時，要注意下列

因素：

一、子女的年齡、性別、人數及健康情形：衡量未成年子女的
　　年齡、性別、人數及健康情形，以便評估父母親何人行使
　　親權或者共同行使較佳，這方面實務上已累積出嬰幼兒以
　　母親為優先原則、照護持續性或現狀維持原則、手足同親
　　原則。

二、子女的意願及人格發展的需要：以未成年子女的角度，看
　　待與父親或母親親子互動關係良善，以及符合未成年子女
　　人格發展需求，也就是基本上尊重未成年子女的意願，但
　　是如果未成年子女選擇的親權行使人，客觀上是有害未成
　　年子女身心健全發展時，可排除未成年子女的意願，這方
　　面實務上已累積出尊重子女意願原則。

三、父母的年齡、職業、品行、健康情形、經濟能力及生活狀
　　況：這項因素，實務上叫做「父母適性比較原則」。斟酌
　　父母的年齡、健康情形，是要衡量有無能力照顧未成年子
　　女？考量父母的職業、品行、生活狀況，在衡量父母的品
　　德是否正當？是否有暴力傾向？是否有不良犯罪習性？生
　　活狀況包括交友狀況、生活起居是否正常？因為父母要照
　　顧未成年子女，不僅包括生活上的照護，也包括人格的養
　　成，要評估父母擔任親權行使人對未成年子女的人身安
　　全、人格培養較妥適，此外經濟能力也是一個評估因素，
　　但是經濟能力不是比較父親或母親哪一方有錢，而是衡量
　　父親或母親是否連基本生活維持都有問題或者有無負債累
　　累經常要躲債主的情形，因為如果自身難保，又如何期待
　　他妥適照顧未成年子女？

四、父母保護教養子女的意願及態度：這方面實務上有主要照

顧者原則，從以往照顧未成年子女的經驗中，父母誰是主要照顧者，誰是照顧周密完善的人，另外也要評估未來父母保護教養子女的意願及執行方法是否對於未成年子女有利。

五、父母子女間或未成年子女與其他共同生活之人間之感情狀況：父母子女間的互動關係是否良好？父母離婚之後，也許與其他親友同住，未成年子女與該同住的父母親的親友互動關係如何？也都是評估因素之一，以免因為父母子女間或未成年子女與其他共同生活之人間的互動關係不好，發生對未成年子女虐待疏忽的情形，造成對未成年子女不利。

六、父母之一方是否有妨礙他方對未成年子女權利義務行使負擔之行為：本款是民國102年12月11日公布新增條款。這是因為實務上發現有的父母親在爭奪擔任未成年子女親權行使人的時候，會以不當的爭取行為（例如：訴訟前或訴訟中隱匿子女、將子女拐帶出國、不告知未成年子女所在等行為），獲得與子女共同相處之機會，以符合所謂繼續性原則，所以增列這一款規定，供法院審酌評估父母何方較為善意，以作為親權所屬的判斷依據，這就是實務上所稱的善意父母原則。

七、各族群的傳統習俗、文化及價值觀：本款是民國102年12月11日公布新增條款，台灣融合各種多元文化，也有多元的族群，基本上我們常會以強勢文化、主流文化作為判斷的價值，所以基於族群文化的尊重，特別提醒法院在衡量各項符合未成年子女利益的因素時，也須注意各族群的傳統習俗、文化及價值觀。

配合家事事件法第17條及第18條規定，法院在做未成年子女最佳利益審酌時，可以運用下列調查方式，作為審酌參考資料：

一、參考社工人員的訪視報告或家事調查官的調查報告。

二、囑託警察機關、稅捐機關、金融機構、學校及其他有關機關、團體或具有相關專業知識的適當人士就特定事項調查的結果。

因此我們可以看到在審酌未成年子女最佳利益的時候，法院除了社工人員的訪視報告或家事調查官的調查報告之外，法院也可以依職權向警察機關、稅捐機關、金融機構、學校及其他有關機關、團體，調查許多資料，也可以為未成年子女選任程序監理人，由程序監理人協助為未成年子女主張利益。

憲法法庭111年憲判字第8號判決於判決理由說明，未成年子女如有陳述能力，法院在形成親權行使裁判時，應該使未成年子女向法院陳述意見，即使法院已經於家事事件程序中選任程序監理人，如未成年子女有陳述能力，仍應由未成年子女向法院表示意見。

實例

大華與小美正在進行離婚訴訟，兩人於訴訟中，爭取對於兩人所生14歲的獨子小華親權行使，大華與小美均能獨立照顧撫育小華，條件相當，小華希望與母親共同生活，法院會如何裁判？

法院在審酌訂定未成年子女的親權行使人的時候，需顧及未成年子女的意願，14歲的小華希望與母親共同生活，且與母親共同生活符合小華的最佳利益時，法院會裁判由小美對小華

行使權利負擔義務。

　　大華與小美正在進行離婚訴訟，兩人於訴訟中，爭取對於兩人所生子女小華親權行使，大華月入新台幣20萬元，小美月入新台幣5萬元，但是小華自幼都是小美在照顧，法院會如何裁判？

　　法院在審酌訂定未成年子女的親權行使人的時候，需要考量父母的經濟狀況，但是經濟狀況不是唯一的標準，也不是比誰有錢誰就可以取得親權行使人的資格，只要經濟狀況足以撫育子女即可，法院還要審酌親子的生活狀況互動關係而定，小美月入新台幣5萬元，在客觀判斷上，經濟狀況足以撫育子女，小華自幼又是由小美照顧撫育，所以由小美對小華行使權利負擔義務，才是符合小華的最佳利益，法院會裁判由小美對小華行使親權。

---

**第1055-2條**（裁判離婚子女之監護㈡）
父母均不適合行使權利時，法院應依子女之最佳利益並審酌前條各款事項，選定適當之人為子女之監護人，並指定監護之方法、命其父母負擔扶養費用及其方式。

---

**解說**

　　本條為民國85年9月25日公布的新增條文。父母離婚時或離婚後，如果要訂定或改定對於未成年子女行使、負擔權利義務的人時，假如父母均不適合對於未成年子女行使、負擔權利義務時，法院應以符合未成年子女的最佳利益，並審酌第1055條之1各款事項，選定其他適當的人作為未成年子女的監護

人,並且指定監護人監護的方法,以及命令未成年子女的父母負擔扶養費用及如何支付的方式,以免未成年的父母故意藉此免除撫養責任。

### 實例

大華與小美正在進行離婚訴訟,兩人於訴訟中,爭取對於兩人所生子女小華親權行使,但是大華經常虐待小華,小美則有吸毒惡習,如果小華由任何一方行使親權,對於小華均屬不利,法院可以如何裁判誰來行使親權?

大華與小美均不適合擔任小華的親權行使人,法院可以基於小華的最佳利益,裁判由小華居住地的社會福利主管機關作小華的監護人,指定主管機關監護小華的方法、大華與小美探視小華的時間及地點、大華與小美如何支付小華的扶養費用。

---

**第1056條**（損害賠償）

夫妻之一方,因判決離婚而受有損害者,得向有過失之他方,請求賠償。

前項情形,雖非財產上之損害,受害人亦得請求賠償相當之金額。但以受害人無過失者為限。

前項請求權,不得讓與或繼承。但已依契約承諾或已起訴者,不在此限。

---

### 解說

夫妻之一方因判決而離婚時,若受有損害,可以向有過失的配偶請求損害賠償。

受害配偶對於離婚事由沒有過失時，可以向有過失的配偶請求精神上損害賠償。而此項精神損害賠償為一身專屬權，不得讓與他人或作為繼承標的。但已依契約承諾或已起訴者，不在此限。

**實例**

張先生因與人合意性交而被張太太訴請離婚成立，張太太再請求張先生賠償當年訂婚的宴客費、結婚歸寧的宴客費、精神損害賠償，是否都可以請求呢？

訂婚、結婚歸寧的宴客費是婚姻必然的開銷，並非離婚損害，不可以請求賠償，張太太對於精神損害賠償則可以請求之。

**第1057條**（贍養費）
**夫妻無過失之一方，因判決離婚而陷於生活困難者，他方縱無過失，亦應給與相當之贍養費。**

**解說**

為了保護弱勢配偶，判決離婚時，無過失的配偶可以向他方配偶請求相當的贍養費。但是必須是因裁判離婚而陷於生活困難，才有權請求。

民國92年2月7日民事訴訟法修正公布第526條第4項規定，債權人對於贍養費聲請假扣押時，為了保護弱勢，法院命債權人供擔保的金額不得高於請求金額之十分之一，遠比一般債權的保全所需支付的擔保金低。此外，擔保金在訴訟終結或假扣押原因消滅時，是可以取回的。

**實例**

俊宏與琴芳兩願離婚後，琴芳生活陷於困難，琴芳可不可以再向俊宏請求贍養費？

只有在判決離婚時，無過失而生活陷於困難的配偶才可以請求贍養費，至於兩願離婚之配偶則無法請求贍養費。

大華與玉霞正在進行裁判離婚，玉霞於訴訟中合併起訴主張大華應支付其贍養費新台幣300萬元，玉霞怕大華脫產，所以想要聲請法院假扣押大華的財產，玉霞大約要準備多少擔保金？

一般而言，法院大概在主張債權額度的三分之一範圍內，裁定應供擔保的金額，即新台幣100萬元以內，玉霞聲請法院假扣押可依民事訴訟法第526條第4項規定，主張擔保金在主張債權額度的十分之一範圍內，即新台幣30萬元以內。

**第1058條**（財產之取回）

夫妻離婚時，除採用分別財產制者外，各自取回其結婚或變更夫妻財產制時之財產。如有剩餘，各依其夫妻財產制之規定分配之。

**解說**

本條於民國91年6月26日修正公布施行。修正的理由是，原條文規定夫妻離婚時不論採用哪一種財產制，夫妻各自取回「固有財產」，但是民法親屬編所列各種夫妻財產制都沒有「固有財產」用語，所謂「固有財產」意義不明，而且分別財

產制，夫妻財產自始就是分離的，本來就沒有取回的問題，所以本次修正條文用語。

夫妻離婚的時候，夫妻財產處理的方式如下：

一、採用約定分別財產制的夫妻，因為夫妻財產自始就是分離的，所以沒有結算、取回的問題。

二、採用法定財產制或共同財產制的夫妻，各自取回結婚時或變更夫妻財產制時屬於自己的財產。如果還有剩餘的財產，各依夫妻所採用的財產制所規範的結算方法分配。對於適用法定財產制的夫妻，剩餘財產的結算方式，請參看民法第1030條之1至第1030條之4的解說及實例；適用約定共同財產制的夫妻，剩餘財產的結算方式，請參看民法第1040條的解說及實例。

# |第三章|
# 父母子女

**第1059條**（子女之姓）

父母於子女出生登記前，應以書面約定子女從父姓或母姓。未約定或約定不成者，於戶政事務所抽籤決定之。

子女經出生登記後，於未成年前，得由父母以書面約定變更為父姓或母姓。

子女已成年者，得變更為父姓或母姓。

前二項之變更，各以一次為限。

有下列各款情形之一，法院得依父母之一方或子女之請求，為子女之利益，宣告變更子女之姓氏為父姓或母姓：

一、父母離婚者。

二、父母之一方或雙方死亡者。

三、父母之一方或雙方生死不明滿三年者。

四、父母之一方顯有未盡保護或教養義務之情事者。

## 解說

本條歷經民國76年6月3日、96年5月23日、99年5月19日修正。

民國96年5月23日修正前，原條文規定嫁娶婚之子女從父姓，招贅婚的子女原則上從母姓，但是也可約定子女從父姓，

為受傳統男尊女卑文化影響之條文，備受爭議，因此在76年6月3日修正改為原則上嫁娶婚之子女從父姓，但是如果嫁娶婚的母親沒有兄弟時，可以約定子女從母姓，招贅婚的子女姓氏決定仍維持原條文，無論如何仍然不符合兩性平權原則，因此在96年5月23日修法，對於子女之姓氏採取重大變革。

在民國96年5月23日之後所生出之子女，必須由父母親以書面協議決定從父姓或從母姓，父母至戶政事務所為子女辦理出生登記時，必須提出約定子女姓氏之書面，如果父母親無法協議約定子女之姓氏的時候，法條沒有明文規定解決的方法，所以99年5月19日增訂本條第1項後段，父母沒有約定子女姓氏或約定不成的話，在戶政事務所抽籤決定之。

民國96年5月23日的修正條文，沒有規定父母沒有約定子女姓氏或約定不成的話，應如何登記子女姓氏，實務上即以戶政事務所抽籤決定，於99年5月19日修法增訂本條第1項後段，賦予此項行為之法律效力，但是抽籤由戶政事務所之公務人員為之？或由父親或母親協議由何人抽籤，法條並無明文規定，可能又是一個爭議問題。

子女已經辦理出生登記之後，在未成年之前仍可由父母以書面約定變更從父姓或從母姓，但是以一次為限。

民國96年5月23日修正條文中明定子女已經成年時，如果有父母書面同意，也可以從父姓或從母姓，但是以一次為限。然而成年子女為獨立之法律個體，可以單獨為意思表示及受意思表示，即使改姓也不會影響其與父母之親子關係及因為親子關係衍生之法律上權利義務關係，且實際上成年子女想要改從父姓或從母姓的時候，需提出父母書面同意書，往往因為父母親不同意或所在不明無從提出，致無從改姓，因此99年5月19

日修正本條第3項，成年子女得變更從父姓或從母姓，不需再提出父母親書面同意書，依據民法親屬編施行法第15條第2項規定，自民國99年5月19日修正公布日開始施行。成年子女想要改從父姓或從母姓依據本條第4項規定以一次為限。

　　民國96年5月23日修正條文第5項規定所列的四款情形如果有事實足認子女的姓氏對子女有不利影響之下，父母的一方或子女可以請求法院宣告變更子女的姓氏為從父姓或從母姓，在實務運作下，法院對於「有事實足認子女的姓氏對子女有不利影響」，要求父母的一方或子女舉證證明，往往因為無法證明原來的姓氏對於子女有不利的事實，致無從因為有本條第5項規定所列的四款情形之一而改姓，因此99年5月19日刪除本條第5項「有事實足認子女的姓氏對子女有不利影響」的要件，依據民法親屬編施行法第15條第2項規定，並自99年5月19日修正公布日開始施行，也就是在以下各種情形之下，基於子女的利益，父母的一方或子女可以請求法院宣告變更子女的姓氏為從父姓或從母姓，而且99年5月19日修正本條第3項成年子女可以任意變更從父姓或從母姓，所以本條第5項應適用於法院宣告未成年子女更改為從父姓或從母姓的情形：

一、父母離婚的情形：父母離婚之後，未成年子女原先之姓氏，基於子女的利益，可以申請法院宣告變更從父姓或從母姓。

二、父母之一方或雙方死亡的情形：未成年子女變更從父姓或從母姓需要提出父母雙方提出同意書。父母之一方或雙方死亡的情形之下，已經不可能由父母雙方提出同意書，變更未成年子女之姓氏，所以在父母之一方或雙方死亡的情形之下，基於未成年子女的利益，父母的一方或子女可以

請求法院宣告變更子女的姓氏為從父姓或從母姓。

三、父母之一方或雙方生死不明滿3年的情形：父母之一方或雙方生死不明滿3年的情形之下，已經不可能由父母雙方提出書面同意，變更未成年子女之姓氏，所以在父母之一方或雙方生死不明滿3年的情形之下，基於子女的利益，父母的一方或子女可以請求法院宣告變更子女的姓氏為從父姓或從母姓。

四、父母之一方顯有未盡保護或教養義務的情形：父母對於未成年子女有保護及教養義務，如果父母親明顯忽視親職時，基於子女的利益，父母的一方或子女可以請求法院宣告變更子女的姓氏為從父姓或從母姓。

聲請法院變更子女姓氏事件，依據家事事件法第3條規定，為戊類事件，屬於第74條規定所指之非訟事件。家事事件法第104條規定專屬子女住所或居所地法院管轄，無住所或居所者，得由法院認為適當之所在地法院管轄。

玉玫與國強結婚之後，喜獲麟兒，國強因為出差至國外一個月，所以由玉玫至戶政事務所替小孩辦理出生登記，戶政事務所問玉玫小孩姓氏從父姓或從母姓？玉玫說從母姓，戶政事務所請其提出父母協議之書面，玉玫說國強出國在外，目前無法提出，可否先行辦理登記？但是被戶政事務所拒絕，為什麼呢？

自民國96年5月23日之後，子女姓氏需由父母雙方以書面協議約定，不能由父母之一方單獨決定，即使由玉玫至戶政事務所替小孩辦理出生登記，也須提出她與國強約定子女姓氏的

書面，例如約定子女從父姓或從母姓，才可以辦理出生登記。

玉玫與國強夫妻二人到戶政事務所辦理小孩出生登記，戶政事務所要求提出小孩姓氏從父姓或從母姓的書面協議，玉玫與國強說兩人協議不成，應如何辦理小孩出生登記？

玉玫與國強既然協議不成，依據民法第1059條第1項後段規定，當場在戶政事務所用抽籤決定。

30歲的春美想要從母姓，是否可行？

滿18歲為成年人，春美已經30歲了，可以到戶政事務所變更從母姓，但須注意只能變更一次，日後春美不能再變更為從父姓。

筱雲與國華離婚，雙方約定所生之2歲兒子小強由筱雲行使權利負擔義務，筱雲向法院聲請宣告變更小強之姓氏為從母姓，是否可行？

筱雲可以依據民法第1059條第5項第1款規定，主張小強之父母離婚，聲請法院宣告小強變更改從母姓，法院如認為符合小強之利益就會宣告小強變更改從母姓。

---

**第1059-1條**（非婚生子女之姓）

非婚生子女從母姓。經生父認領者，適用前條第二項至第四項之規定。

非婚生子女經生父認領，而有下列各款情形之一，法院得依父母之一方或子女之請求，為子女之利益，宣告變更子女之姓氏為父姓或母姓：

一、父母之一方或雙方死亡者。

二、父母之一方或雙方生死不明滿三年者。

三、子女之姓氏與任權利義務行使或負擔之父或母不一致者。

四、父母之一方顯有未盡保護或教養義務之情事者。

## 解說

本條為民國96年5月23日增訂、99年5月19日修正公布之條文。

非婚生子女出生時，只與生母發生親子關係，所以非婚生子女當然是從母姓。如果非婚生子女經生父認領，就與生父發生親子關係，非婚生子女分別與生父、生母發生親子關係，因此關於姓氏問題，於96年5月23日增訂本條特別規定適用第1059條第2項至第4項規定。

非婚生子女出生登記時從母姓，經生父認領之後，非婚生子女未成年之前，可以由生父、生母雙方以書面約定變更為從父姓。

因為民國99年5月19日修正公布第1059條第3項，因此日後成年非婚生子女變更從父姓或從母姓也可以自由為之，只要至戶政事務所辦理就可以變更姓氏。

非婚生子女未成年之前，父母親同意變更從父姓以一次為限，非婚生子女成年時，變更姓氏也以一次為限。

民國96年5月23日修正第2項規定所列的四款情形如果有事實足認子女的姓氏對子女有不利影響之下，父母的一方或子女可以請求法院宣告變更子女的姓氏為從父姓或從母姓，在實務運作下，法院對於「有事實足認子女的姓氏對子女有不利影響」，要求父母的一方或子女舉證證明，往往因為無法證明原

來的姓氏對於子女有不利的事實，致無從因為有本條第2項規定所列的四款情形之一而改姓，因此民國99年5月19日刪除第2項「有事實足認子女的姓氏對子女有不利影響」的要件，依據民法親屬編施行法第15條第2項規定，並自民國99年5月19日修正公布日開始施行，也就是在以下各種情形之下，基於子女的利益，父母的一方或子女可以請求法院宣告變更子女的姓氏為從父姓或從母姓，而且99年5月19日修正公布第1059條第3項成年子女可以任意變更從父姓或從母姓，所以本條第2項應適用於法院宣告未成年子女更改為從父姓或從母姓的情形。

　　非婚生子女經生父認領之後，在以下各種情形之下，基於未成年子女的利益，父母的一方或子女可以請求法院宣告變更子女的姓氏為從父姓或從母姓：

一、父母之一方或雙方死亡的情形：非婚生子女之生父母有一方或雙方死亡的情形之下，已經不可能由父母雙方提出書面同意，變更子女之姓氏，所以在父母之一方或雙方死亡的情形之下，基於未成年子女的利益，父母的一方或子女可以請求法院宣告變更子女的姓氏為從父姓或從母姓。

二、父母之一方或雙方生死不明滿3年的情形：父母之一方或雙方生死不明滿3年的情形之下，已經不可能由父母雙方提出書面同意，變更子女之姓氏，所以在父母之一方或雙方生死不明滿3年的情形之下，基於未成年子女的利益，父母的一方或子女可以請求法院宣告變更子女的姓氏為從父姓或從母姓。

三、非婚生子女之姓氏與任權利義務行使或負擔之父或母不一致的情形：非婚生子女經生父認領之後，生父、生母仍須協議或經由法院裁判定親權行使義務負擔之人，在非婚生

子女與擔任權利義務之行使或負擔的父或母姓氏不一致情形，例如：非婚生子女從母姓，但由生父任親權行使人或非婚生子女從父姓，但由生母任親權行使人，基於未成年子女的利益，也可以聲請宣告變更子女姓氏使非婚生子女與擔任親權行使人的父或母姓氏一致。

四、父母之一方顯有未盡保護或教養義務之情事的情形：父母對於未成年子女有保護及教養義務，如果父母親明顯忽視親職時，基於子女的利益，父母的一方或子女可以請求法院宣告變更子女的姓氏為從父姓或從母姓。

聲請法院變更子女姓氏事件，依據家事事件法第3條規定，為戊類事件，屬於第74條規定所指之非訟事件。家事事件法第104條規定專屬子女住所或居所地法院管轄，無住所或居所者，得由法院認為適當之所在地法院管轄。

玉美在未婚情形下生下小雲，並且獨立扶養小雲，當小雲10歲的時候，小雲的生父國華要認領小雲，玉美擔心小雲從此要改姓，是否小雲經生父認領之後就要從父姓呢？

根據民法第1059條之1規定，非婚生子女從母姓，如果非婚生子女經生父認領之後，非婚生子女並非當然從父姓，仍須由父母雙方協議才會改從父姓，所以如果玉美不同意小雲從父姓，不會因為生父認領而改從父姓。

小玫為玉美之非婚生子女，小玫3歲的時候，經過生父認領，並且改從父姓，但是小玫有記憶以來，都沒有見過生父，只有小玫與玉美相依為命，小玫在成年之後，想要改從母姓，應如何處理？

小玟雖然在兒童時代因為生父認領改從父姓，但是在成年時，還有一次改姓機會，此時，依據民法第1059條之1第1項後段適用民法第1059條第3項的結果，小玟可以到戶政事務所變更從母姓，但須注意只能變更一次，日後小玟不能再變更為從父姓。

小玟為玉美之非婚生子女，小玟3歲的時候，經過生父認領，並且改從父姓，後來生父過世，小玟是否可以此為由，再改從母姓？

依據民法第1059條之1第2項第1款規定，玉美或小玟可以聲請法院宣告變更小玟從母姓，法院如認符合小玟的利益，法院得准許宣告變更從母姓。

---

**第1060條**（子女之住所）
**未成年之子女，以其父母之住所為住所。**

### 解說

父母對未成年子女有照顧養育的義務，所以未成年子女以父母的住所為住所。

大華與小美婚後育有二名子女小華、小麗，兩名子女均未滿18歲，大華與小美住在台北市○○路○○號，小華因為讀書住在台中市○○路○○號，小麗與祖父母住在桃園市○○路○○號，小華、小麗的住所在何處？

未成年子女以父母之住所為住所。小華、小麗的住所應

為台北市○○路○○號，小華事實上住在在台中市○○路○○號，小麗事實上住在桃園市○○路○○號，都只是他們的居所。

### 第1061條（婚生子女之定義）
稱婚生子女者，謂由婚姻關係受胎而生之子女。

### 解說
　　婚生子女是指在父母婚姻關係存續期間，母親懷孕而生的子女。

### 第1062條（受胎期間）
從子女出生日回溯第一百八十一日起至第三百零二日止，為受胎期間。
能證明受胎回溯在前項第一百八十一日以內或第三百零二日以前者，以其期間為受胎期間。

### 解說
　　基本上6個月胎兒可以活產，一般孕婦平均懷孕期間為302日，所以本條第1項規定從子女出生日回溯第181日起至第302日止，為受胎期間。
　　本條第2項於民國96年5月23日修正。主要是考量現代醫學發達，懷胎6個月以內之胎兒早產也有活產可能，所以如果能證明受胎回溯在前項第181日以內或第302日以前者，以其期間為受胎期間。

玉美與國華離婚之後6個月生下小玟，小玟之出生登記是否應登記為國華之婚生子女？

小玟出生之後回溯302日，其受胎期間仍為玉美與國華婚姻關係存續期間，所以即使小玟在玉美與國華離婚之後出生，小玟仍為玉美與國華之婚生子女。小玟之姓氏仍須由玉美與國華出具書面，協議小玟從父姓或從母姓。

**第1063條**（婚生子女之推定及否認）

妻之受胎，係在婚姻關係存續中者，推定其所生子女為婚生子女。

前項推定，夫妻之一方或子女能證明子女非為婚生子女者，得提起否認之訴。

前項否認之訴，夫妻之一方自知悉該子女非為婚生子女，或子女自知悉其非為婚生子女之時起二年內為之。但子女於未成年時知悉者，仍得於成年後二年內為之。

**解說**

妻子如果在婚姻關係存續期間受胎時，其所生下之子女推定為婚生子女。

本條第2項、第3項為民國96年5月23日修正之條文。以前之立法政策希望子女之身分儘早安定，所以限制否認子女訴訟提起之期間，但是嚴格限制提起之人與時間，造成血統上無親子關係，但是法律上又具親子關係，不見得構成美滿家庭。現在之立法趨勢，認為親子關係之法律關係應以「未成年子女之

最佳利益」為依歸，且根據聯合國兒童權利公約亦揭示兒童有權知道其真實的父母，所以法律上修正放寬否認子女訴訟之提起。夫妻之一方自知悉該子女非為婚生子女，或子女自知悉其非為婚生子女之時起2年內得提起否認子女訴訟。但子女於未成年時知悉其非生父之婚生子女，仍得於成年後2年內提起否認子女訴訟。

根據民法親屬編施行法第8條之1規定，夫妻在第1063條修正公布施行前已超過舊法所規定之「知悉子女出生滿一年」之除斥期間規定，致無法提起否認子女之訴，得於修正施行後2年內提起否認子女之訴。

根據家事事件法第3條規定，否認子女訴訟為乙類事件。家事事件法第61條規定，專屬子女住所地法院管轄，依據家事事件法第63條規定，否認子女訴訟如由法律上父親提起訴訟，被告為母親及子女；如母親提起訴訟，被告為法律上的父親及子女；如子女提起訴訟，被告為法律上父親。

如芳與志鴻分居之後，如芳與大明生了一子小明，如芳在替小明申報戶口時，如芳可不可以直接申報小明的生父為大明？

因為如芳與志鴻的婚姻關係還存在，如芳所生子女都推定為志鴻的婚生子女，所以如芳在替小明申報戶口時，小明的父親為志鴻，而非大明，如芳即使想要申報小明的生父為大明，戶政機關也無法依其所願。

如芳與志鴻分居之後，如芳與大明生了一子小明，志鴻在申請戶籍資料時，發現自己突然多了一個小孩小明，志鴻找如

芳理論，如芳相應不理，志鴻在過了2年2個月之後，向法院提起否認小明為自己與如芳的婚生子女，志鴻可以藉此否認小明為自己的子女嗎？

夫妻一方提起否認子女訴訟，需在知道子女非自己之婚生子女之日起2年內提起，志鴻在知道小明出生之後2年2個月才提起否認子女訴訟，已超過2年的除斥期間，法院必須駁回志鴻的否認之訴。

志鴻因為遲誤2年除斥期間的規定，以至於提起否認小明為其婚生子女之訴訟遭法院駁回，志鴻與小明之親子關係實際上一直處於緊張狀態，是否還有其他方式回復小明與志鴻真正之身分關係？

志鴻雖然遲誤2年除斥期間的規定，以至於提起否認小明為其婚生子女之訴訟遭法院駁回，但是在小明成年之後，小明可以在成年後2年內提起否認子女訴訟。

---

**第1064條**（準正）
**非婚生子女，其生父與生母結婚者，視為婚生子女。**

## 解說

受胎期間雖在父母有婚姻關係之外，但是如果生父、生母結婚，法律上視為準正，所出生之子女仍視為婚生子女，以維持家庭和諧，並顧及子女之最佳利益。

**第1065條**（非婚生子女之認領）

非婚生子女經生父認領者，視為婚生子女。其經生父撫育者，視為認領。

非婚生子女與其生母之關係，視為婚生子女，無須認領。

**解說**

　　非婚生子女法律上與生父無任何身分關係，必須透過生父的認領，生父與非婚生子女在法律上才會發生父母子女的關係，非婚生子女才會被視為生父的婚生子女。至於非婚生子女與其生母的關係，法律上就視為生母的婚生子女，毋庸經過認領這道手續。

　　認領是一種意思表示，如果生父沒有做認領的意思表示，但是有自幼撫育的事實，法律上也視為已經認領，因此該子女就視為生父的婚生子女。

　　大華與小美同居生下小明，大華不願與小美結婚，大華與小明如何發生親子關係？

　　大華未與小美結婚，無法使小明受婚生推定或準正為婚生子女，因此大華需透過認領的方式，與小明發生親子關係。

　　大華與小美同居生下小明，大華按期支付扶養小明的生活費用，但是大華並未到戶政機關辦理認領登記，大華與小明有無發生親子關係？

　　大華按期支付扶養小明的生活費用，也就是有撫育的事實，法律上視為大華已經認領小明，大華與小明已經發生親子關係。

**第1066條**（認領之否認）
非婚生子女或其生母，對於生父之認領，得否認之。

## 解說

　　非婚生子女或其生母，對於生父的認領意思表示可以否認。本條所謂「生父」，似應指與非婚生子女實際上無血緣關係的人，否則本條不知意義為何。非婚生子女或其生母對於生父的認領否認，應提起認領無效之訴。

## 實例

　　大華與小美為男女朋友，後因故未結婚，小美生有一子小明，大華為了負責任自行辦理認領登記，小美自知小明並非大華的非婚生子女，並且向大華說明原因，這個時候要如何塗銷認領登記呢？

　　小美應否認大華之認領，提起認領無效訴訟，俟判決確定後，向戶政事務所辦理塗銷認領登記。

**第1067條**（認領之請求）
有事實足認其為非婚生子女之生父者，非婚生子女或其生母或其他法定代理人，得向生父提起認領之訴。
前項認領之訴，於生父死亡後，得向生父之繼承人為之。生父無繼承人者，得向社會福利主管機關為之。

## 解說

　　本條於民國96年5月23日修正，依據民法親屬編施行法第

10條規定，非婚生子女受胎於修正之前，或於修正法條公布施行之前已經出生的人，均可以適用新修正條文。

有事實足以證明非婚生子女的生父時，非婚生子女或非婚生子女的生母或非婚生子女的法定代理人，可以向生父提起認領之訴。生父如果已經去世，上述認領訴訟可以向生父的繼承人為之，生父如果沒有繼承人的時候，可以社會福利主管機關為被告，向法院提起生父認領非婚生子女之訴訟。

小玉為國華的非婚生子女，國華不願認領小玉為其子女，小玉如何與其生父發生親子關係？

小玉可以國華為被告提起認領訴訟，如果小玉與國華有親子血緣之證據，法院會裁判國華認領小玉為其婚生子女。

---

**第1068條**（刪除）

---

**第1069條**（認領之效力(一)—溯及效力）
非婚生子女認領之效力，溯及於出生時。但第三人已得之權利，不因此而受影響。

---

**解說**

非婚生子女認領後，溯及於出生之後，即視為生父的婚生子女，其權利義務與一般婚生子女相同。但是第三人在認領之前已取得的權利，仍可保有，不受影響。

小美與大華生有一非婚生子女小玲，小玲出生3年後，大華認領小玲，3年來都是小美獨立扶養小玲，小美可以請求大華支付自小玲出生3年費用嗎？

　　民法第1069條前段規定非婚生子女認領之效力，溯及於出生時。大華認領小玲之後，認領的效力溯及小玲出生的時候，自小玲出生之後，大華本來就與小美共同對小玲負有扶養義務，小玲出生3年期間所有的扶養費用，小美可以請求大華負擔部分費用。

**第1069-1條**（認領之準用規定）

非婚生子女經認領者，關於未成年子女權利義務之行使或負擔，準用第一千零五十五條、第一千零五十五條之一及第一千零五十五條之二之規定。

## 解說

　　本條為民國85年9月25日公布增訂之條文。

　　非婚生子女經認領之後，雖與認領人成立親子關係，但是非婚生子女的生父母不見得全共同生活一起，共同行使負擔對於未成年非婚生子女的權利義務，因此仍有訂定父母如何對未成年非婚生子女行使負擔權利義務的必要，只要生父認領非婚生未成年子女，就準用第1055條、第1055條之1、第1055條之2的規定，來訂定由誰來對未成年的非婚生子女行使權利負擔義務，以及訂定行使負擔的方法與方式。

## 實例

老王為有婚姻的人，竟瞞著妻子搞外遇，並與外遇對象小玉生了一名小孩小可。小玉希望老王認領小可，使小可在法律上擁有父親，老王則提出條件，表示可以認領小可，但是要把小可帶回自己的婚姻家庭之中，小玉不願意小可給老王帶走。請問，小玉是否會因老王認領小可而無法與小可共同生活？

小可是老王與小玉的非婚生子女，在法律上，小可必須經過老王的認領，才會與老王產生親子關係。小玉與老王若無法達成協議訂定由何人行使、負擔對於小可的權利義務，可以由法院以符合小可的最佳利益來裁判由小玉或老王對小可行使權利負擔義務，如果小可年幼且一向都由小玉撫育，而老王為有家庭之人，法院似可認定由小玉來行使負擔對於小可的權利義務是較符合小可的最佳利益，因此小可不會因為老王的認領而與小玉分離。此外，法院也可以裁判老王如何探視小可，與小可會面交往，也可以裁判老王、小玉如何來負擔小可的生活撫養費，以及支付的方式。

### 第1070條 （認領之效力(二)—絕對效力）

生父認領非婚生子女後，不得撤銷其認領。但有事實足認其非生父者，不在此限。

## 解說

本條於民國96年5月23日修正公布。原條文植基於未成年子女如有生父認領之後就不要再變動，以保障未成年子女之利

益，但在現代社會之中，並非如此。非婚生子女與生父是否有血緣上關係，經過血緣鑑定，就可以明白。如果生父認領之後，結果透過基因鑑定，發現所認領之子女，實際上並非其親生子女，如此可能造成法律關係上之父子女，實際上因無親子關係而發生激烈衝突，對於未成年子女並非有利，再者子女也有權利找尋真正之父親，所以本條修正為原則上生父認領非婚生子女之後，不可以反悔撤銷認領。但是如果有事實可以證明生父與所認領之子女沒有血緣上親子關係，則仍可以撤銷認領。

小美與大華生有一非婚生子女小玲，小玲出生3年後，大華認領小玲，大華因為要與小雲結婚，深怕小雲發現大華認領小玲一事，大華可不可以撤銷認領？

依民法第1070條本文規定，大華不可以撤銷認領。

國華與小玫為未婚男女朋友，並維持同居關係，小玫生下小華之後，國華即認領小華，2年後，小玫告知國華實情，小華並非其與國華所生之子女，請問國華可以撤銷認領關係嗎？

國華可以透過親子關係鑑定，證明其實際與小華沒有血緣關係，請求法院許可撤銷認領，回復真正之身分關係。

**第1071條**（刪除）

> **第1072條**（收養之定義）
> 收養他人之子女為子女時，其收養者為養父或養母，被收養者為養子或養女。

### 解說

因為收養，使本無血緣關係的人，法律上擬制發生父母子女的關係。收養人稱為養父或養母，被收養人稱為養子或養女。

### 實例

大華與小美收養小明、小玉，他們的身分是什麼？

大華與小美為小明、小玉的養父、養母，小明、小玉為大華與小美的養子女。

> **第1073條**（收養要件—年齡）
> 收養者之年齡，應長於被收養者二十歲以上。但夫妻共同收養時，夫妻之一方長於被收養者二十歲以上，而他方僅長於被收養者十六歲以上，亦得收養。
> 夫妻之一方收養他方之子女時，應長於被收養者十六歲以上。

### 解說

本條於民國96年5月23日修正公布。原條文基於親子關係，應呈現成熟穩健，所以規定收養人之年齡需比被收養人年長20歲。但是大法官釋字第502號解釋闡釋收養者與被收養的

年齡合理差距，屬於立法裁量事項，在夫妻共同收養子女或夫妻一方收養他方的子女時，要件應可予以放寬，因此本條依大法官釋字第502號解釋修正如下：

原則上收養人之年齡需比被收養人年長20歲。但是夫妻共同收養子女時，夫妻之中，一人長於被收養者20歲以上，另一人只比被收養者大16歲以上，也可以共同收養子女。夫妻一方收養他方的子女時，該收養人只要比配偶的子女長16歲以上，就可以收養配偶的子女。

大華與小美夫妻二人想要收養小明，大華今年35歲，小美今年30歲，小明今年15歲，是否可以有效成立收養契約？

民法第1073條規定，夫妻共同收養子女時，夫妻一人要比被收養人長20歲以上，夫妻另一人要比被收養人長16歲以上，才能成立收養。大華與小美為夫妻關係，因此必須共同收養子女，大華比小明大20歲，但是小美只比小明大15歲，不符合收養者與被收養者年齡差距的限制，所以收養無效。

小玫帶著一個10歲的非婚生子女小強與27歲曉明結婚，曉明與小強感情融洽，曉明想要收養小強，是否可成立收養呢？

曉明只比小強大17歲，但是曉明與小強的生母小玫結婚，所以曉明仍可以收養小強。

第1073-1條（不得收養為養子女之親屬）
下列親屬不得收養為養子女：
一、直系血親。
二、直系姻親。但夫妻之一方，收養他方之子女者，不在此限。
三、旁系血親在六親等以內及旁系姻親在五親等以內，輩分不相當者。

## 解說

　　本條規範近親收養的限制，以便維持倫常關係，由於民國96年5月23日修正放寬民法第983條旁系血親近親結婚之限制，所以本條也連帶修正放寬旁系血親收養之限制。

　　收養人與被收養人有以下關係時，不得成立收養關係：

一、直系血親：收養人與被收養人如有直系血親關係，不得成立收養關係，例如：祖父母不得收養孫子女為子女。

二、直系姻親：收養人與被收養人如有直系姻親關係，不得成立收養關係，例如：岳父母不得收養女婿為養子。但是如果是收養配偶之子女，則為法律所許可。也就是繼父母與繼子女可以透過收養成立親子關係。

三、輩分不相當的六親等內的旁系血親：六親等內的旁系血親，雖然可以成立收養關係，但是必須輩分相當，也就是六親等內的旁系血親只能長輩收養晚輩，例如：阿姨可以收養外甥，外甥不得收養阿姨。如果六親等以外的旁系血親要成立收養關係，就不必衡量輩分是否相當。

四、輩分不相當的五親等內的旁系姻親：五親等內的旁系姻親，雖然可以成立收養關係，但是必須輩分相當，也就是

五親等內的旁系姻親只能長輩收養晚輩，例如：岳母之堂
兄弟可以收養岳母之女婿為養子，但是岳母之女婿不可以
收養岳母之堂兄弟為養子。如果五親等以外的旁系姻親要
成立收養關係，就不必衡量輩分是否相當。

小美生有一非婚生子女小玉，小美的母親可不可以收養小玉？

直系血親不得收養為養子女，民法第1073條之1第1款定有
明文，小美的母親就是小玉的祖母，小美的母親不得收養小玉
為養子女。

小美生有一非婚生子女小玉，小美的外甥大明已經30歲
了，大明可不可以收養小玉？

旁系血親輩分不相當者不得收養為養子女，民法第1073條
之1第3款定有明文，小美的外甥大明就是小玉的表哥，兩人為
平輩的旁系血親，大明不得收養小玉為養子女。

---

**第1074條**（夫妻應為共同收養）
夫妻收養子女時，應共同為之。但有下列各款情形之一者，
得單獨收養：
一、夫妻之一方收養他方之子女。
二、夫妻之一方不能為意思表示或生死不明已逾三年。

---

**解說**

夫妻收養子女本來應共同為之以維持家庭和諧，但是現代
家庭狀況，有的夫妻一方生病或身體有障礙不能為意思表示或

者生死不明，如果一概不准夫妻收養子女，有時也會影響到夫妻一方之權益，所以民國96年5月23日修正放寬收養的規定。

夫妻收養子女時，原則上應該共同收養，但是如果有下列情形之一的話，有配偶的人不必與配偶共同收養子女也可以成立收養關係：

一、夫妻之一方收養他方子女：他方配偶之子女並非自己之子女時，自己可以單方收養他方配偶之子女。例如：繼父與繼子女、繼母與繼子女，可以透過收養與繼子女發生親子關係。

二、夫妻之一方不能為意思表示的時候：夫妻一方可能心神耗弱或精神喪失的情形，不能為意思表示的時候，他方配偶可以單獨收養他人成為養子女。不過須注意，如果是收養未成年人的時候，在夫妻之一方不能為意思表示時，此項收養是否對未成年人有利，需加以衡量，如對於未成年人不利，法院不會裁定收養認可。夫妻之一方不能為意思表示的時候，還會成立收養關係時，多半是收養成年子女，以便養子女可以盡扶養養親之義務。

三、夫妻之一方生死不明已超過3年：夫妻之一方生死不明已超過3年，他方配偶如要收養養子女，勢必無法與生死不明之配偶共同收養子女，但是他方配偶也可能要收養子女享天倫之樂，此時准許配偶單方收養子女。

金枝離婚後攜子紹明再嫁給老張，老張本想要收養孤兒佳華，因此也想順便收養紹明，老張應如何辦理？

老張應與金枝共同收養佳華，至於紹明與金枝之間本身即

有母子關係，老張單獨收養紹明即可。

　　老何與失智之妻一身孤苦沒有生育子女，鄰居國華一直很熱心地照料老何夫妻，數十年來情同父子，國華因為也是父母雙亡，孑然一身，所以老何向國華提議收養國華，一家人同享天倫，國華也同意，是否可行？

　　老何為有配偶之人，原則上收養子女本應與配偶共同為之，但是老何的妻子失智，根本無從與老何共同為收養之意思表示，所以依照民法第1074條第2款規定，老何可以單獨收養國華成立養親關係。

　　玉美與國華結婚之後，國華因意外事故生死不明已經超過3年，但是玉美仍不願脫離夫妻關係，期待國華有一天安全回家，正好有一個未婚媽媽生有一名女嬰，希望出養給他人，玉美想要收養該名女嬰是否可行？

　　玉美為有配偶之人，原則上收養子女本應與配偶共同為之，但是玉美的配偶國華已經生死不明超過3年，國華無從與其共同收養女嬰，所以依照民法第1074條第2款規定，玉美可以單獨收養女嬰成立養親關係。

> **第1075條**（同時為二人養子女之禁止）
> 除夫妻共同收養外，一人不得同時為二人之養子女。

## 解說

　　本條於民國96年5月23日修正，文義與原條文同，只是做文字精確之修正。

除了配偶共同收養子女的情形外，一人不得同時做兩個人的養子女。也就是除了養父母為夫妻的情形下，一人不得在有收養關係之下，又再做別人的養子女。

大華、小梅為男女朋友關係，兩人想要一起收養小英是否可以？

民法第1075條規定，除夫妻收養子女之外，一人不得同時為二人之養子女，大華與小梅沒有夫妻關係，兩人不得同時收養小英，也不可以大華收養小英之後，小梅再繼續收養小英。

**第1076條**（被收養人配偶之同意）
夫妻之一方被收養時，應得他方之同意。但他方不能為意思表示或生死不明已逾三年者，不在此限。

**解說**

本條於民國96年5月23日修正，原條文為了維持家庭和諧，明定夫妻一方被他人收養時，應該得到配偶的同意，但是如果無法得到配偶的同意時，也應有放寬規定，所以比照收養放寬限制之規定，被收養人的配偶如果不能為意思表示或者生死不明已經超過3年的時候，被收養人雖然有配偶，也不需得到配偶的同意而讓他人收養。

大華與小梅為夫妻關係，大華要給老王收養，小梅反對，

老王可不可以收養大華？

民法第1076條規定，有配偶者被收養時，應得其配偶的同意。小梅反對大華被老王收養時，有得撤銷的原因，法院會不認可收養，所以老王無法收養大華。

玉玫嬸為小霞之鄰居，因為小霞沒有父母，玉玫嬸想要收養小霞為女兒，小霞的夫婿生病成為植物人，小霞無法得到配偶的同意，是否仍可和玉玫嬸成立收養關係？

有配偶的人被他人收養，原則上需要得到配偶的同意，但是小霞的夫婿生病成為植物人，已無從表示意思，所以依照民法第1076條但書規定，小霞不需得到夫婿的同意，就可以和玉玫嬸成立收養關係。

國華與小霞為夫妻關係，某次國華出海捕魚，遭遇海難，迄今4年仍無任何生死訊息，小霞的阿姨因為沒有子女，想要收養小霞為女兒，請問是否可以成立收養關係？

有配偶的人被他人收養，原則上需要得到配偶的同意，但是小霞的夫婿國華生死不明已經4年，事實上小霞無從得到國華同意與否的意思表示，所以依照民法第1076條但書規定，小霞不需得到國華的同意，就可以和阿姨成立收養關係。

---

**第1076-1條**（子女收養應得父母之同意）

子女被收養時，應得其父母之同意。但有下列各款情形之一者，不在此限：

一、父母之一方或雙方對子女未盡保護教養義務或有其他顯然不利子女之情事而拒絕同意。

二、父母之一方或雙方事實上不能為意思表示。

前項同意應作成書面並經公證。但已向法院聲請收養認可者，得以言詞向法院表示並記明筆錄代之。

第一項之同意，不得附條件或期限。

## 解說

本條係民國96年5月23日公布增訂的條文。

收養的效果會使本生父母與子女的親子關係終止，關係重大，所以應該得到本生父母的同意，所以本條規定，有父母之人要被他人收養，應該得到父母的同意。所以在本生父母僅有一人擔任未成年子女的親權行使人，未成年子女要讓他人收養的時候，仍應得到沒有擔任親權行使人的父母同意；成年子女雖然可以獨立自主了，如果要讓他人收養，也要得到本生父母親的同意。

有父母的子女讓他人收養雖然需要得到本生父母的同意，但在實際情形，子女無法得到本生父母的同意，若因此無法出養，反而不利子女的權益，所以法條上還是有放寬的規定，有父母的子女有以下情形之一者，雖然無法得到父母雙方的出養同意，仍然可以與收養人成立收養關係：

一、父母一方或者雙方都有未盡到保護教養本生子女的義務而拒絕同意：父母一方或者雙方對於子女有虐待疏忽的情形，沒有盡到為人父母保護教養子女的責任，如果仍然不願意同意子女被他人收養時，可以不需得到本生父母的同意。例如：本生父母一人為盡責的父母，另一人為不盡責的父母，在子女要出養給他人時，不盡責的父母不願意同意子女出養時，此時也不需得到該不盡責的父母的同意。

二、父母一方或者雙方有其他顯然不利子女的狀況而拒絕同意：父母一方或者雙方雖然也盡到做父母的責任，但是子女如繼續在本生家庭，顯然對子女不利，此時即使父母一方或者雙方拒絕出養同意，該子女仍可出養給他人。

三、父母一方或者雙方事實上不能為意思表示：父母一方或者雙方失蹤、生死不明、精神耗弱、心神喪失等情形，事實上無從對子女出養表示同意與否的意見，此時就不需要本生父母的同意，子女也可與他人成立收養關係。

有父母的子女讓他人收養需要得到本生父母的同意，為了慎重起見，此項同意須在公證人面前作成公證文書，或者出具同意書由公證人做文書認證，以確保本生父母的真實意思。但是本生父母的同意書未經公證，或未作成書面的時候，在聲請法院認可的時候，本生父母也可以口頭上向法院表示同意，並在法院記明筆錄，以代替應出具之經公證的同意文書。

本生父母的同意文書不可以附帶條件或期限，以免收養關係不安定。

### 實例

國華幼年時，父母即已離婚，國華與父親同住，父親的再婚妻子視國華如同己出，當國華30歲的時候，國華想要讓繼母收養，這個時候，國華是否須徵得生母的同意？

30歲的國華已是成年人，雖然可以單獨為意思表示，但是讓繼母收養，會使國華的生母喪失與國華的親子關係，所以國華仍需徵得生母書面同意，且該同意書需經過公證。

5歲之小華因父母離婚而與母親同住，由母親行使對於小華之權利義務，小華的母親處於貧病之中，無力撫養小華，但

是小華的父親因販毒遭逮捕羈押於看守所之中，善心人士陳姓夫婦想要收養小華，經過兒童福利機構調查，陳姓夫婦也符合收養人的條件，小華的母親同意小華被陳姓夫婦收養，但是小華的父親拒絕同意，請問應如何處理？

小華本身有父母親，所以陳姓夫婦要收養小華除了得到法定代理人同意之外，仍需得到雙親的同意，小華的母親雖然同意小華讓陳姓夫婦收養，也需要得到小華的父親同意，此時小華的父親拒絕同意，就須考量小華的父親因販毒遭逮捕羈押於看守所之中，往後判決確定服刑也遙遙無期，小華的父親事實上也無法撫養小華，且如果讓小華的父親撫養，小華處於販毒的環境之中，對於小華身心健康的養成，也極具危險性，如果小華的父親執意拒絕同意小華出養給陳姓夫婦，事實上對於小華是不利的，這時依據民法第1076條之1第1項第1款規定，就不需要得到小華的父親同意也可以成立收養契約。

小華的母親處於貧病之中，無力撫養5歲的小華，想要把小華出養給小華的叔叔，但是小華的父親目前因精神分裂被安置於養護所之中，小華的父親無法行使收養同意權，是否仍可成立收養？

小華的叔叔要收養小華時，原則上需到小華的父母親同意，但是小華的父親因精神分裂已處於心神喪失的狀態，事實上無法為同意與否之意思表示，這時依據民法第1076條之1第1項第2款規定，就不需要得到小華的父親同意也可以成立收養契約。

小華的父親因妻子癱瘓在床，已無力照顧小華，因而準備將小華出養給小華的表舅，小華的父親所出具的同意書，表明

當家庭安定之後，有能力照顧小華的時候，終止收養，回復父子關係，請問是否可行？

依據民法第1076條之1第3項規定，父母出具的收養同意書不可以附帶條件，小華的父親所出具的同意書附有條件，是不可以的，等同小華的父親不同意出養。

**第1076-2條**（未滿七歲及滿七歲之被收養者應得法定代理人之同意）

被收養者未滿七歲時，應由其法定代理人代為並代受意思表示。

滿七歲以上之未成年人被收養時，應得其法定代理人之同意。

被收養者之父母已依前二項規定以法定代理人之身分代為並代受意思表示或為同意時，得免依前條規定為同意。

**解說**

本條係民國96年5月23日公布新增。本條第1項、第2項條文原列於第1079條，因為第1項、第2項內容應為收養的實質要件，所以改列本條，第3項則是配合前條增訂而來。

被收養人未滿7歲時，被收養人沒有行為能力，所以關於收養契約之意思表示，應由被收養人的法定代理人代為及代受意思表示。被收養人滿7歲以上，未滿18歲時，為限制行為能力人，關於收養契約之意思表示，應得到被收養人的法定代理人的同意。

被收養人的法定代理人原則上為被收養人的父母，被收養

人如沒有父母,或者父母事實上不能為意思表示時,則有監護人行使本條之法定代理權。

被收養人的父母已行使法定代理權,前條有關收養需出具經公證之同意書可以免出具。

小美未婚生下一名子女小雲,大華與玉英夫妻二人想要收養小雲,應如何處理?

因為小雲未滿7歲,大華與玉英應與小美訂立收養小雲的書面契約,並由大華與玉英為收養人,小雲為被收養人,小美為小雲的法定代理人,共同向法院聲請收養認可。

15歲之小明要讓叔叔收養,應如何訂立收養契約?

15歲之小明為滿7歲以上,未滿18歲的未成年人,收養契約雖由叔叔與小明訂立,但需得小明的父母同意,收養契約始能成立。

**第1077條**(收養之效力㈠——養父母子女之關係)
養子女與養父母及其親屬間之關係,除法律另有規定外,與婚生子女同。
養子女與本生父母及其親屬間之權利義務,於收養關係存續中停止之。但夫妻之一方收養他方之子女時,他方與其子女之權利義務,不因收養而受影響。
收養者收養子女後,與養子女之本生父或母結婚時,養子女回復與本生父或母及其親屬間之權利義務。但第三人已取得之權利,不受影響。

養子女於收養認可時已有直系血親卑親屬者，收養之效力僅及於其未成年之直系血親卑親屬。但收養認可前，其已成年之直系血親卑親屬表示同意者，不在此限。

前項同意，準用第一千零七十六條之一第二項及第三項之規定。

## 解說

本條在民國96年5月23日公布增修。原條文只規定養父母與養子女之身分上法律關係，對於養子女與養父母之親屬身分上法律關係為何？養子女與本生父母之身分上法律關係為何？則未明文規定，均係透過實務上解釋處理，為了杜絕爭議，本次修正，明確規範養子女與收養家庭、原生家庭因收養發生後法律關係之態樣。

本條於110年1月13日修正公布，112年1月1日起施行，96年增修的條文第1項至第3項及第5項未修正。第4項則配合成年年齡與最低結婚年齡均修正為18歲，所以被收養人，不會再有未成年但已結婚的未成年直系血親卑親屬，所以將第4項原列的「且未結婚」、「或已結婚」等文字刪除。

但是未成年人如果在112年1月1日前已經結婚，在112年1月1日之後仍未滿18歲成年時，依據民法親屬編施行法第4條之2第2項規定，於滿18歲之前仍適用舊法規定，也就是在112年1月1日前已經結婚的未成年人，在112年1月1日之後，如仍未滿18歲，在滿18歲之前，該未成年人的直系血親尊親屬被養父母收養時，收養的效力不及於已經結婚的但未滿18歲的未成年人。

因為收養關係存在，養子女與養父母及養父母的親屬，除

了法律另有規定之外，他們身分上法律關係與養父母的婚生子女相同。

所謂「法律另有規定」，例如：一般而言，婚生子女應從父姓或從母姓，但是依據民法第1078條規定，養子女也可以維持原來姓氏，不必從養父姓或從養母姓。

養子女與本生父母的天然血親關係不因收養而消滅，但是因為出養給收養人之後父母子女的權利義務關係在收養關係存續中當然停止。但是如果是繼父母收養繼子女時，繼父或繼母的配偶就是養子女的本生父母時，這個時候繼父母的配偶與子女的天然血親親子關係不受影響。

養親收養養子女之後，養親又與養子女本生的父親或母親結婚時，養子女回復與該本生的父親或母親以及該本生的父親或母親的親屬之身分上的權利義務關係，但是第三人已經取得的權利不受影響。

養子女於法院為收養認可時，已經有直系血親卑親屬的話，收養的效力只及於未成年的直系血親卑親屬，但是如果收養認可前，養子女的已成年的直系血親卑親屬表示同意收養的效力及於他們時，養子女的已成年的直系血親卑親屬也因此與養子女之養親及養親的親屬發生身分上的法律關係。

也就是說養親收養養子女的時候，在收養認可時，養子女本身有未成年子女時，收養效力會及於養子女的未成年子女，養父母與養子女的未成年子女成立祖父母與孫子女的關係，除非養子女的已成年子女，在收養認可前，表示同意收養效力及於他們，否則養父母與養子女的已成年子女不會發生擬制血親關係。

如果養子女的未成年子女還有未成年子女時，按照立法

文字上寫「直系血親卑親屬」而非直接寫「養子女的未成年子女」，這種情形之下，收養認可時，養子女有未成年子女及該未成年子女還有未成年子女時，收養效力也會及於他們。

養子女的已成年子女，在收養認可前，表示同意收養效力及於他們，同意的表示方式準用第1076條之1第2項、第3項的規定，也就是該同意應作成書面同意書，並經公證人公證，且同意不可以附條件或期限，法院為收養認可前，此項同意文書，可以言詞在法院作成筆錄，並聲明以此筆錄代替同意書面。

國華夫婦收養5歲的小明，小明應跟隨養父母居住，還是仍居住於本生父母家中？

國華夫婦收養5歲的小明，國華夫婦與小明就發生親子關係，小明與本生父母的權利義務關係暫時停止，小明應與國華夫婦同住所。

小明經父母出養給國華夫婦，2年後，小明的生父過世，小明的生父過世前欠地下錢莊許多債務，積欠卡債也不少，國華夫婦知道之後，立刻向法院聲報小明拋棄對其生父的繼承權，是否有必要呢？

小明讓國華夫婦收養之後，小明與本生父母的權利義務關係就暫時停止了，所以在收養關係存續期間，小明的本生父親過世時，小明對於其過世的本生父親也沒有繼承權，因此小明根本不需向法院陳報拋棄對其生父的繼承權，即使向法院聲報，法院也會駁回。

　　小明為玉美的非婚生子女，小明被國華收養，10年之後，國華與玉美結婚，又過了30年，國華過世，玉美頓失依靠，小明對於玉美是否有扶養義務？

　　小明經由玉美出養給國華的時候，玉美與小明的親子關係暫時停止，但是當國華與玉美結婚時，玉美與小明的親子關係就自動回復，所以當年老的玉美要求小明負擔扶養義務的時候，小明本來就對於母親需負擔扶養義務。

　　老何要收養玉美為女兒，玉美有一個10歲的兒子小明，收養效力是否及於小明？

　　老何收養玉美，因為玉美的兒子小明只有10歲，收養效力及於小明，所以小明也是老何的直系血親卑親屬。

　　老何要收養玉美為女兒，玉美有一個20歲的兒子小明，收養效力是否及於小明？

　　老何收養玉美，因為玉美的兒子小明已經20歲，小明為成年人，收養效力不及於小明，所以小明不是老何的直系血親卑親屬，與老何也沒有任何親屬關係。

**第1078條**（收養之效力(二)—養子女之姓氏）
養子女從收養者之姓或維持原來之姓。
夫妻共同收養子女時，於收養登記前，應以書面約定養子女從養父姓、養母姓或維持原來之姓。
第一千零五十九條第二項至第五項之規定，於收養之情形準用之。

## 解說

本條係民國96年5月23日公布修正。

以前收養子女之後，養子女需改從養親之姓，但是本次修法之後，認為收養是為養子女的利益，不是為養親之利益，目的不再為傳宗接代，而是使收養人與被收養人發生親子關係，所以收養關係發生之後，養子女可以隨養親姓，也可以維持原姓氏。

夫妻共同收養子女的時候，於收養登記之前，應出具書面約定養子女從養父姓、養母姓或者維持原姓氏。

收養登記之後，養子女的姓氏已經確定，但是如果有情事變更的情形，需要變更姓氏，準用民法第1059條第2項至第5項的規定。

小明被國華夫婦收養，在辦理收養登記的時候，小明是否需改姓？小明應從養父姓還是從養母姓？

小明被國華夫婦收養，在辦理收養登記的時候，小明不一定需改姓，小明可以維持原來的本姓或者由養父母約定從養父姓或約定從養母姓。

---

**第1079條**（收養之方法）

收養應以書面為之，並向法院聲請認可。

收養有無效、得撤銷之原因或違反其他法律規定者，法院應不予認可。

---

## 解說

本條係民國96年5月23日公布修正。

收養關係身分變動，必須慎重，所以收養契約必須以書面為之，並且向法院聲請認可。

根據家事事件法第114條、第115條規定，認可收養子女事件，專屬收養人或被收養人住所地之法院管轄；收養人在中華民國無住所者，由被收養人住所地之法院管轄。認可收養事件，除法律別有規定外，以收養人及被收養人為聲請人。

### 實例

小美未婚生下一名子女小雲，大華與玉英夫妻二人想要收養小雲，應如何處理？

小美需以小雲法定代理人身分與大華與玉英訂立收養小雲的書面契約，並由大華與玉英為收養人，小雲為被收養人，小美為小雲的法定代理人，共同向法院聲請收養認可。

20歲國華收養5歲之小明，法院是否許可收養？

收養人需長被收養人20歲，國華只比小明大15歲，不符合民法第1073條規定，收養有無效的原因，法院會駁回認可聲請。

---

**第1079-1條**（收養之無效）

法院為未成年人被收養之認可時，應依養子女最佳利益為之。

---

## 解說

本條係民國96年5月23日公布修正。

　　本條揭示法院為收養認可時之原則，也就是應依養子女的最佳利益為之。

　　根據家事事件法第3條規定，收養認可事件為丁類事件。為了達到符合被收養之未成年人最佳利益，家事事件法第115條、第116條、第119條規定法院為認可裁定之前，可以做下列措施：

一、家事事件法第119條準用第106條規定。法院為審酌被收養之未成年人最佳利益，得徵詢主管機關或社會福利機構之意見、請其進行訪視或調查，提出報告及建議，並應使關係人有陳述意見之機會。法院認為必要時，得通知主管機關或社會福利機構相關人員於期日到場陳述意見。

二、家事事件法第119條準用第108條。法院為認可裁定前，應依被收養之未成年人之年齡及識別能力等身心狀況，於法庭內、外，以適當方式，告訴被收養之未成年人裁判結果之影響，使他（她）有表達意願或陳述意見之機會；必要時，得請兒童及少年心理或其他專業人士協助。

三、家事事件法第115條規定：（一）收養人須提出職業、健康及有關資力之證明文件；（二）經收出養媒合服務者為訪視調查，其收出養評估報告。

四、家事事件法第116條規定，法院認可未成年人被收養前，得准收養人與未成年人共同生活一定期間，供法院決定之參考。

　　國華收養5歲之小明，法院在為收養認可時，發現國華月收入15,000元，也沒有其他財產，還積欠卡債新台幣700萬

元，此時法院是否認可收養？

國華要收養小明，必須有資力撫養小明，國華收入不高，養自己都已捉襟見肘，而且還積欠高額債務，常常要面臨債權銀行追債的窘境，國華要收養小明恐怕不符合小明的最佳利益，法院應駁回認可聲請。

大華與玉英育有一名女兒小華，最近因為大陸地區友人請託，想要收養一名大陸地區兒童小明，大華與玉英可以收養小明嗎？

大華與玉英已經有子女，依據台灣地區與大陸地區人民關係條例第65條規定，大華與玉英不能再收養小明。

**第1079-2條**（不予收養認可之原則）
被收養者為成年人而有下列各款情形之一者，法院應不予收養之認可：
一、意圖以收養免除法定義務。
二、依其情形，足認收養於其本生父母不利。
三、有其他重大事由，足認違反收養目的。

### 解說

本條係民國96年5月23日公布修正。

被收養人為成年人的時候，有下列情形之一者，法院應不為收養認可：

一、被收養人意圖以收養免除法定義務：成年人具有扶養父母的法定義務，如果為了逃避扶養義務，而與他人訂立收養契約，使自己與本生父母的權利義務關係暫停，致本生父

　　母乏人照料扶養，殊非倫常所容忍，因此法院為認可裁定之前，發現有此情事，應駁回認可聲請。

二、依事實狀況，足以認定收養對於被收養人的本生父母不利：例如，被收養人以為他人收養，作為達到對於本生父母有不當的要求之目的，可以認定是對於本生父母不利，法院應駁回認可聲請。

三、有其他重大事由，足認違反收養目的：收養其實是隱含其他脫法行為，例如：藉由收養，使外國人取得居留權，實際上是方便該外國人打工，而非與收養人成立親子關係。

　　30歲的國華見父母身體愈來愈差，國華深怕父母將來要其扶養，因此找人收養他，法院在為收養認可前，發現國華是其本生父母的唯一子女，可否駁回認可聲請？

　　父母與子女間互負扶養義務，國華是本生父母的唯一子女，當父母無法照料自己時，國華當然要負起照料的義務，國華如果讓他人收養，國華就停止其對本生父母的義務，國華此項被他人收養的舉動，是意圖要免除其法定扶養義務，法院應為駁回認可聲請。

　　30歲的國華知道父母尚有一些財產，國華三天兩頭就要求父母將財產轉移給他，不然就要當別人的子女，故意脅迫父母父將財產轉移給他，法院為收養認可前，將國華的本生父母找去法院詢問，因而發現國華實際的目的，法院應如何處理？

　　國華是要以讓他人收養脅迫其父母親給他財產，可以認為是對於其本生父母不利，法院應為駁回認可聲請。

**第1079-3條**（收養之生效時點）
收養自法院認可裁定確定時，溯及於收養契約成立時發生效力。但第三人已取得之權利，不受影響。

**解說**

本條係民國96年5月23日公布增訂。

收養的效力在法院為認可裁定確定的時候，溯及於收養契約成立時發生效力，但是第三人於收養契約成立之後，法院為認可裁定確定之前，已經取得的權利，不因收養契約發生溯及效力而受影響。

**實例**

國華收養小明，在法院裁定認可核發之後，尚未確定的時候，國華因意外事故過世，此時，小明是否為國華的繼承人？

收養的效力在法院為認可裁定確定的時候，溯及於收養契約成立時發生效力，國華雖然於認可裁定尚未確定時過世，但是在認可裁定確定的時候，收養契約成立，國華與小明就已經發生親子關係，所以小明是國華的繼承人。

國華收養小明，在法院裁定認可之前，國華因意外事故過世，法院認可裁定確定之前，國華的兄弟姊妹已經基於法定繼承人的身分，將國華的保險金領走，小明在法院認可裁定確定之後，是否可以要求國華的兄弟姊妹將保險金返還給小明？

收養的效力在法院為認可裁定確定的時候，溯及於收養契約成立時發生效力，國華雖然於認可裁定尚未確定時過世，但是在認可裁定確定的時候，基於溯及效力，收養契約成立的時候，國華與小明就已經發生親子關係，所以小明是國華的繼承

人，但是如果在發生溯及效力之前，國華的兄弟姊妹就已經基
於法定繼承人身分將保險金領走，他們已經取得之保險金不受
影響，小明無法要求他們返還。

**第1079-4條**（收養之無效）
收養子女，違反第一千零七十三條、第一千零七十三條之
一、第一千零七十五條、第一千零七十六條之一、第一千零
七十六條之二第一項或第一千零七十九條第一項之規定者，
無效。

## 解說

　　本條係民國96年5月23日公布增訂。關於收養無效之規
定，原規定於民法第1079條之1，本次移列於第1079條之4，並
予修正。
　　收養子女有下列情形之一，收養無效：
一、收養違反民法第1073條規定：
（一）收養人沒有比被收養人大20歲以上，收養無效。
（二）夫妻共同收養時，夫妻一人有比被收養人大20歲以上，
　　　但是另一人沒有比被收養人大16歲以上，收養無效。
（三）夫妻之一方收養他方子女，收養人沒有比被收養人大16
　　　歲以上，收養無效。
二、收養違反民法第1073條之1規定：
（一）收養人與被收養人有直系血親關係，收養無效。
（二）並非夫妻之一方收養他方子女的情形，收養人與被收養
　　　人有直系姻親關係，收養無效。

（三）收養人與被收養人有六親等內且輩分不相當的旁系血親
　　　關係，收養無效。

（四）收養人與被收養人有五親等內且輩分不相當的旁系姻親
　　　關係，收養無效。

三、收養違反民法第1075條規定：除非是夫妻共同收養的情形
　　之外，收養人被二以上的人收養，收養無效。

四、收養違反民法第1076條之1規定：在沒有不需被收養人父
　　母同意的條件時，收養沒有得到被收養人父母同意，收養
　　無效。

五、收養違反民法第1076條之2第1項及第2項規定：

（一）被收養人未滿7歲的時候，收養契約未經被收養人的法
　　　定代理人代為訂立，收養無效。

（二）被收養人滿7歲以上未滿18歲的時候，收養契約未經被
　　　收養人的法定代理人同意，收養無效。

六、收養違反民法第1079條第1項規定：

（一）收養未訂立書面契約。

（二）收養未經法院認可。

### 實例

　　40歲的老何收養22歲的國華，收養是否有效？

　　根據民法第1073條規定，收養人要比被收養人大20歲以
上，否則收養無效，老何只比國華大18歲，因此收養無效。

　　大華與小美夫妻二人想要收養小明，大華今年35歲，小美
今年30歲，小明今年15歲，是否可以有效成立收養契約？

　　民法第1073條規定，夫妻共同收養時，夫妻一人有比被收
養人大20歲以上，但是另一人沒有比被收養人大16歲以上，收

養無效，大華比小明大20歲，但是小美只比小明大15歲，不符合收養者與被收養者年齡差距的限制，所以收養無效。

40歲的國華與25歲的玉芳結婚，國華在前婚姻有一個10歲小孩小明，玉芳與小明感情極好，平日就以母子相稱，玉芳想要收養小明，是否可行？

夫妻之一方收養他方子女，收養人必須比被收養人大16歲以上，否則收養無效，玉芳只比小明大15歲，因此無法收養小明。

玉美生有一非婚生子女小明，玉美希望自己的父母收養小明，是否可行？

小明與玉美的父母為祖孫關係，祖父母不可以收養孫子女，否則收養無效，所以玉美的父母不可以收養小明。

玉美與國華為未婚同居之男女朋友，兩人想要共同收養友人之子小明，是否可行？

玉美與國華並非夫妻關係，一人不能同時被二人收養，所以玉美與國華不可以共同收養小明。

玉美的弟弟沒有子女，玉美則生了三名子女，玉美的母親自行做主，將玉美第三名子女出養給玉美的弟弟，收養是否有效？

收養沒有得到被收養人父母的同意，收養無效，玉美夫婦未同意出養小孩時，玉美的母親自做主張出養孫子女是無效的。

1歲的小明是玉美的非婚生子女，玉美想要獨立扶養小明長大，玉美的母親不贊成玉美的做法，就直接將小明出養給友人，此項收養是否有效？

　　未滿7歲的人被收養，應由其法定代理人代為及代受意思表示，玉美才是小明的法定代理人，因此收養契約應由玉美以法定代理人的身分與收養人締約，玉美的母親替小明與他人成立收養契約，是無效的。

　　國華收養小明，但是未訂立書面契約，就向法院聲請認可是否有效？

　　收養必須有書面契約，兒童及少年福利與權益保障法第19條雖規定如無書面契約，以向法院聲請認可時，為契約成立時點，但這是基於當時民法收養規定，並未以書面契約為要式條件，96年5月3日民法修正之後，收養必須有書面契約，自應適用新法規定，因此國華收養小明，但是未訂立書面契約，收養無效，法院會駁回認可聲請。

　　國華收養小明，雖訂有書面契約，但是未得到法院的認可裁定，收養是否有效？

　　國華收養小明未得到法院的認可裁定，收養無效。

**第1079-5條**（收養之撤銷及其行使期間）

收養子女，違反第一千零七十四條之規定者，收養者之配偶得請求法院撤銷之。但自知悉其事實之日起，已逾六個月，或自法院認可之日起已逾一年者，不得請求撤銷。

收養子女，違反第一千零七十六條或第一千零七十六條之二第二項之規定者，被收養者之配偶或法定代理人得請求法院撤銷之。但自知悉其事實之日起，已逾六個月，或自法院認可之日起已逾一年者，不得請求撤銷。

依前二項之規定，經法院判決撤銷收養者，準用第一千零八十二條及第一千零八十三條之規定。

**解說**

本條係民國96年5月23日公布增訂。關於收養得撤銷之規定，原規定於民法第1079條之2，本次移列於第1079條之5，並予修正。

收養子女有下列情形之一，收養有得撤銷原因：

一、收養違反民法第1074條規定：收養人收養子女未與配偶共同為之，且無民法第1074條但書規定之情形，收養人的配偶得請求法院撤銷收養。但是收養人的配偶自知道收養事實起，已經超過6個月，或自法院認可之日起，已經超過1年的話，不得請求撤銷收養。

二、收養違反民法第1076條規定：被收養人有配偶，且無民法第1076條但書規定之情形，被收養人未得配偶的同意，而與他人成立收養契約，被收養人的配偶得請求法院撤銷收養。但是被收養人的配偶自知道收養事實起，已經超過6個月，或自法院認可之日起，已經超過1年的話，不得請求撤銷收養。

三、收養違反民法第1076條之2第2項規定：被收養人為滿7歲以上未滿18歲之未成年人，被收養人未得法定代理人的同意，而與他人成立收養契約，被收養人的法定代理人得請求法院撤銷收養。但是被收養人的法定代理人自知道收養事實起，已經超過6個月，或自法院認可之日起，已經超過1年的話，不得請求撤銷收養。

法院依本條判決撤銷收養的時候，準用民法第1082條、第

1083條規定，也就是撤銷收養時，原收養人或原被收養人生活陷於困難的時候，可以請求他方給予相當的金額，但請求顯失公平的話，法院得減輕或免除之。原養子女及收養效力所及之直系血親卑親屬，自收養關係撤銷時起，回復其本姓，並回復其與本生父母及其親屬間之權利義務。但第三人已取得之權利，不受影響。

大華與玉英為夫妻關係，玉英因工作關係出國3年，在玉英出國6個月之後，大華在未經玉英共同收養的情形之下收養小雲，竟然也得到法院的認可，玉英回國之後，發現此事，玉英反對收養，因此向法院提出撤銷收養訴訟，玉英可以成功撤銷收養嗎？

根據民法第1079條之5第1項但書規定，收養子女未與配偶共同收養時，在收養經過法院認可後超過1年之後，未共同收養的配偶不可以請求撤銷收養。玉英在法院認可收養超過1年後，才向法院提出撤銷收養訴訟，法院應駁回其請求。

大華與玉英為夫妻關係，大華在未知會玉英的情況之下，與老王成立收養契約，大華成為老王的養子，竟然也得到法院的認可，玉英知道後，非常反對，玉英可以採取什麼行動？

根據民法第1079條之5規定，已結婚的人，被他人收養，沒有得到配偶同意時，不同意的配偶可以向法院請求撤銷收養，但應注意時間上限制，所以玉英在知道大華被老王收養之後，應該在知道後6個月內向法院請求撤銷收養，但是如果向法院請求撤銷收養時已超過法院為收養認可之後1年，玉英就無法撤銷收養。

　　13歲的小明因父母過世，由外祖母擔任監護人，在未取得外祖母同意之下，叔叔與小明訂立收養契約，法院也給予收養認可，外祖母知道後，可以撤銷收養嗎？

　　收養滿7歲以上的未成年人，應得未成年人的法定代理人同意，否則為得撤銷收養的原因。小明的監護人為其外祖母，外祖母就是小明的法定代理人，外祖母沒有同意小明出養給小明的叔叔，外祖母應該在知道後6個月內向法院請求撤銷收養，但是如果向法院請求撤銷收養時已超過法院為收養認可之後1年，外祖母就無法撤銷收養。

**第1080條**（收養之終止㈠─合意終止）

養父母與養子女之關係，得由雙方合意終止之。

前項終止，應以書面為之。養子女為未成年人者，並應向法院聲請認可。

法院依前項規定為認可時，應依養子女最佳利益為之。

養子女為未成年人者，終止收養自法院認可裁定確定時發生效力。

養子女未滿七歲者，其終止收養關係之意思表示，由收養終止後為其法定代理人之人為之。

養子女為滿七歲以上之未成年人者，其終止收養關係，應得收養終止後為其法定代理人之人之同意。

夫妻共同收養子女者，其合意終止收養應共同為之。但有下列情形之一者，得單獨終止：

一、夫妻之一方不能為意思表示或生死不明已逾三年。

二、夫妻之一方於收養後死亡。

三、夫妻離婚。

夫妻之一方依前項但書規定單獨終止收養者，其效力不及於他方。

## 解說

　　本條係民國96年5月23日公布修正。本條係規定收養人與被收養人合意終止收養的要件與效力。

　　收養是一種契約行為，因此收養人與被收養人也可以雙方合意終止收養契約。

　　合意終止收養為要式行為，應以書面為之。

　　養子女為未成年人的時候，除了書面合意終止之外，還要聲請法院為終止認可裁定。法院為終止認可裁定時，應依養子女的最佳利益為認可與否之標準。依據家事事件法第119條準用第106條規定，聲請法院終止認可，由終止的雙方共同為聲請人，並由養子女之住所地或居所地法院管轄，法院終止認可前得命社會福利主管機關或社會福利機構，為調查報告，作為法院審酌合意終止收養，是否符合未成年人的最佳利益。

　　養子女為未成年人的時候，終止收養自法院認可裁定確定時發生效力。

　　養子女為未滿7歲的未成年人，合意終止收養的意思表示，由終止收養後的法定代理人代為意思表示。養子女為滿7歲以上的未成年人，雖可為合意終止收養的意思表示，但是需要得到終止收養後的法定代理人同意。

　　夫妻共同收養子女時，與被收養人合意終止收養，也要由夫妻共同終止收養關係，但有下列情形之一，夫妻可以單獨一人與被收養人合意終止收養：

一、夫妻一方事實上不能為意思表示或生死不明已經超過3
　年。

二、夫妻一方於收養後死亡。

三、夫妻離婚。

　　夫妻一方因為有上述三種情形之一，而可以單獨與被收養
人合意終止收養，終止效力只發生於合意終止一方，未為終止
意思表示的收養人仍與被收養人有收養關係存在。

**實例**

　　大華夫婦收養一個月大的嬰兒小雲，1年後，小雲的生父
母結婚，希望能夠帶回小雲撫養共同生活，大華夫婦也同意，
應如何辦理終止收養手續？

　　大華夫婦與小雲的生母（因為生父在法律上未曾與小雲發
生親子關係，生父需等小雲終止收養之後，辦理認領手續，才
會發生親子關係。）就小雲的收養關係訂立終止收養契約。但
是小雲與大華夫婦終止收養，還要聲請法院認可，經認可確定
後，收養終止。

　　大華夫婦與兒子小明為養父母、養子女關係，小明至15歲
的時候，知道自己的生父母為大明夫婦，小明希望回到生父母
的身邊，大華夫婦尊重小明意願，但是大明夫婦不同意，小明
可以與大華夫婦終止收養嗎？

　　根據民法第1080條規定，滿7歲以上的未成年人要終止收
養關係，需得到終止收養後為其法定代理人的同意。小明與大
華夫婦終止收養後，小明的法定代理人為小明的生父母大明夫
婦，但是大明夫婦不同意終止收養，小明無法與大華夫婦協議
終止收養。

　　國華夫婦共同收養小明，國華因意外事故發生成為植物人，國華之妻玉美與20歲之小明協議終止收養，小明因此獨立在外半工半讀，國華終於不敵病魔，撒手人寰，國華尚有父母存在，國華之繼承人為何人？

　　國華成為植物人的時候，已陷於無意識狀態，所以玉美可以單獨與小明協議終止收養，玉美與小明在法律上就沒有母子關係，但是國華與小明仍然有親子關係存在，國華過世的時候，小明為第一順位的法定繼承人，所以國華的繼承人為玉美與小明。

**第1080-1條**（收養之終止(二)—聲請法院許可）

養父母死亡後，養子女得聲請法院許可終止收養。

養子女未滿七歲者，由收養終止後為其法定代理人之人向法院聲請許可。

養子女為滿七歲以上之未成年人者，其終止收養之聲請，應得收養終止後為其法定代理人之人之同意。

法院認終止收養顯失公平者，得不許可之。

## 解說

　　本條係民國96年5月23日公布增訂。本條係規定法院許可終止收養的要件與效力，舊法規定許可終止收養的要件較為嚴格，本次修改放寬，以符合人民之事實上需要。

　　家事事件法第114條規定，許可終止收養事件，專屬養子女住所地之法院管轄。

　　養子女為未滿7歲的未成年人，由終止收養後的法定代理

人代為向法院聲請許可終止收養。養子女為滿7歲以上的未成年人，雖可自行聲請法院許可終止收養，但是需要得到終止收養後的法定代理人同意。依據家事事件法第119條準用第106條規定，聲請許可終止收養之養子女如為未成年人，法院許可終止收養前得命社會福利主管機關或社會福利機構，為調查報告，作為法院審酌許可終止收養，是否符合未成年人的最佳利益。法院認為終止收養顯失公平者，得不許可終止收養。

## 實例

大華夫婦與兒子小明為養父母、養子女關係，小明5歲的時候，大華不幸過世，小明的養母無力撫養小明，同意終止收養，讓小明回到生父母身邊，但是大華已經過逝，如何終止收養關係呢？

根據民法第1080條之1規定，養父母死亡後，養子女可以聲請法院許可終止收養關係。小明的生父母可以代小明聲請法院終止小明與養父大華的收養關係，小明則與生存的養母採用合意終止收養關係，因為小明為未成年人，所以小明與養母合意終止收養需經法院認可，小明解消與養父母之收養關係之後，小明就回復為本生父母的子女，由本生父母照顧撫育小明。

國華收養小明，國華過世之際，小明已經30歲，國華的父親則已80歲，小明繼承龐大財產之後，不願意扶養祖父，因此聲請法院許可終止收養，法院應如何處理？

國華因收養小明，國華之親屬也與小明發生親屬關係，國華的父親就是小明的祖父，為國華的直系血親尊親屬，小明應有扶養祖父之義務，小明在繼承國華的財產之後，反而想要

擺脫扶養義務，實際狀況顯失公平，法院得駁回終止收養之聲請。

---

**第1080-2條**（收養之終止(三)—無效）

終止收養，違反第一千零八十條第二項、第五項或第一千零八十條之一第二項規定者，無效。

---

**解說**

　　本條係民國96年5月23日公布增訂。本條係規定終止收養無效之情形。有下列情形之一者，終止收養無效：

一、違反民法第1080條第2項規定：

（一）養父母與養子女未以書面合意終止收養。

（二）養父母與未成年養子女合意終止收養，沒有經過法院認可。

二、違反民法第1080條第5項規定：未滿7歲的養子女與養父母合意終止收養，沒有經過終止收養之後，未成年人的法定代理人代為終止收養的意思表示。

三、違反民法第1080條之1第2項規定：未滿7歲的養子女聲請許可終止收養，沒有經過終止收養之後，未成年人的法定代理人代為聲請許可終止收養的意思表示。

**實例**

　　國華夫婦為小明的養父母，小明20歲之後與國華夫婦關係變得很差，一直發生爭吵，國華夫婦聲明終止與小明的收養關係，小明也說好，他們是不是已經合意終止收養關係？

國華夫婦與小明只是口頭表示合意終止收養關係，並未作成書面終止合意，合意終止收養無效。

國華夫婦與2歲養子小明之本生父母達成合意終止收養的協議，雙方並立下書面為憑，小明的本生父母就將小明抱回家庭扶養，國華夫婦與小明是否已經合意終止收養？

國華夫婦與2歲養子小明之本生父母雖然達成書面合意終止收養，但是未向法院聲請終止收養認可，終止收養無效。

**第1080-3條**（收養之終止（四）—撤銷）

終止收養，違反第一千零八十條第七項之規定者，終止收養者之配偶得請求法院撤銷之。但自知悉其事實之日起，已逾六個月，或自法院認可之日起已逾一年者，不得請求撤銷。

終止收養，違反第一千零八十條第六項或第一千零八十條之一第三項之規定者，終止收養後被收養者之法定代理人得請求法院撤銷之。但自知悉其事實之日起，已逾六個月，或自法院許可之日起已逾一年者，不得請求撤銷。

**解說**

本條係民國96年5月23日公布增訂。

夫妻共同收養子女的時候，收養人與被收養人合意終止收養的時候，如果沒有民法第1080條第7項但書的規定時，夫妻應共同終止收養子女，如果夫妻一方單獨與被收養人合意終止收養，終止收養的配偶可以請求法院撤銷合意終止收養。但自夫妻一方知道他方收養人與被收養人合意終止收養的時候起算已經超過6個月，或者自法院認可合意終止收養起已經超過1年

的話，夫妻一方不可以請求撤銷收養人與被收養人合意終止收養。

養子女為滿7歲以上的未成年人與收養人合意終止收養關係的時候，沒有得到收養關係終止後應為養子女的法定代理人之同意的時候，終止收養之後，應為養子女的法定代理人得請求法院撤銷合意終止收養，但是應為終止收養後養子女的法定代理人自知道終止收養之日起算已經超過6個月，或者自法院認可合意終止收養起已經超過1年的話，應為終止收養後養子女的法定代理人不可以請求撤銷收養人與被收養人合意終止收養。

養子女為滿7歲以上的未成年人向法院聲請終止收養關係的時候，沒有得到收養關係終止後應為養子女的法定代理人之同意的時候，應為養子女的法定代理人得請求法院撤銷合意終止收養，但是應為終止收養後養子女的法定代理人自知道聲請終止收養之日起算已經超過6個月，或者自法院許可終止收養起已經超過1年的話，應為終止收養後養子女的法定代理人不可以請求法院撤銷許可終止收養。

### 實例

國華夫妻二人共同收養小明，當小明滿20歲的時候，國華趁妻子玉美出國休養時，與小明合意終止收養，當玉美休養6個月之後回國，知道此事，玉美可不可以恢復國華夫妻與小明的養親關係？

夫妻共同收養子女，當收養人與被收養人合意終止收養的時候，也應該夫妻共同為之，國華單獨與小明合意終止收養，當玉美知道之後，未超過6個月期間或者在終止收養未超過1年

期間，玉美可以向法院聲請撤銷國華與小明合意終止收養，撤銷確定之後，國華與小明回復養父母、養子女的關係。

8歲之小明知道自己實際上是被國華收養之後，一再吵著要回到本生父母身邊，國華只好與小明合意終止收養關係，小明的本生父母並不知此事，在法院認可合意終止收養之後1年半，小明的本生父母才知道國華與小明合意終止收養關係，小明的本生父母可以反對該收養終止嗎？

國華與小明合意終止收養關係之後，小明的法定代理人為小明的本生父母，8歲之小明與國華合意終止收養關係並未得到小明的本生父母同意，小明的本生父母本可以行使撤銷權，使小明與國華的收養關係回復，但是小明的本生父母在法院認可合意終止收養超過1年才知道此事，已經超過撤銷的除斥期間，所以小明的本生父母無法行使撤銷權，小明的本生父母恢復與小明的親子關係，小明的本生父母應負擔照顧撫育小明的責任。

**第1081條**（收養之終止(五)—判決終止）
養父母、養子女之一方，有下列各款情形之一者，法院得依他方、主管機關或利害關係人之請求，宣告終止其收養關係：
一、對於他方為虐待或重大侮辱。
二、遺棄他方。
三、因故意犯罪，受二年有期徒刑以上之刑之裁判確定而未受緩刑宣告。
四、有其他重大事由難以維持收養關係。

> 養子女為未成年人者，法院宣告終止收養關係時，應依養子
> 女最佳利益為之。

## 解說

　　本條於民國96年5月23日公布修正條文，參考兒童及少年福利與權益保障法規定，增加得為聲請人之人及聲請事由。

　　養父母、養子女之一方有下列各款所列情形之一的時候，法院得依他方、主管機關或利害關係人的請求，宣告終止收養關係：

一、對於他方為虐待或重大侮辱的時候：養父母虐待養子女或對養子女為重大侮辱，例如：養父母慣行毆打養子女，對於養子女極盡身體、精神的不法侵害，法院得依養子女、主管機關或利害關係人的請求，宣告終止收養關係；養子女虐待養父母或對養父母為重大侮辱，法院得依養父母、主管機關或利害關係人的請求，宣告終止收養關係。

二、遺棄他方：養父母與養子女互負扶養義務，養父母遺棄養子女或養子女遺棄養父母都構成宣告終止收養的事由，被遺棄的人、主管機關或利害關係人得聲請法院宣告終止收養關係。

三、因故意犯罪，受2年有期徒刑以上之刑裁判確定：養父母或養子女因故意犯罪，受2年有期徒刑以上之刑判決確定，而且未獲緩刑宣告，他方、主管機關或利害關係人得請求法院宣告終止收養關係。

　　犯罪類型有故意犯與過失犯二種，如果是過失犯罪不構成本款宣告終止事由。故意犯罪又受2年有期徒刑以上之刑之裁判確定而未受緩刑宣告，必須入獄服刑，影響生活層

面較廣，可以構成本款宣告終止事由，如受緩刑宣告，則不得請求法院宣告終止收養。

四、有其他重大事由：所謂重大事由，是由法院就社會一般觀念，養父母與養子女的關係判定之。在實務上如養子女常常和養父母吵架、肆意謾罵，可以構成重大事由，養父母可以因此聲請終止收養。

養子女如果是未成年人時，法院宣告終止收養關係時，應以養子女最佳利益為指導原則。

實例

張氏夫婦收養3歲的承恩，因為承恩生性頑皮，常常惹張氏夫婦生氣，以至於常一怒之下拉承恩的頭撞牆，3歲的承恩可否終止收養關係？

3歲的承恩雖無行為能力，但就終止收養事件，本身也有訴訟能力，可以向法院以養父母虐待為由，訴請判決終止收養關係。

老張收養孤兒文新，但是文新結交壞朋友，以致染上吸食安非他命的惡習，被法院判處6個月徒刑。老張於文新服刑期間探望，常遭文新辱罵，文新出獄後，常流連於賭博性電動遊樂場，並且常向老張要錢花用，遇有不給錢的情形時，就在家裏摔東西發脾氣，老張可不可以和文新脫離父子關係？

老張可以重大事由為理由，向法院訴請判決終止收養關係。

大華夫婦收養3歲的小明，大華夫婦經常虐待小明，兒童及少年福利主管機關可以如何處理？

兒童及少年福利主管機關可以依據兒童及少年福利與權益

保障法第20條規定，向法院聲請宣告終止大華夫婦與小明的收養關係。

**第1082條**（終止之效果㈠—給與金額之請求）
因收養關係終止而生活陷於困難者，得請求他方給與相當之金額。但其請求顯失公平者，得減輕或免除之。

**解說**

　　本條係民國96年5月23日公布修正。養父母與養子女本來互負扶養義務，如果一方生活陷於困難，他方有扶助的義務，而收養關係終止的原因有合意終止、判決終止、宣告終止等情形，所以本條修正因收養關係終止而生活陷於困難者，得請求他方給與相當之金額。但是如果他方之請求顯失公平的時候，可以減輕或者免除給付責任。

**實例**

　　大華夫婦收養3歲的小明，大華夫婦經常虐待小明，經法院依民法第1081條宣告終止收養關係，小明回到本生父母家中，小明還可不可以向大華夫婦要求生活費用？

　　最高法院33年上字第6097號判例要旨略謂：「收養關係經判決終止時，無過失之一方因而陷於生活困難者，得請求他方給與相當之金額，固為民法第1082條所明定，惟養子女自收養關係終止時起，回復其與本生父母之關係，該子女尚未成年者，並應由其本生父母負擔教養之義務，苟其本生父母有負擔扶養費用之資力，即不得謂因判決終止收養關係而陷於生活困

難。」3歲的小明在與大華夫婦終止收養關係之後，3歲的小明回到本生父母家中，由本生父母對其負擔扶養義務，如果本生父母沒有養不起的情形，小明不能再向大華夫婦要求給予相當的金錢作為生活所需。

**第1083條**（終止之效果㈡—復姓）

養子女及收養效力所及之直系血親卑親屬，自收養關係終止時起，回復其本姓，並回復其與本生父母及其親屬間之權利義務。但第三人已取得之權利，不受影響。

**解說**

本條係民國96年5月23日公布修正。養子女及其依民法第1077條第4項效力所及之直系血親卑親屬在收養關係終止時起，與養家的親屬關係消滅，回復原來的本姓，並且回復與本生父母及其親屬原來的權利義務關係。但是養子女及其依民法第1077條第4項效力所及之直系血親卑親屬在回復與本生父母及其親屬原來的權利義務關係之前，第三人已經取得的權利不受影響。

美香與養父母終止收養關係後，美香回到親生父母的家中，美香的生父已去世，遺產已平均由美香的兄弟姊妹繼承了，美香是否可以要求兄弟姊妹合撥出一部分繼承財產給美香？

美香終止收養之前，美香的兄弟姊妹已經繼承父親的遺產，因此不因美香終止收養，回到本生父母家中而受影響，美

香無權要求親生父母家的兄弟姊妹撥出一部分繼承財產給美香。

**第1083-1條**（準用規定）

法院依第一千零五十九條第五項、第一千零五十九條之一第二項、第一千零七十八條第三項、第一千零七十九條之一、第一千零八十條第三項或第一千零八十一條第二項規定為裁判時，準用第一千零五十五條之一之規定。

### 解說

本條係民國96年5月23日公布增訂。法院依民法第1059條第5項、第1059條之1第2項、第1078條第3項規定，宣告變更未成年子女的姓氏；依民法第1079條之1、第1080條第3項或第1081條第2項規定為收養未成年人的認可時，須符合未成年子女的最佳利益，因此需準用民法第1055條之1之規定。

法院在受理上述案件的時候，應依子女之最佳利益，審酌一切情狀為否准之裁判。法院也需參考社工人員的訪視報告。

法院裁判時要如何符合子女的最佳利益，應特別注意下列事項：

一、子女之年齡、性別、人數及健康情形。

二、子女之意願及人格發展之需要。

三、父母之年齡、職業、品行、健康情形、經濟能力及生活狀況。

四、父母保護教養子女之意願及態度。

五、父母子女間或未成年子女與其他共同生活之人間之感情狀況。

六、父母之一方是否有妨礙他方對未成年子女權利義務行使負
　　擔之行為。

七、各族群之傳統習俗、文化及價值觀。

　　70歲的老吳，與1歲的小霞之父母達成收養協議，雙方向
法院聲請收養認可，雖然老吳經濟情形非常好，法院是否需認
可收養？

　　小霞只有1歲，如果小霞成年時，老吳已經88歲了，就收
養人的年齡與被收養人的年齡而言，小霞的成長狀況而言，老
吳實際上是無法善盡父母撫養子女的責任，對於小霞是不利
的，法院準用民法第1055條之1的規定，可以不准認可收養。

> **第1084條**（親權(一)—孝親、保護及教養）
> 子女應孝敬父母。
> 父母對於未成年之子女，有保護及教養之權利義務。

### 解說

　　本條第1項是民國74年6月3日修法增訂，是一個道德條
款，僅規定子女應孝敬父母，其基本本質則須由法律解釋填
充。也就是實質意義，包含服從親權、尊敬父母、奉養父母。
而父母親基於親權的行使，對於未成年人有保護及教養的義
務。父母對於未成年子女的保護教養是權利也是義務，所以父
母不得拋棄此項權利。

實例

　　大華與小美離婚後，兩人所生未成年子女小雲由大華對其行使權利負擔義務，平常都是由小雲的繼母小英，負責其日常生活，小英疏未照料小雲，小美以大華沒有盡到保護教養義務，向法院要求應對小雲改定親權行使人，有無理由？

　　大華為小雲的父親，應對小雲負擔保護教養的義務，大華沒有盡到照顧義務，小美可以向法院要求改定小雲的親權行使人。

**第1085條**（親權(二)—懲戒）
父母得於必要範圍內懲戒其子女。

**解說**

　　父母為了教導子女，在必要範圍內，可以懲罰訓誡子女，以矯正子女不當的行為。當然父母也不可以超過必要程度，否則就會構成虐待的情形。

　　父母在懲戒子女逾越必要範圍時，依據民法第1090條規定，父母之一方濫用其對於子女之權利時，法院得依他方或未成年子女、主管機關、社會福利機構或其他利害關係人之聲請或依職權，基於未成年子女的利益，宣告停止該行使懲戒子女逾越必要範圍的父母對於子女權利之全部或一部。

　　父母管教子女如逾越必要範圍時，造成虐待或疏忽時，若子女為未滿18歲的未成年人的話，依據兒童及少年福利與權益保障法第71條規定兒童及少年或其最近尊親屬、直轄市、縣（市）主管機關、兒童及少年福利機構或其他利害關係人，得

請求法院宣告停止其親權或監護權之全部或一部，或得另行選定或改定監護人。如果父母與子女為養父母與養子女關係，在父母管教子女如逾越必要範圍時，造成虐待或疏忽時，兒童及少年或其最近尊親屬、主管機關、兒童及少年福利機構或其他利害關係人，亦得請求法院宣告終止收養關係。

大華15歲的兒子小明在學校與同學打架，大華知道後，處罰小明抄寫弟子規一遍，及罰站半小時，小明需接受處罰嗎？

民法第1085條規定，父母於必要範圍內得懲戒子女，小明在學校與同學打架，行為有偏差，大華基於父母的職責，自可於必要範圍內行使懲戒權，以導正小明的行為。大華處罰小明抄寫弟子規一遍，及罰站半小時，合乎懲戒權行使的必要範圍，小明需接受處罰。

大華15歲的兒子小明在學校與同學打架，大華知道後，非常生氣，大華以鐵鍊將小明綑綁在院子三小時，鄰居勸他，大華就說自己在管教小孩，大華的行為對嗎？

民法第1085條規定，父母於必要範圍內得懲戒子女，小明在學校與同學打架，大華就用鐵鍊將小明綑綁在院子三小時，已經逾越懲戒子女的必要範圍，而有虐待之嫌，若大華經常以此方式或相類似的方式管教小明，大華已經濫用親權，小明的母親或小明、主管機關、兒童及少年福利機構或其他利害關係人，得請求法院宣告停止大華對於小明權利之全部或一部。

**第1086條**（親權(三)—代理）

父母為其未成年子女之法定代理人。

父母之行為與未成年子女之利益相反，依法不得代理時，法院得依父母、未成年子女、主管機關、社會福利機構或其他利害關係人之聲請或依職權，為子女選任特別代理人。

## 解說

　　未滿7歲的未成年人為無行為能力人，無法單獨為法律行為，須由法定代理人為之。7歲以上的未成年人單獨行為應由法定代理人為之，契約行為應得法定代理人同意，未成年子女的法定代理人就是父母。

　　原則上父母基於法定代理人身分，可以代理未成年子女的財產行為，身分行為則不許代理。身分行為可以代為或代理或行使同意權的，必須是法律有明文規定才可以行使法定代理人之權利。

　　父母的行為與未成年子女的利益是相反的，或者法律上禁止代理的行為，例如法律禁止雙方代理，又如子女移轉財產給父母，父母是否可在法律行為上擔任未成年子女的法定代理人，原先法律上沒有明文規定，常生紛爭，因此民國96年5月23日增修本條第2項，當有此種情形的時候，與未成年子女有利害相反關係的父或母，不得擔任未成年子女的法定代理人，法院得依父母、未成年子女、主管機關、社會福利機構或其他利害關係人之聲請或依職權，為未成年子女選任特別代理人。

　　所謂「主管機關」，依據立法理由所載，並非專指社會福利主管機關，依具體個案而定，可為社會福利主管機關、戶政機關、地政機關或其他機關，例如：父母與未成年子女共有財

產，父母與未成年子女為土地分割登記的時候，父母仍以未成年子女的法定代理人申請登記時，會有與未成年子女的利益相反的情形，而且也有自己代理之適法性問題，此時地政機關再受理登記的時候，可以向法院聲請為該未成年子女選任特別代理人。

惠美為淑芳的繼母，淑芳購買百科全書一套是否須得繼母的同意？

滿7歲以上的未成年人為契約行為應得法定代理人的同意，但是惠美只是淑芳的繼母，只是直系姻親，法律上並非淑芳的母親，無法做淑芳的法定代理人，因此其無法行使同意權，而應由淑芳的父親行使同意權。

玉美與小霞為母女關係，兩人共同繼承一筆土地，小霞目前只有7歲，玉美與小霞就該筆土地至地政事務所辦理協議分割登記，地政事務所是否應立刻辦理登記事務？

7歲的小霞為限制行為能力人，母親玉美為小霞的法定代理人，此時辦理協議分割登記，玉美一方面為自己辦理協議分割，一方面又基於為小霞的法定代理人，行使協議分割的同意權與辦理登記，會涉及自己代理以及權利與小霞相反之情形，所以地政事務所在受理該案件時，應基於主管機關的身分，向法院聲請選任小霞的特別代理人，由特別代理人行使協議分割同意權以及辦理登記之同意權，以免未成年人的權利受損。

**第1087條**（子女之特有財產）
未成年子女，因繼承、贈與或其他無償取得之財產，為其特有財產。

### 解說

　　未成年人因繼承所得財產、他人或父母所贈與的財產，或者其他無償取得的財產（例如：時效取得、先占等）屬於未成年人的特有財產。

**實 例**

　　大華贈與新台幣100萬元給15歲的女兒小俠，這筆錢算是什麼性質的財產？

　　滿18歲才算成年，小俠才15歲，為未成年人，大華贈與的新台幣100萬元，屬於小俠的特有財產。

**第1088條**（親權㈣—子女特有財產之管理）
未成年子女之特有財產，由父母共同管理。
父母對於未成年子女之特有財產，有使用、收益之權。但非為子女之利益，不得處分之。

### 解說

　　父母共同管理未成年人的特有財產。父母管理權行使的表現為可以使用、收益未成年人的財產，但不可以處分未成年人的財產，只有在為了子女的利益之下才可以處分未成年子女的特有財產。所謂處分包括法律上的處分，例如：買賣、設定負

擔；以及事實上的處分，例如：物品有毀壞之虞而丟棄。父母處分未成年子女的特有財產，如果不是基於為了未成年子女的利益，則處分行為無效。

　　大華將自己所有的房地產一筆贈與，並且移轉登記給15歲的兒子小明，1年後，大華將該房地以小明的名義賣給大風，地政事務所拒絕辦理移轉登記，為什麼？

　　小明因父親贈與所取得的財產，因小明未成年，為小明的特有財產，大華將該房地以小明的名義賣給大風，是處分小明的特有財產，大華尚需證明出售該房地是為小明的利益為之，地政事務所才會辦理移轉登記。

> **第1089條**（裁判未成年子女權義之行使及變更）
> 對於未成年子女之權利義務，除法律另有規定外，由父母共同行使或負擔之。父母之一方不能行使權利時，由他方行使之。父母不能共同負擔義務時，由有能力者負擔之。
> 父母對於未成年子女重大事項權利之行使意思不一致時，得請求法院依子女之最佳利益酌定之。
> 法院為前項裁判前，應聽取未成年子女、主管機關或社會福利機構之意見。

### 解說

　　本條為民國85年9月25日公布修正。原條文規定父母對於未成年子女權利之行使意見不一致時，由父行使的規定與憲法

保障男女平等，消除性別歧視的規定有違，所以大法官釋字第365號解釋宣告應予檢討修正，而原條文至遲於該解釋公布後滿2年時失效，因此促成本條文的修正。

本條文規定，對於未成年子女的權利義務，除法律另有規定外，由父母共同行使或負擔之。如果父母有一方不能行使權利時，由他方能夠行使權利的人行使。父母如果不能共同負擔義務時，由有能力的人負擔義務。根據最高法院62年台上字第415號判例所示，所謂父母之一方不能行使對於未成年子女之權利，兼指法律上不能（例如受停止親權之宣告）及事實上之不能（例如在監受長期徒刑之執行、精神錯亂、重病、生死不明等）而言。至於行使有困難（例如自己上班工作無暇管教，子女尚幼須僱請傭人照顧等），則不是本條所謂父母不能行使親權的狀況。

父母對於未成年子女重大事項權利行使，意見不一致時，為了子女的利益，得請求法院酌定。

法院在酌定父母對於未成年子女重大事項權利行使時，應該聽取未成年子女、主管機關或社會福利機構的意見，以便決定如何行使才是符合未成年子女的最佳利益。但是法院不是完全以未成年子女、主管機關、社會福利機關的意見為意見，而是需綜合他們的意見，以及卷宗內所有的資料加以判斷，當父母對於未成年子女重大事項權利行使，意見不一致時，如何行使才是符合未成年子女的最佳利益。

 實例

秀秀與志強這對夫妻正對剛讀國一的女兒小莉不愛念書，吵著要出去工作，不要繼續就學而傷透腦筋，志強主張小莉不

想念書，就隨她意思輟學並到外面工作，秀秀則反對，認為無論如何應先完成國中學業，兩人意見不一致，該怎麼辦才好？

父母對未成年子女是否繼續就學或中輟的意思表示，屬於對未成年子女重大事項權利行使，現在秀秀與志強的意見不一致，既不是完全由秀秀決定，也不是完全由志強決定，這時可以請求法院依小莉的最佳利益來酌定。

法院詢問小莉的意見後發現，小莉表示不想念書想工作，志強則隨小莉的意見為意見，秀秀反對，主管機關只表示就學與就業各有優缺點，這時法院應衡量勞動基準法上童工的禁止規定，而國中教育為國民義務教育，旨在培養基本正確的國民基本人格與智能及和諧的群我關係，為了小莉的最佳利益，仍應酌定小莉應完成國中義務教育而不得中輟打工。

**第1089-1條**（未成年子女權義之行使或負擔準用規定）
父母不繼續共同生活達六個月以上時，關於未成年子女權利義務之行使或負擔，準用第一千零五十五條、第一千零五十五條之一及第一千零五十五條之二之規定。但父母有不能同居之正當理由或法律另有規定者，不在此限。

**解說**

本條為民國96年5月23日公布增訂。

父母共同對於未成年子女行使權利負擔義務，如果夫妻離婚的時候，則依據民法第1055條、第1055條之1、第1055條之2規定由夫妻協議，如協議不成，則由法院酌定、改定或選定親權之行使。但是日常生活中，處於長期分居狀態的情形也

不少，以往沒有規定長期分居夫妻對於未成年子女如何行使權
利負擔義務，為了維護未成年子女的最佳利益，特增訂本條規
定。

　　原則上父母分居達6個月以上的時候，父母可以準用民法
第1055條、第1055條之1及第1055條之2之規定，雙方協議對於
未成年子女由一方或共同行使權利負擔義務，如協議不成，法
院得依夫妻之一方、主管機關、社會福利機構或其他利害關係
人之請求或依職權酌定之。協議結果如果不利於未成年子女，
法院得依主管機關、社會福利機構或其他利害關係人之請求或
依職權為子女之利益改定之。行使權利負擔義務之父或母未盡
保護教養之義務或對未成年子女有不利的情事者，他方父母、
未成年子女、主管機關、社會福利機構或其他利害關係人得為
子女之利益，請求法院改定之。法院在酌定或改定的時候依
聲請或依職權為子女之利益酌定權利義務行使負擔之內容及方
法。法院亦得依請求或依職權，為未行使或負擔權利義務之一
方酌定其與未成年子女會面交往之方式及期間。但其會面交往
有妨害子女之利益者，法院得依請求或依職權變更之。

　　法院在酌定、改定父母對於未成年子女親權行使的時候，
應依子女之最佳利益，審酌一切情狀，參考社工人員之訪視報
告為符合未成年子女最佳利益的裁判，如果父母均不適合行使
權利時，法院應依子女之最佳利益並審酌民法第1055條之1各
款事項，選定適當之人為子女之監護人，並指定監護之方法，
命其父母負擔扶養費用及其方式。

　　但是在父母有不能同居的正當事由或法律另有規定的時
候，即使分居已達6個月，雙方也不可以爰用本條規定協議或
聲請法院酌定或改定親權行使人或行使方法。例如：父母已由

法院依家庭暴力防治法規定核發遷出令、遠離令而未能同居，或核發訂暫時親權行使人之保護令，或者已依兒童及少年福利與權益保障法第71條規定停止親權行使之一部或全部，分居已達6個月父母就不可以協議或請求法院依聲請或依職權酌定、改定於未成年子女親權行使人或行使方法。

 **實例**

　　阿美與大明因為感情不睦，大明單獨居住於工作地方的宿舍，不願與阿美及兩人所生女兒小玉同住，歷經兩年之久，兩人仍然沒有回復同居的意願，阿美與大明可否協議小玉之親權行使人？如果大明不願意協商應如何處理？

　　根據民法第1089條之1規定，阿美與大明已經分居達6個月以上，兩人可以協議由何人對於小玉行使權利負擔義務，沒有擔任親權行使人的一方，如何與小玉會面交往。如果大明不願意協商，阿美可以聲請法院酌定何人對於小玉行使權利負擔義務。

　　阿美因大明慣行毆打她，向法院聲請保護令，法院核發命大明遷出兩人所居住之屋一年之保護令，7個月之後，大明以兩人未同居達6個月以上，聲請法院酌定兩人之子小華之親權行使由大明擔任，阿美是否可以反對大明的聲請？

　　阿美與大明沒有同居達6個月以上，是基於法院核發保護令而來，有正當的事由存在，阿美可以提出此項抗辯，法院經調查屬實，就會駁回大明的聲請。

**第1090條**（親權濫用之禁止）
父母之一方濫用其對於子女之權利時，法院得依他方、未成
年子女、主管機關、社會福利機構或其他利害關係人之請求
或依職權，為子女之利益，宣告停止其權利之全部或一部。

## 解說

　　本條為民國96年5月23日公布修正。原條文關於父母親濫
用親權的時候，需先由父母親的最近尊親屬或親屬會議糾正，
糾正無效，才可以聲請法院宣告停止濫用親權的父母之親權一
部或全部，但是在實際運作上難以發揮功能，所以本次修正，
基於積極保護未成年子女的觀念，當父母親濫用親權的時候，
不需先經過糾正程序，即可聲請法院宣告停止濫用親權的父母
之親權一部或全部。

　　當父母親的一方濫用親權的時候，法院得依他方、未成年
子女、主管機關、社會福利機構或其他利害關係人之請求或依
職權，為子女之利益，宣告停止其權利之全部或一部。

## 實例

　　大明非常注意兒子小華之課業發展，要求小華每一次考
試一定要考100分，如未達要求，就要求小華罰寫課文五遍，
小華因此產生抗拒心理，大明反而嚴加指責小華，造成小華驚
恐畏縮，小華的母親阿美常勸大明管教問題，要合情、合理、
合乎小孩的身心發展，但是都不為大明所接受，阿美該如何處
理？

　　管教小華之課業發展，似已到過苛的情形，阿美可以依據
民法第1090條規定，請求法院宣告停止濫用親權的大明之親權
一部。

# 第四章

# 監 護

## 第一節　未成年人之監護

**第1091條**（監護人之設置）

未成年人無父母，或父母均不能行使、負擔對於其未成年子女之權利、義務時，應置監護人。

### 解說

於民國110年1月13日修正公布，112年1月1日起施行，刪除原規定的但書條文，這是因為112年1月1日起，已修訂為成年人才可結婚，所以配合刪除但書規定。

但是未成年人如果在112年1月1日前已經結婚，在112年1月1日之後仍未滿18歲成年時，依據民法親屬編施行法第4條之2第2項規定，於滿18歲之前仍適用舊法規定，也就是在112年1月1日前已經結婚的未成年人，在112年1月1日之後，如仍未滿18歲，在滿18歲之前，雖有無父母，或父母均不能行使、負擔對於其未成年子女之權利、義務時，未滿18歲，但已結婚的未成年人仍適用本條舊法但書規定，不須為其置監護人。

父母基於親權本有監護未成年子女的義務，惟未成年人沒有父母，或者父母在法律上或事實上都不能行使、負擔親權

時，為了使未成年人不受影響，所以法律上規定，應置監護人。

此外，在父母有一方死亡時，即使是父母離婚後，有監護權的一方先死亡時，生存的一方仍有監護權，所以不是本條所謂要置監護人的情形。

### 實例

17歲的大華家庭慘遭遽變，父親因意外過世，母親則因此精神失常，大華是否需有監護人設置？

大華只有17歲仍屬未成年人，父母均已不能行使、負擔對於大華的權利義務，大華有置監護人的必要。

大華與小美離婚後，3歲之女兒小雲由小美對其行使權利負擔義務，小雲4歲的時候，小美與大明結婚，小雲有無置監護人的必要？

小美與大明結婚，無不能對小雲行使權利負擔義務的情形，不需替小雲置監護人。

### 第1092條（委託監護人）
父母對其未成年之子女，得因特定事項，於一定期限內，以書面委託他人行使監護之職務。

### 解說

本條於民國97年5月23日公布修正，同日公布的民法親屬編施行法增訂第14條之3條文，規定本修正條文於公布後1年6個月施行，因此在民國98年11月23日起，父母對其未成年之子

女如需就特定事項委託他人監護的時候，需以書面委託且有一定期限之限制，修法之目的是基於交易安全及公益之考量，所以改為要式行為，需以書面為之。

　　父母對於未成年之子女本有監護的責任，父母親可以將特定事項在一定的期間內委託他人代行監護義務，原條文對於委託監護的方式沒有規定，因此父母親也可以口頭約定，但是父母對於未成年之子女委託他人代行監護義務，影響子女權益很大，基於保護未成年子女的利益，本次修正，父母委託他人代行監護，除了必須約定特定事項、一定期間，且須以書面委託。父母也可以隨時撤銷委託，不受原來委託期間之限制。

　　17歲的小明因為求學必要，遠赴奧地利讀書，小明的父母因為工作、家庭等因素，無法隨同居住奧地利，小明的父母是否需替小明置監護人？

　　小明的父母因為工作、家庭等因素，無法隨同居住奧地利，均非法律上、事實上不能對小明行使權利負擔義務，不符合置監護人的要件，小明的父母可以就小明在奧地利生活日常起居事項委託在奧地利的親朋好友或機構，在一定期間內行使監護的事務。

　　大華夫婦委託居住於英國的妹妹玉茵，在大華夫婦的15歲兒子小明留學英國3年期間代為照料小明，小明與玉茵的兒子相處甚差，大華夫婦想改由同樣居住英國的朋友大可代為照料小明，大華夫婦是否需取得玉茵的同意？

　　父母可以不附理由，隨時解除委託他人行使監護事務，大華夫婦要解除玉茵代為照料小明的事務，改由大可代為照料小

明，不需取得玉茵的同意。

17歲的小美準備到加拿大擔任一年的交換學生，小美的父母無法隨同小美前往，小美的父母於是與居住於加拿大的友人阿秀電話聯絡，委託阿秀在小美到加拿大擔任交換學生的一年內，代行監護的職務，小美的父母的委託是否發生效力？

民國98年11月23日之後，小美的父母須就特定事項，於一定期間內委託他人代行監護職務的時候，必須訂立書面，因此小美的父母需出具委託書給阿秀，委託書內容必須載明委託特定的監護事項、委託的期間，才會發生委託監護的效力，民國98年11月23日之前則不需以書面委託。

---

**第1093條**（遺囑指定監護人）

最後行使、負擔對於未成年子女之權利、義務之父或母，得以遺囑指定監護人。

前項遺囑指定之監護人，應於知悉其為監護人後十五日內，將姓名、住所報告法院；其遺囑未指定會同開具財產清冊之人者，並應申請當地直轄市、縣（市）政府指派人員會同開具財產清冊。

於前項期限內，監護人未向法院報告者，視為拒絕就職。

---

## 解說

本條於民國97年5月23日公布修正，同日公布的民法親屬編施行法增訂第14條之3條文，規定本修正條文於公布後1年6個月施行。

在民國98年11月23日起，最後行使、負擔對於未成年子女

之權利、義務之父或母，得以遺囑指定監護人。因此父母親如果均無被剝奪或停止親權行使的情形，後死的父或母可以遺囑指定未成年人的監護人，父母親如果有一方已經被剝奪或停止親權行使，另一方即使非後死的父或母，因為已經是最後行使、負擔對於未成年子女之權利、義務之父或母，因此可以遺囑指定未成年人的監護人。

　　染重病的雅如自知不久人世，惟恐丈夫續弦後，繼母會虐待幼兒立平，所以事先立遺囑指定由雅如的父母做監護人，是否有效？

　　父母親對於未成年子女均為親權行使人，原則上如有一方死亡，則由另一方單獨行使，但是父母親一方如果有被剝奪親權的時候，不會因為親權行使人過世而恢復親權。本題雅如的配偶，如果在雅如生前並未被剝奪對未成年子女親權的時候，雅如不能以遺囑為未成年子女指定監護人。

---

**第1094條**（法定監護人）

父母均不能行使、負擔對於未成年子女之權利義務或父母死亡而無遺囑指定監護人，或遺囑指定之監護人拒絕就職時，依下列順序定其監護人：

一、與未成年人同居之祖父母。

二、與未成年人同居之兄姊。

三、不與未成年人同居之祖父母。

前項監護人，應於知悉其為監護人後十五日內，將姓名、住

所報告法院,並應申請當地直轄市、縣(市)政府指派人員會同開具財產清冊。

未能依第一項之順序定其監護人時,法院得依未成年子女、四親等內之親屬、檢察官、主管機關或其他利害關係人之聲請,為未成年子女之最佳利益,就其三親等旁系血親尊親屬、主管機關、社會福利機構或其他適當之人選定為監護人,並得指定監護之方法。

法院依前項選定監護人或依第一千一百零六條及第一千一百零六條之一另行選定或改定監護人時,應同時指定會同開具財產清冊之人。

未成年人無第一項之監護人,於法院依第三項為其選定確定前,由當地社會福利主管機關為其監護人。

## 解說

　　本條分別於民國89年1月19日、97年5月23日公布修正,目的是要處理父母都不能行使、負擔對於未成年子女的權利義務或父母死亡而沒有用遺囑指定監護人,或者雖用遺囑指定監護人,但是被指定的人拒絕就任未成年人監護人的情況,如遇此情形,法律上原則上依下列順序定其監護人,稱之為法定監護人:

一、與未成年人同居的祖父母:與未成年人同居的祖父母,祖父母不論是母系祖父母或父系祖父母都可以,只要是與未成年共同居住的祖父母均可。

二、與未成年人同居的兄姊:如果沒有第一順位的法定監護人,則由第二順位的法定監護人作未成年人監護人,第二順位的法定監護人為與未成年人同居的兄姊。

三、不與未成年人同居的祖父母：如果沒有第一、二順位的法定監護人，則由第三順位的法定監護人作未成年人監護人，第三順位的法定監護人為與未成年人沒有共同居住的祖父母。

不能依法定監護人順序，訂定未成年人的監護人時，在本條第3項，規定法院得依未成年子女、四親等內之親屬、檢察官、主管機關或其他利害關係人之聲請，為未成年子女之最佳利益，就其三親等旁系血親尊親屬、主管機關、社會福利機構或其他適當之人選定為監護人，並得指定監護之方法。

根據家事事件法第123條準用第106條至第108條及第111條第1項、第2項之規定，法院選定、另行選定、改定未成年人之監護人之前，基於符合未成年之最佳利益，可以為下列措施：

一、家事事件法第123條準用第106條規定。法院為審酌未成年人之最佳利益，得徵詢主管機關或社會福利機構之意見、請其進行訪視或調查，並提出報告及建議，並應使關係人有陳述意見之機會。法院認為必要時，得通知主管機關或社會福利機構相關人員於期日到場陳述意見。

二、家事事件法第123條準用第107條規定。法院為選定、另行選定、改定監護人之前，得命交付未成年人、容忍自行帶回未成年人、給付扶養費、交付身分證明文件或其他財物，或命為相當之處分，並得訂定必要事項。

三、家事事件法第123條準用第108條。法院為選定、另行選定、改定監護人前，應依未成年人之年齡及識別能力等身心狀況，於法庭內、外，以適當方式，告訴未成年人裁判結果之影響，使他（她）有表達意願或陳述意見之機會；必要時，得請兒童及少年心理或其他專業人士協助。

四、家事事件法第123條準用第111條第1項、第2項規定。法院
為選定、另行選定、改定監護人前，應斟酌得即時調查之
一切證據，並應徵詢被選定、改定監護人之意見。

未成年人沒有本條第1項的法定監護人的時候，法院在依
本條選定監護人的時候，由未成年人所在的當地社會福利主管
機關作未成年人的監護人。

法定監護人應於知悉其為監護人後15日內，將姓名、住所
報告法院，並應申請當地直轄市、縣（市）政府指派人員會同
開具財產清冊。依據家事事件法第120條規定，管轄法院當指
未成年人住所地或居所地的法院，當地直轄市、縣（市）政府
法雖未明文規定，當指未成年人住所地或居所地的直轄市、縣
（市）政府。

法院依第1094條第3項規定，選定監護人或依第1106條及
第1106條之1另行選定或改定監護人時，應同時指定會同開具
財產清冊之人，以利實施監督。

 實例

10歲的大華本有一個幸福快樂的家庭，不幸因為土石流災
害，造成父母雙亡，只留下與大華同住的外祖母，大華的內祖
父原本定居美國，也自國外趕回探視大華，這個時候誰是大華
的監護人？

大華原本與外祖母同住，所以大華的外祖母是大華第一
順位的法定監護人，大華的內祖父沒有與大華同住，大華的內
祖父是大華第三順位的法定監護人，此時應由大華的外祖母作
大華的監護人，但大華的外祖母必須在知悉其為大華的監護人
後15日內，將姓名、住所報告法院，並應申請當地直轄市、縣

（市）政府指派人員會同開具監護的財產清冊。

　　10歲的大華本有一個幸福快樂的家庭，不幸因為土石流災害，造成父母雙亡，只留下與大華同住的祖母，但是祖母年紀95歲，實際上無法照顧大華，大華已無第二、三順位的法定監護人，應如何替大華置監護人呢？

　　依民法第1094條規定，沒有法定監護人的時候，未成年子女、檢察官、當地社會福利主管機關或其他利害關係人可以聲請法院，就未成年子女的三親等內旁系血親尊親屬、社會福利主管機關、社會福利機構或其他適當之人選定監護人，並得指定監護之方法。但大華的四親等內之親屬也可以向法院聲請選定監護人。法院若要選定監護人，應同時指定會同選定監護人開具財產清冊之人，以利實施監督。

**第1094-1條**（法院選定或改定監護人應注意事項）
法院選定或改定監護人時，應依受監護人之最佳利益，審酌一切情狀，尤應注意下列事項：
一、受監護人之年齡、性別、意願、健康情形及人格發展需要。
二、監護人之年齡、職業、品行、意願、態度、健康情形、經濟能力、生活狀況及有無犯罪前科紀錄。
三、監護人與受監護人間或受監護人與其他共同生活之人間之情感及利害關係。
四、法人為監護人時，其事業之種類與內容，法人及其代表人與受監護人之利害關係。

## 解說

本條於民國97年5月23日公布增訂，同日公布的民法親屬編施行法增訂第14條之3條文，規定本修正條文於公布後1年6個月施行，但實際上法院在選定或改定監護人時，本來就應考量符合受監護人之最佳利益，所以實際上民國97年5月23日公布之後，即可作為法院審酌時應注意之事項。

法院選定或改定監護人時，應以受監護人之最佳利益為審酌時的最高指導原則，但是什麼是受監護人之最佳利益，難免見仁見智，宜明定具體客觀事由，作為審酌之參考，因此參酌民法第1055條之1規定，增訂本條提示性之規定如下：

一、受監護人之年齡、性別、意願、健康情形及人格發展需要：監護包括生活上之監護照顧，因此在選定或改定監護人的時候，自需衡量受監護人之年齡、性別、意願、健康情形及人格發展需要，以符合保護受監護人的目的。

二、監護人之年齡、職業、品行、意願、態度、健康情形、經濟能力、生活狀況及有無犯罪前科紀錄：監護人是否有成熟安全之監護能力，影響受監護人的權益甚鉅，所以法院在選定或改定監護人的時候，需注意監護人之年齡、職業、品行、意願、態度、健康情形、經濟能力、生活狀況及有無犯罪前科紀錄。鑑於現行制度下，社工人員之訪查，常無法發現監護人有無犯罪前科，民事法院如未調查監護人之前科紀錄，將無法排除不適任者擔任監護人，所以法條特別明文規定法院需調查監護人有無犯罪前科紀錄。

三、監護人與受監護人間或受監護人與其他共同生活之人間之情感及利害關係：監護人與受監護人間基於監護關係而需

共同生活，或者與監護人之家人共同生活，因此彼此之間需有良好之互動關係，如果有相互衝突或者冷漠，勢難維持受監護人之最佳利益，所以法院在選定或改定監護人的時候，需注意監護人與受監護人間或受監護人與其他共同生活之人間之情感及利害關係。

四、法人為監護人時，其事業之種類與內容，法人及其代表人與受監護人之利害關係：法院在選定或改定監護人的時候，亦有可能選定或改定社會福利機構為監護人，社會福利機構之類型有多種，如：婦女、兒童、青少年、身障等型態各有不同，法院亦需審酌社會福利機構的種類與內容，法人及其代表人與受監護人之利害關係，以符合受監護人的最佳利益。

### 第1095條（監護人之辭職）

監護人有正當理由，經法院許可者，得辭任其職務。

## 解說

本條於民國97年5月23日公布修正，同日公布的民法親屬編施行法增訂第14條之3條文，規定本修正條文於公布後1年6個月施行。因此在民國98年11月22日之前仍適用舊法，又民法親屬編施行法增訂第14條之2，規定民國97年5月2日修正之民法親屬編第四章條文施行前所設置之監護人，於修正施行後，適用修正後之規定，所以在民國98年11月23日起，修正施行前所設置之監護人，也溯及既往適用本條條文。

遺囑指定監護人、法定監護人或法院選定、改定之監護

人，在有正當的理由之下，經過法院許可，可以辭去監護人職務，監護人經法院許可辭任後，是否選任新監護人，應視具體情形判定，並非須由原監護人向法院聲請。至於「正當的理由」，宜由具體個案判定，只要監護人確實有不能擔任監護人之事由存在，宜准其辭任，另行由其他優先順序之法定監護人擔任監護人或者由法院選定監護人，以保護受監護人的利益。

### 實例

4歲的小明父母雙亡，依民法第1094條法定監護人的順序，應由小明的祖父擔任監護人，小明的祖父後來因案入獄服刑，小明的祖父可不可以辭去擔任監護人的職務？

小明的祖父需入獄服刑，顯然不能執行監護事務，小明的祖父要辭去監護人職務需向法院聲請許可，法院許可其辭任之後，先由民法第1094條之法定監護人序列尋找小明的監護人，如無法定監護人則由法院選定監護人。

---

**第1096條**（監護人資格之限制）

有下列情形之一者，不得為監護人：

一、未成年。

二、受監護或輔助宣告尚未撤銷。

三、受破產宣告尚未復權。

四、失蹤。

---

### 解說

本條於民國97年5月23日公布修正，同日公布的民法親屬

編施行法增訂第14條之3條文，規定本修正條文於公布後1年6個月施行。

　　本條原規定未成年人及禁治產人不得擔任監護人，於97年5月23日修法，除了配合民法總則編部分條文修正，將「禁治產人」修正為「受監護或輔助宣告尚未撤銷者」，另增加不得擔任監護人之人，以保障受監護人。

　　本條具有以下情形之人，不得為監護人：

一、未成年：監護包括身分上的監護與財產上的監護，未成年人沒有完全的行為能力，尚需法定代理人補足其行為能力，所以未成年人不得擔任監護人。

二、受監護或輔助宣告尚未撤銷：本款原文為禁治產人不得為監護人，禁治產人因為精神耗弱或心神喪失，經法院宣告禁治產，本身還需置監護人，當然沒有擔任監護人的能力。民國97年5月23日修法將「受禁治產宣告」改稱「受監護宣告」，且基於受監護宣告之人也可能心神恢復健康，而可以撤銷受監護宣告，所以本次修改較為完善為本身如果受監護宣告，且尚未撤銷宣告的時候，沒有擔任監護人之資格。

民國97年5月23日修正民法總則增列民法第15條之1，對於因精神障礙或其他心智缺陷，致其為意思表示或受意思表示，或辨識其意思表示效果之能力，顯有不足之人，雖然還沒有達到受監護宣告的條件，但為了保護其權利及社會交易的安全，特別增訂「輔助宣告」制度，受輔助宣告的人在為民法第15條之2所示的特定行為之時，需得到輔助人的同意，自不宜擔任監護人。基於受輔助宣告之人也可能心神恢復健康，而可以撤銷受輔助宣告，所以本次修改

較為完善為本身如果受輔助宣告，且尚未撤銷宣告的時候，沒有擔任監護人之資格。

三、受破產宣告尚未復權：受破產宣告尚未復權的人，其公（私）法上之權利受有限制，而且受破產宣告的人，財務上有問題，再去監護受監護人的財產，也容易造成受監護人的財產發生危險，因此，受破產宣告尚未復權的人，沒有擔任監護人之資格。

四、失蹤：失蹤人已離開其住、居所，且生死不明，當然沒有擔任監護人之資格。

**實例**

4歲的小明父母雙亡，沒有祖父母，只剩下唯一的親人也就是同住的15歲姐姐小美，因此可否由小美作小明的監護人？

我國民法以滿20歲之人才屬成年人，具有完全的行為能力，15歲的姐姐小美，還沒有成年，小美不得作小明的監護人。

4歲的小明父母雙亡，只有同住的祖母與其相依為命，祖母有精神分裂宿疾，已被做監護宣告，目前也未被撤銷宣告，祖母可否作小明的監護人？

同住的祖母雖為小明第一順位的法定監護人，但是祖母因為目前受監護宣告之中，小明同住的祖母不得作小明的監護人。

4歲的小明父母雙亡，只有同住的祖父與其相依為命，祖父有憂鬱症，已被輔助宣告，目前也未被撤銷宣告，祖父可否作小明的監護人？

　　同住的祖父雖為小明第一順位的法定監護人，但是祖父因為目前受輔助宣告之中，小明同住的祖父不得作小明的監護人。

　　4歲的小明父母雙亡，沒有祖父母，只剩下唯一的親人也就是同住的25歲姐姐小美，但是小美沒有理財觀念，負債5億元，目前受破產宣告尚未復權，可否由小美作小明的監護人？

　　在民國98年11月22日之前仍適用舊法，舊法並未限制受破產宣告尚未復權的人擔任監護人，如果優先順位的法定監護人受破產宣告尚未復權，只能透過改定監護人的方式，排除受破產宣告尚未復權的人擔任監護人；在民國98年11月23日之後，小美受破產宣告尚未復權，不得作小明的監護人。

**第1097條**（監護人之職務）
除另有規定外，監護人於保護、增進受監護人利益之範圍內，行使、負擔父母對於未成年子女之權利、義務。但由父母暫時委託者，以所委託之職務為限。
監護人有數人，對於受監護人重大事項權利之行使意思不一致時，得聲請法院依受監護人之最佳利益，酌定由其中一監護人行使之。
法院為前項裁判前，應聽取受監護人、主管機關或社會福利機構之意見。

**解說**
　　除了法律另有規定外，監護人為了保護、增進受監護人的利益，可以行使親權人的權利義務，但是同樣也要受本法第

1088條第2項規定的限制。此外在委託監護的情形下,因為仍有親權人在,可以行使親權,所以委託監護的情形下,監護人只有執行委託監護的權限,而且不能違反親權人的意思。

本條於民國97年5月23日增訂第2項、第3項,同日公布的民法親屬編施行法增訂第14條之3條文,規定本增訂條文於公布後1年6個月施行。因此在民國98年11月23日之後,才開始適用。

未成年人之監護人可能為複數,在監護人有數人,對於受監護人重大事項權利之行使意思不一致時,得請求法院依受監護人之最佳利益,酌定由其中一監護人行使之,因此增訂第2項規定,以解決監護人對於受監護人重大事項權利之行使意思不一致之情形。

法院酌定時需依受監護人之最佳利益為之,為了符合受監護人之最佳利益,法院酌定前,應聽取受監護人、主管機關或社會福利機構之意見。

4歲的小明父母雙亡,依民法第1094條法定監護人的順序,應由21歲哥哥大明擔任監護人,小明經常逃家遊玩,大明可不可以處罰小明作為教導方式?

監護人基於監護職務的行使,可以對監護人行使懲戒權,但是監護人行使懲戒權也不可逾越必要範圍,否則親屬會議可以撤換監護人。如果被監護人為未滿12歲的兒童時,還有兒童及少年福利與權益保障法的適用。大明對小明固然在必要範圍內可以行使懲戒權,處罰小明,藉以導正小明的逃家行為,但是如果超過必要範圍形成虐待疏忽的時候,依據兒童及少年福利與權益保障法第71條規定,小明或其最近尊親屬、主管機

關、兒童及少年福利機構或其他利害關係人，得請求法院宣告停止監護權，另行選定監護人。

16歲的大華遠赴美國求學，大華的父母委託友人定遠代行照料監護事務，大華在美國有一份基金，大華想要拿來使用，定遠可不可以同意大華處分基金？

根據民法第1097條但書規定，由父母暫時委託者，以所委託之職務為限。大華的父母只有委託定遠在美國代行照料大華的監護事務，定遠沒有權利行使基金處分同意權，大華要處分基金，需得到父母的同意。

5歲的小明由祖父母2人擔任監護人，祖父計畫將小明送至國外讀小學，祖母反對，認為應該在國內就學，兩人意見不一致，應如何決定小明就學取向？

祖父母兩人意見不一致，在民國98年11月23日之後，可以適用民法第1097條第2項規定，請求法院依小明之最佳利益，酌定由祖父或祖母行使決定。

**第1098條**（監護人之法定代理權）
監護人於監護權限內，為受監護人之法定代理人。
監護人之行為與受監護人之利益相反或依法不得代理時，法院得因監護人、受監護人、主管機關、社會福利機構或其他利害關係人之聲請或依職權，為受監護人選任特別代理人。

## 解說

本條於民國97年5月23日修正第1項、增訂第2項、第3項，同日公布的民法親屬編施行法增訂第14條之3條文，規定本增

修條文於公布後1年6個月施行。因此在民國98年11月23日之後，才開始適用。

　　原條文僅規定監護人為受監護人的法定代理人。監護人與親權人的權限似乎無異，但是監護人又受親屬會議監督，監護人的法定代理權實際上與父母的法定代理權不一樣，而且本次修法之後，民法第1097條規定，監護人於保護、增進受監護人利益之範圍內，行使、負擔父母對於未成年子女之權利、義務。所以將原條文改列第1項，並增訂「於監護權限內」等字，以示監護人之法定代理權受有限制。也就是監護人只在保護、增進受監護人利益之範圍內，才有法定代理人的權限。

　　監護人之行為與受監護人之利益相反或依法不得代理時，應如何解決，現行法沒有設規定，導致實務上見解分歧。為避免爭議，監護人之行為與受監護人之利益相反或依法不得代理時，法院得因監護人、受監護人、主管機關、社會福利機構或其他利害關係人之聲請或依職權，為受監護人選任特別代理人。

### 實例

　　10歲的大華的父母都無法對大華行使權利負擔義務，由法院選任社會局作大華的監護人，大華想要購買電腦一台，是否要得到社會局的同意？

　　民法第1098條規定，監護人為受監護人之法定代理人，大華為滿7歲以上的未成年人，大華要為契約行為，需得到法定代理人的同意，目前社會局為大華的監護人，大華想要買一台電腦，這是有益於大華的權利，應得到社會局的同意。

**第1099條**（監護人對受監護人財產之權義㈠—開具財產清
　　　　冊）

監護開始時，監護人對於受監護人之財產，應依規定會同遺
囑指定、當地直轄市、縣（市）政府指派或法院指定之人，
於二個月內開具財產清冊，並陳報法院。
前項期間，法院得依監護人之聲請，於必要時延長之。

## 解說

　　本條於民國97年5月23日公布增修，同日公布的民法親屬
編施行法增訂第14條之3條文，規定本增修條文於公布後1年6
個月施行。因此在民國98年11月23日之後，才開始適用。

　　本次修法有鑑於親屬會議在現代社會之功能已日漸式微，
且實際上召集亦很困難，因此修法之後，自民國98年11月23日
起，監護人於監護開始時，應依規定會同遺囑指定、當地直轄
市、縣（市）政府指派或法院指定之人，於2個月內，對於受
監護人之財產，開具財產清冊，並陳報法院。

　　如果上述2個月內無法開具受監護人之財產清冊完畢，法
院得依監護人之聲請，於必要時予以延長。

　　10歲的大華的父母均死亡，無法對大華行使權利負擔義
務，由法院選任社會局作大華的監護人，社會局對於父母留給
大華的財產應先做何處理？

　　民法第1099條規定，依題示情形，法院選任社會局擔任監
護人的時候，社會局應會同法院指定之人，於2個月內，對於
受監護人之財產，開具財產清冊，並陳報法院。

**第1099-1條**（監護人於受監護人財產僅為管理上必要行為）

於前條之財產清冊開具完成並陳報法院前，監護人對於受監護人之財產，僅得為管理上必要之行為。

## 解說

本條於民國97年5月23日公布增訂，同日公布的民法親屬編施行法增訂第14條之3條文，規定本增訂條文於公布後1年6個月施行。因此在民國98年11月23日之後，才開始適用。

監護人依第1099條規定開具財產清冊並且陳報法院之前，應限制其對於受監護人之財產，監護人只能做管理上必要的行為，以便保護受監護人的財產權益。至於監護人如違反本條規定，依照立法理由揭示，監護人所為之行為，應認為屬於無權代理。

## 實例

大華的監護人會同法院所指定的人正在製作大華的財產清冊的時候，大華名下的房屋稅單快要到期了，大華的監護人此時應如何處理？

大華的監護人因為還沒有將大華的財產開具清冊，並陳報法院前，大華的監護人還不能行使監護職務，但是因為大華名下的房屋稅單快要到期，如果到期不繳，會衍生遲延責任，影響大華的權益，基於管理上必要的行為，大華的監護人可以用大華的財產支付大華應負的房屋稅。

大華的監護人會同法院所指定的人正在製作大華的財產清冊的時候，有人想要買大華名下的房屋，大華的監護人認為機會難得，因此大華的監護人就與買主簽約，這份買賣契約是否

有效？

　　大華的監護人因為還沒有將大華的財產開具清冊，並陳報法院前，大華的監護人還不能行使監護職務，出售受監護人的房屋也非監護人必要的管理行為，這個時候大華的監護人與買主簽約屬於無權代理，依據民法第170條規定，需得本人承認才生效力，但是本人既然是受監護人，也無法為承認的意思表示，事實上本件契約無法生效。

> **第1100條**（監護人對受監護人財產之權義㈡─管理權及注意義務）
>
> **監護人應以善良管理人之注意，執行監護職務。**

## 解說

　　本條於民國97年5月23日公布修正，同日公布的民法親屬編施行法增訂第14條之3條文，規定本修正條文於公布後1年6個月施行。

　　本條原後段規定「監護人管理受監護人之財產，應與處理自己事務為同一之注意」，即僅就具體之輕過失負責，衡諸監護制度之社會義務性，以及第1104條允許監護人請求報酬，現行規定監護人之責任未免過輕，所以此次修正監護人應負善良管理人之注意義務，爰將監護人之注意義務修正為應負善良管理人之注意義務，並將「管理受監護人之財產」，修正為「執行監護職務」，以資涵蓋監護人執行監護事務均應該負擔善良管理人之注意義務。

　　總而言之，在民國98年11月22日之前，監護人管理受監護

人的財產只要盡管理自己事務的注意義務即可，自民國98年11月23日起，監護人執行監護職務，應該負擔善良管理人之注意義務。

原條文前段「受監護人之財產，由監護人管理，其管理費用，由受監護人之財產負擔。」移列至第1103條規定。

**第1101條**（監護人對受監護人財產之權義(三)—限制）
監護人對於受監護人之財產，非為受監護人之利益，不得使用、代為或同意處分。
監護人為下列行為，非經法院許可，不生效力：
一、代理受監護人購置或處分不動產。
二、代理受監護人，就供其居住之建築物或其基地出租、供他人使用或終止租賃。
監護人不得以受監護人之財產為投資。但購買公債、國庫券、中央銀行儲蓄券、金融債券、可轉讓定期存單、金融機構承兌匯票或保證商業本票，不在此限。

**解說**

本條於民國97年5月23日公布增修，同日公布的民法親屬編施行法增訂第14條之3條文，規定本修正條文於公布後1年6個月施行。

原條文前段移列為第1項。監護人對於受監護人之財產，並無以自己名義處分之權；只能基於法定代理人之地位，代為處分或同意其處分，所以將原條文用語修正為「使用、代為或同意處分」，以資明確。

　　民國97年5月23日公布增修監護制度之條文，以「法院」取代「親屬會議」，將監護改由法院監督，其修正理由請參見第1099條解說內容，所以刪除原條文後段「為不動產之處分時，並應得親屬會議之允許」之文字。

　　民國97年5月23日公布增訂第2項，就監護人代理受監護人購置或處分不動產，或就供受監護人居住用之建築物或其基地出租、供他人使用或終止租賃等，對受監護人之利益影響重大之行為，非經法院許可，不生效力。

　　監護人管理受監護人之財產，應謹慎為之，因此民國97年5月23日公布增訂第3項，限制監護人不得以受監護人之財產為投資。但購買公債、國庫券、中央銀行儲蓄券、金融債券、可轉讓定期存單、金融機構承兌匯票或保證商業本票，因係政府發行或由金融機構擔保或自負付款之責，其安全性與存放金融機構無異，則例外准許為之。

　　監護人為了受監護人的利益在使用、處分受監護人的財產上，同意權是受到限制的，期限制範圍請參看上述關於新法之解說。

**實例**

　　大華擔任小明的監護人，因為小明名下有空屋一幢，有人洽詢承租，大華想要代小明出租該房屋，以收取租金作為小明的生活費用，大華是否可以自行決定而與承租人訂立租賃契約？

　　本件訂立租賃契約因為該空屋不是小明現在正在居住的房屋，大華代小明出租房屋，以便用收取的租金作為小明的生活費用，目的是為了小明的利益，大華可以自行代小明出租房

屋，與承租人訂立租賃契約。

　　大華擔任小明的監護人，因為小明居住的房屋，有空房間一間，有人洽詢承租，大華想要代小明分租該房間，以收取租金作為小明的生活費用，大華是否可以自行決定而與承租人訂立租賃契約？

　　本件訂立租賃契約因為是用小明正在居住的房屋分租他人，雖然大華代小明出租房間，以便用收取的租金作為小明的生活費用，目的是為了小明的利益，但是影響小明的生活權益，依據新法規定，大華不可以自行代小明出租房屋，與承租人訂立租賃契約，大華必須先請求法院同意後，才可以代小明出租房屋。

　　大華擔任小明的監護人，因為小明名下有空屋一幢，有人洽詢出售，大華想要代小明出售該房屋，以收取買賣價金作為小明的生活費用，大華是否可以自行決定而與承租人訂立買賣契約？

　　本件買賣契約，大華需取得法院的准許，否則不得代小明出售房屋。

**第1102條**（監護人對受監護人財產之權義㈣—受讓之禁止）
**監護人不得受讓受監護人之財產。**

### 解說

　　監護人有管理受監護人財產的權利，為了避免監護人侵吞

受監護人財產，所以監護人不得受讓受監護人的財產。

 例

　　10歲的大華，父母均死亡，無法對大華行使權利負擔義務，由法院選任○○福利機構作大華的監護人，○○福利機構因為管理大華的財產，表現優異，大華的姊姊希望將大華所繼承的眾多財產之中，其中一個古董玉器捐贈給○○福利機構，○○福利機構可以接受嗎？

　　根據民法第1102條規定，監護人不得受讓受監護人之財產。○○福利機構不得一方面擔任大華的監護人，一方面接受捐贈，受讓大華的古董玉器。如果有受讓，該贈與行為無效，古董玉器應返還給大華。

**第1103條**（監護人對受監護人財產之權義㈤—財產狀況之報告）
受監護人之財產，由監護人管理。執行監護職務之必要費用，由受監護人之財產負擔。
法院於必要時，得命監護人提出監護事務之報告、財產清冊或結算書，檢查監護事務或受監護人之財產狀況。

**解說**

　　本條於民國97年5月23日公布增修，同日公布的民法親屬編施行法增訂第14條之3條文，規定本修正條文於公布後1年6個月施行。

　　原條文第1100條第1項規定「受監護人之財產，由監護人

管理，其管理費用，由受監護人之財產負擔。」移列為本條第1項，並將「其管理費用」修正為「執行監護職務之必要費用」，以資明確。所以監護人依據本條請求自受監護人之財產負擔其監護職務執行之必要費用。

民國97年5月23日公布增修監護制度之條文，以「法院」取代「親屬會議」，將監護改由法院監督，所以刪除原條文「監護人應將受監護人之財產狀況，向親屬會議每年至少詳細報告一次。」之規定。

法院基於監督之職權於必要時，得命監護人提出監護事務之報告、財產清冊或結算書，檢查監護事務或受監護人之財產狀況，以確保受監護人的利益。

在適用新增修條文之後，法院於必要時，得命監護人提出監護事務之報告、財產清冊或結算書，檢查監護事務或受監護人之財產狀況。

**第1103-1條**（刪除）

**第1104條**（監護人之報酬請求權）
監護人得請求報酬，其數額由法院按其勞力及受監護人之資力酌定之。

### 解說

本條於民國97年5月23日公布修正，同日公布的民法親屬編施行法增訂第14條之3條文，規定本修正條文於公布後1年6

個月施行。

　　民國97年5月23日公布增修監護制度之條文，以「法院」取代「親屬會議」，將監護改由法院監督，所以監護報酬也由法院酌定。

　　在適用修正條文之後，由法院依據監護人支付的勞力與受監護人的資力酌定監護人報酬數額。

**第1105條**（刪除）

**第1106條**（監護人之撤退）

監護人有下列情形之一，且受監護人無第一千零九十四條第一項之監護人者，法院得依受監護人、第一千零九十四條第三項聲請權人之聲請或依職權，另行選定適當之監護人：

一、死亡。

二、經法院許可辭任。

三、有第一千零九十六條各款情形之一。

法院另行選定監護人確定前，由當地社會福利主管機關為其監護人。

**解說**

　　本條於民國97年5月23日公布增修，同日公布的民法親屬編施行法增訂第14條之3條文，規定本修正條文於公布後1年6個月施行。

　　監護人如果有以下情形之一的話：（一）死亡；（二）經

法院許可辭任；（三）有第1096條各款情形之一，受監護人如果已經沒有民法第1094條第1項所規定的法定監護人，法院得依受監護人、第1094條第3項聲請權人（也就是受監護人的四親等內之親屬、檢察官、主管機關或其他利害關係人）之聲請或依職權，另行選定適當之監護人。

法院還沒有選定監護人的時候，暫時由受監護人所在的當地的社會福利主管機關擔任受監護人的監護人，以保障受監護人之權益。

**實例**

小華因為父母雙亡，所以由祖母擔任監護人，最近祖母因重病，生活無法自理，也要被送入養護中心，祖母已無能力擔任小華的監護人，祖母向法院辭任監護人，小華已經舉目無親，應如何處理？

小華因為祖母辭任監護人，已經沒有民法第1094條的法定監護人的時候，小華可以聲請法院選定主管機關或社會福利機構擔任監護人，在新任監護人還沒有選定的時候，暫時由小華所在地的社會福利主管機關擔任小華的監護人。

**第1106-1條**（改定監護人之聲請）
有事實足認監護人不符受監護人之最佳利益，或有顯不適任之情事者，法院得依前條第一項聲請權人之聲請，改定適當之監護人，不受第一千零九十四條第一項規定之限制。
法院於改定監護人確定前，得先行宣告停止原監護人之監護權，並由當地社會福利主管機關為其監護人。

## 解說

本條於民國97年5月23日公布增訂，同日公布的民法親屬編施行法增訂第14條之3條文，規定本修正條文於公布後1年6個月施行。因此在民國98年11月23日起開始施行。

監護人執行職務之後，如果有不適任的情形，應該有退場機制，以保護受監護人的利益，所以本條規定有事實足認監護人不符受監護人之最佳利益，或有顯然不適任之情事者，法院得依受監護人、第1094條第3項聲請權人（也就是受監護人的四親等內之親屬、檢察官、主管機關或其他利害關係人）之聲請，改定適當之監護人，不受民法第1094條第1項規定之法定監護人的順序限制。

所謂「顯不適任之情事」，立法理由舉例：監護人年老體衰，不堪負荷監護職務；監護人長期滯留國外，不履行監護職務；或兒童及少年福利與權益保障法第71條第1項所列之情形等，但是要以明顯不適任者方屬之，由法院就具體個案審酌認定。

法院於改定監護人確定前，原監護人仍具監護人身分，但是原監護人就是因為已經不適於擔任監護人，所以才有改定監護人之案發生，如果再由原監護人執行監護職務，原監護人可能繼續對受監護人疏於保護、照顧，所以在法院改定監護人之前，法院得依個別案件之情形，先行停止原監護人的監護權，由當地地方社會福利主管機關擔任未成年人的監護人。

 實例

小明由阿姨擔任監護人，但是阿姨經常讓小明獨自在家，也不會提供三餐，小明常常挨餓，以至於營養不良，阿姨的同

居男友常常不高興就毆打小明出氣，小明身上傷痕累累，經社工人員發現之後，社工人員可以做什麼處置？

　　社工人員可以先將小明依兒童及少年福利與權益保障法規定做緊急安置，然後依民法第1106條之1規定，向法院聲請改定監護人，由其他法定監護人擔任監護人或者由主管機關擔任監護人。

---

**第1107條**（監護終止時受監護財產之清算）
監護人變更時，原監護人應即將受監護人之財產移交於新監護人。
受監護之原因消滅時，原監護人應即將受監護人之財產交還於受監護人；如受監護人死亡時，交還於其繼承人。
前二項情形，原監護人應於監護關係終止時起二個月內，為受監護人財產之結算，作成結算書，送交新監護人、受監護人或其繼承人。
新監護人、受監護人或其繼承人對於前項結算書未為承認前，原監護人不得免其責任。

---

### 解說

　　本條於民國97年5月23日公布修正，同日公布的民法親屬編施行法增訂第14條之3條文，規定本修正條文於公布後1年6個月施行。

　　民國97年5月23日修正監護制度相關條文，監護事務改由法院監督，所以刪除原條文第1項「會同親屬會議所指定之人」之文字，原監護人移交財產時，不再會同親屬會議所指定

之人。

　　自98年11月23日起，監護人變更時，原監護人應立刻將受監護人的財產移交於給新監護人；受監護的原因消滅時，原監護人應立刻將受監護人的財產交還於受監護人；若受監護人死亡時，交還於其繼承人。

　　原監護人財產之移交係原監護關係終止之後立刻移交應受交付的人，惟原監護人就管理財產則需於監護關係終止時起2個月內，做財產結算，並且需要作成結算書，送交新監護人、受監護人或其繼承人。

　　原條文第2項有關親屬會議對於清算結果承認之規定刪除，配合本次修正不以親屬會議為監護之監督機關，因此新法修正為在新監護人、受監護人或其繼承人對於前項結算書承認之前，原監護人不得免其責任。

**實例**

　　大華受監護宣告，原本由妻子玉美擔任監護人，玉美因為透過裁判離婚程序，與大華離婚，玉美辭任監護人，改由大華的母親擔任監護人，玉美應如何將監護財產移交給大華的母親？

　　玉美應立刻將大華的財產移交給大華的母親，例如：大華的銀行存款的存單、存摺、印章應移交給大華的母親，並至銀行更換監護人名義及印章；大華的不動產所有權狀應交付大華的母親保管等，玉美並應在辭任監護人之後2個月內，作成受監護財產結算書，送交大華的母親。

**第1108條**（清算義務之繼承）

監護人死亡時，前條移交及結算，由其繼承人為之；其無繼承人或繼承人有無不明者，由新監護人逕行辦理結算，連同依第一千零九十九條規定開具之財產清冊陳報法院。

## 解說

本條於民國97年5月23日公布修正，同日公布的民法親屬編施行法增訂第14條之3條文，規定本修正條文於公布後1年6個月施行。

原條文規定，監護人死亡的話，第1107條的受監護人財產移交及結算，由監護人之繼承人為之，但是監護人若無繼承人或繼承人有無不明的時候，應如何移交及結算管理之受監護財產，原條文並沒有明文規定，本次增修後段明文規定，監護人若無繼承人或繼承人有無不明的時候，由新監護人逕行辦理結算，連同依第1099條規定開具之財產清冊陳報法院，以免還要踐行尋找繼承人的程序，以致羈延時間，影響受監護人的權益。

**第1109條**（監護人賠償責任之短期時效）

監護人於執行監護職務時，因故意或過失，致生損害於受監護人者，應負賠償之責。

前項賠償請求權，自監護關係消滅之日起，五年間不行使而消滅；如有新監護人者，其期間自新監護人就職之日起算。

## 解說

　　本條於民國97年5月23日公布修正，同日公布的民法親屬編施行法增訂第14條之3條文，規定本修正條文於公布後1年6個月施行。

　　本條於修正時，在體例上將原條文第1103條之1監護人對於受監護人財產所造成的損害賠償規定改列於本條第1項，並且為了保護受監護人，應不限於執行財產上之監護職務所生損害，方得請求賠償，因此將原條文以「執行財產上之監護職務」所造成之損害賠償責任，修正為「執行監護職務」，以資周延，並酌做文字修正，所以當監護人在執行監護職務的時候，如果因為故意或過失，造成受監護人損害的時候，監護人應對受監護人負擔損害賠償責任，受監護人不論是人格權或財產權遭受損害，監護人均應負擔損害賠償責任。

　　原條文所定2年短期時效，過於短促，所以此次修正延長為5年，並將時效規定列於本條第2項，監護人之損害賠償責任自監護關係消滅之日起，5年間不行使而消滅，如有新監護人者，其期間自新監護人就職之日起算，5年間不行使而消滅。

## 實例

　　98年11月30日之際，大華擔任小明的監護人之際，以低於市價二分之一的便宜價格將小明的房屋租賃給小美，小明成年之後可以追索租金損失嗎？

　　大華執行監護職務的時候，應該盡善良管理人的責任，管理受監護人的財產，大華替小明出租房屋，本應依市價出租，保持小明的財產收益，大華以低於市價二分之一的便宜價格將小明的房屋租賃給小美，造成小明的租金損失，小明成年之

後，大華與小明的監護關係消滅，小明可以向大華請求租金損失之賠償，小明需注意在其成年之後，5年內應向大華請求損害賠償，否則會罹於時效消滅，大華可以行使抗辯權，不負擔損害賠償責任。

98年11月23日之後，大華擔任小明的監護人，大華因小明屢屢逃學，大華在院子用鏈條鏈住小明，造成小明受傷，大華也因不適任，由法院改定玉美擔任小明的監護人，玉美可以替小明主張什麼法律權益？

大華執行監護事務，雖有管教小明之權，但是不能逾越必要程度，大華在院子用鏈條鏈住小明，造成小明受傷，應對小明負擔損害賠償責任，玉美接任小明之監護人職務之後，可替小明對大華主張損害賠償責任，玉美自就任監護人職務時起5年內，需對大華主張損害賠償責任，否則超過5年期間才提起請求，大華可以主張時效消滅，免除責任。

**第1109-1條**（監護事件依職權囑託戶政機關登記）
法院於選定監護人、許可監護人辭任及另行選定或改定監護人時，應依職權囑託該管戶政機關登記。

### 解說

本條於民國97年5月23日公布增訂，同日公布的民法親屬編施行法增訂第14條之3條文，規定本增訂條文於公布後1年6個月施行。因此在民國98年11月23日之後，法院就有關監護事件，應依職權囑託該管戶政機關登記。

監護人本來應依戶籍法規定辦理監護登記，如有變更，也

應辦理變更登記，在民國98年11月23日之後，法院在選定監護人、許可監護人辭任及另行選定或改定監護人時，應依職權囑託該管戶政機關登記，以免發生監護人未即變更登記的情形。

> **第1109-2條**（未成年人受監護宣告之適用規定）
> 未成年人依第十四條受監護之宣告者，適用本章第二節成年人監護之規定。

**解說**

　　本條於民國97年5月23日公布增訂，同日公布的民法親屬編施行法增訂第14條之3條文，規定本增訂條文於公布後1年6個月施行。

　　未成年人也可能有因精神障礙或其他心智缺陷，致不能為意思表示或受意思表示，或不能辨識其意思表示之效果者，經法院依民法第14條規定做監護宣告，此時受監護人雖為未成年人，應適用本章第二節成年人監護之規定。

## 第二節　成年人監護及輔助

> **第1110條**（監護人設置）
> 受監護宣告之人應置監護人。

**解說**

　　本條於民國97年5月23日公布修正，同日公布的民法親屬

編施行法增訂第14條之3條文，規定本修正條文於公布後1年6個月施行。

　　民國97年5月23日修正民法第14條、第15條，將「禁治產人」修正為「受監護宣告之人」，所以本條配合修正，將「禁治產人應置監護人」修正為「受監護宣告之人應置監護人」。

### 實例

　　30歲的大華因為遭遇車禍成為植物人，沒有意識能力，經法院為監護宣告，大華的租賃契約應如何處理？

　　大華受監護宣告，沒有行為能力，不能獨立處理事務，應設置監護人，執行監護事務，包括監護財產事務的處理，大華受監護宣告，關於他的租賃契約，應由監護人代為處理。

**第1111條**（監護人之順序及選定）

法院為監護之宣告時，應依職權就配偶、四親等內之親屬、最近一年有同居事實之其他親屬、主管機關、社會福利機構或其他適當之人選定一人或數人為監護人，並同時指定會同開具財產清冊之人。

法院為前項選定及指定前，得命主管機關或社會福利機構進行訪視，提出調查報告及建議。監護之聲請人或利害關係人亦得提出相關資料或證據，供法院斟酌。

### 解說

　　本條於民國97年5月23日公布修正，同日公布的民法親屬編施行法增訂第14條之3條文，規定本修正條文於公布後1年6

個月施行。

　　原條文法定監護人的順序，受禁治產宣告人應設置監護人，需依優先順序定監護人，第一順位為受禁治產宣告人的配偶，若無配偶，就由第二順位受禁治產宣告人的父母擔任監護人，若無父母，就由第三順位與受禁治產宣告人共同居住生活的祖父母擔任監護人，若無共同居住生活的祖父母，就由第四順位受禁治產宣告人的家長擔任監護人，若無家長，則由第五順位受禁治產宣告人的後死的父或母以遺囑指定的人，如果不能依法定順序定監護人的話，由法院徵求親屬會議的意見選定監護人。

　　有鑑於原條文法定監護人順序缺乏彈性，未必符合受監護宣告之人之最佳利益，且於受監護人為高齡者之情形，其配偶、父母、祖父母等亦年事已高，根本無法勝任監護人職務，所以刪除法定監護人順序，修正為受監護人的配偶、四親等內之親屬、最近1年有同居事實之其他親屬、主管機關、社會福利機構或其他適當之人均得擔任監護人，由法院於監護之宣告時，針對個案，依職權選定最適當之人擔任。又鑑於監護職務有時具有複雜性或專業性，如財產管理職務需要財務或金融專業人員，身體照護職務需要醫事專業人員，為符合實際需要，法院得選定複數之監護人，並同時指定會同開具財產清冊之人，以利法院實施監督。

　　本條第1項修正後，原條文第2項已無保留必要，因此刪除。

　　法院在選定監護或指定會同開具財產清冊之人之前，法院得命主管機關或社會福利機構進行訪視，提出調查報告及建議，以資慎重。聲請人或利害關係人也可以所提資料提出相關

資料或證據，供法院斟酌。

30歲的大華因為遭遇車禍成為植物人，沒有意識能力，經法院為監護宣告，大華的母親及配偶都想擔任監護人，應由何人擔任？

本案要定監護人，適用新法規定，法院為監護宣告的時候，法院要依職權選定監護人，定監護人並無優先順序，法院應在大華的配偶、四親等內之親屬、最近1年有同居事實之其他親屬、主管機關、社會福利機構或其他適當之人選定一人或數人為監護人，並同時指定會同開具財產清冊之人。

**第1111-1條**（選定監護人之注意事項）

法院選定監護人時，應依受監護宣告之人之最佳利益，優先考量受監護宣告之人之意見，審酌一切情狀，並注意下列事項：

一、受監護宣告之人之身心狀態與生活及財產狀況。

二、受監護宣告之人與其配偶、子女或其他共同生活之人間之情感狀況。

三、監護人之職業、經歷、意見及其與受監護宣告之人之利害關係。

四、法人為監護人時，其事業之種類與內容，法人及其代表人與受監護宣告之人之利害關係。

## 解說

　　本條於民國97年5月23日公布增訂，同日公布的民法親屬編施行法增訂第14條之3條文，規定本增訂條文於公布後1年6個月施行。

　　法院選定監護人時，應依受監護宣告之人之最佳利益，為審酌之最高指導原則。但是何謂「受監護宣告之人之最佳利益」，未臻明確，允宜明定具體客觀事由作為審酌之參考，因此增訂提示性之規定。

　　受監護宣告之人仍具獨立人格，如其就監護人之人選，曾表示意見者，法院自應參酌之，所以本條第1項明文規定法院選定監護人時，優先考量受監護宣告之人之意見。本條所稱「受監護宣告之人之意見」，係指受監護宣告之人於未喪失意思能力前所表示之意見，或於其具有意思能力時所表示之意見。立法理由舉例：將受監護宣告之成年人曾建議特定人為監護人者，倘不違背該成年人之利益，則應依其建議定監護人。

　　法院在選定監護人時，應審酌一切情狀，並且注意下列事項：

一、受監護宣告之人之身心狀態與生活及財產狀況：受監護宣告之成年人，須受身分上及財產上的監護，法院在選定監護人的時候，須注意受監護宣告之人之身心狀態與生活及財產狀況，以便審酌選定監護人之要件是否符合受監護宣告之人的需求。

二、受監護宣告之人與其配偶、子女或其他共同生活之人間之情感狀況：選定監護人的人選，通常以家屬為最恰當，避免生活過大之變動，所以法院在選定監護人的時候，須注意受監護宣告之人與其配偶、子女或其他共同生活之人間

之情感狀況，以便審酌由何人擔任監護人較為有利於受監
護宣告之人。

三、監護人之職業、經歷、意見及其與受監護宣告之人之利害
關係：監護人的職業是什麼？經歷背景為何？監護人對於
監護職務行使的意見如何？監護人與受監護宣告之人的利
害關係，包括事實上及法律上的利害關係，法院均應注
意，以便審酌由何人擔任監護人較為有利於受監護宣告之
人。

四、法人為監護人時，其事業之種類與內容，法人及其代表人
與受監護宣告之人之利害關係：由法人（社會福利機構）
擔任監護人時，法院應審酌法人（社會福利機構）事業之
種類與內容，法人及其代表人與受監護宣告之人之利害關
係以便選定合適之社會福利機構擔任監護人，始能符合受
監護宣告之人之最佳利益。

**實例**

大華罹患罕見疾病，大華在神智還清楚時，作成公證文
書，表明當自己陷於神智不清的時候，由自己的大哥大明擔任
監護人，大華陷於意識不清之後，法院對於大華做監護宣告，
法院應如何選定監護人？

法院應優先衡量大華意識清楚的時候所做的意思表示，並
且審酌大明職業、經歷、意見及其與大華之利害關係，如果對
於大華沒有不利的情形，法院可以選定大明擔任監護人。

大華因為一場意外事故，成為植物人，法院對於大華做監
護宣告的時候，大華的妻子玉美、大華的母親秀雲都爭著要作
監護人，法院應如何處理？

　　民國97年5月23日修正民法第1111條規定，法院為監護宣告的時候，已無監護人優先順序之規定，法院為監護之宣告時，應依職權就受監護宣告人之配偶、四親等內的親屬、最近1年有同居事實的其他親屬、主管機關、社會福利機構或其他適當的人選定一人或數人為監護人，大華的妻子玉美、大華的母親秀雲都有擔任大華的監護人資格，但是兩人都沒有優先順序區別，法院選定監護人的時候，是要依大華的身心狀態與生活及財產狀況、大華的妻子玉美、大華的母親秀雲與大華的感情狀況、大華的妻子玉美、大華的母親秀雲個人職業、經驗與大華的利害關係判斷，由何人監護是否對於大華有利，作為選定監護人的依據，甚至於選定兩人共同擔任大華的監護人也可以，或者法院審酌之後認為大華的妻子玉美、大華的母親秀雲都不適合擔任監護人，法院可另從大華的四親等內的親屬、最近1年有同居事實的其他親屬、主管機關、社會福利機構或其他適當的人選定一人或數人為監護人。

**第1111-2條**（監護人之資格限制）

照護受監護宣告之人之法人或機構及其代表人、負責人，或與該法人或機構有僱傭、委任或其他類似關係之人，不得為該受監護宣告之人之監護人。但為該受監護宣告之人之配偶、四親等內之血親或二親等內之姻親者，不在此限。

## 解說

　　本條條文於民國97年5月23日公布新增，同日公布的民法親屬編施行法增訂第14條之3條文，規定本增訂條文於公布後1

年6個月施行，另於民國104年1月14日公布但書增修條文。

監護人須為受監護宣告之人管理事務，宜由與受監護宣告之人無任何利益衝突者擔任。照護受監護宣告之人之法人或機構及其代表人、負責人，或與該法人或機構有僱傭、委任或其他類似關係之人，其與受監護宣告之人間，如果有利益衝突，就該受監護宣告之人而言，有利益衝突，因此明文規定彼等不宜擔任監護人。

但是實務上容有可能受監護宣告人的配偶、父母、兒女、兄弟姊妹、女婿、媳婦或岳父母、公婆就是提供照顧法人、機構之代表人、負責人，或與該法人或機構有僱傭、委任或其他類似關係的人，情理上就是安置在該法人或機構以利就近提供照顧之情況，如果因為安置照顧關係，反而讓受監護宣告人的配偶、父母、兒女、兄弟姊妹、女婿、媳婦或岳父母、公婆不能做受監護宣告人的監護人，似乎也不近情理。

所以本條但書放寬規定，受監護宣告人的配偶、四親等內的血親或二親等內的姻親正好就是照顧受監護宣告人的法人、機構的代表人、負責人，或與該法人或機構有僱傭、委任或其他類似關係的人，也仍然可以做受監護宣告人的監護人。

大華罹患精神分裂症，長期住在療養院，大華的母親已經高齡90歲，目前也住在養護中心，已經無法照顧大華，療養院為了處理大華身體財產的照護工作，因此向法院聲請監護宣告，療養院的院長是否可以擔任大華的監護人？

療養院是實際上照護大華的機構，在法律層面有利害關係，依照民法第1111條之2規定，療養院的院長是機構的負責

人，不可以擔任大華的監護人。法院應該在大華的四親等內的親屬、最近1年有同居事實的其他親屬、主管機關、其他社會福利機構或適當的人選定一人或數人為監護人。

**第1112條**（監護人之職務）
監護人於執行有關受監護人之生活、護養療治及財產管理之職務時，應尊重受監護人之意思，並考量其身心狀態與生活狀況。

## 解說

　　本條於民國97年5月23日公布修正，同日公布的民法親屬編施行法增訂第14條之3條文，規定本修正條文於公布後1年6個月施行。

　　原條文第1項規定監護人為了受監護人的利益，應按照受監護人財產狀況，醫療養護受監護人的身體，本次修法認為只就護養療治受監護人身體而為規定，範圍過狹，且何謂「受監護人之利益」亦欠明確，所以修正為監護人在執行監護職務的時候，有關受監護人之生活、護養療治及財產管理，應尊重受監護人之意思並且考量受監護人身心狀態與生活狀況，立法理由並說明本條所稱「受監護人之意思」，包括監護人選定前，受監護人所表明之意思在內。

　　原條文第2項規定監護人如果得到親屬會議之同意，可以將受監護人送入精神病醫院或監禁於私宅，但是由受監護人的父母、與受監護人同居的祖父母擔任監護人時，不必得到親屬會議之同意，就可以將受監護人送入精神病醫院或監禁於私

宅。但是精神病患強制就醫程序，規定於精神衛生法第三章第二節，逕行適用精神衛生法已足，監禁於私宅影響基本人權，如果受監護人身心障礙嚴重，影響社會功能嚴重，就應該使受監護人進入合適其身心醫療養護的機構，而非監禁於私宅，所以本次刪除原條文第2項。

**實例**

　　大華罹患罕見疾病，但是家人仍然無微不至地照顧他，大華知道家人捨不得讓他住養護中心，因此在神智清楚的時候，交代家人當其病情惡化，陷於神智不清的時候，將他送入養護中心療養，當大華成為植物人的時候，法院為監護宣告，並選任大華的姊姊擔任監護人，大華的姊姊應如何照護大華？

　　大華的姊姊執行監護職務的時候，如何照護大華是一項重要工作，除了須符合大華身體需求之外，也要尊重大華的意願，大華在神智清楚的時候，已經表示在陷於神智不清的時候，將他送入養護中心療養，大華的姊姊應該找尋合適的養護中心照護大華。

---

**第1112-1條**（數監護人執行監護職務之分方式）

法院選定數人為監護人時，得依職權指定其共同或分別執行職務之範圍。

法院得因監護人、受監護人、第十四條第一項聲請權人之聲請，撤銷或變更前項之指定。

---

## 解說

本條於民國97年5月23日公布增訂，同日公布的民法親屬編施行法增訂第14條之3條文，規定本增訂條文於公布後1年6個月施行。

配合修正條文第1111條第1項規定法院得選定數人擔任監護人之規定，若監護職務具有複雜性或專業性時，法院得依職權指定數名監護人共同執行監護事務，或按其專業及職務需要指定其各自分擔，以求周全。

法院選定數人為監護人，如果未依職權指定其執行職務之範圍，依民法第168條規定，共同執行監護事務，法院選定複數監護人時，也可以指定數監護人共同或分別執行職務之範圍，以符合實際需要。

法院可以因監護人、受監護人、民法第14條第1項規定的聲請人之聲請，撤銷或變更監護事務共同或分別執行的指定或者撤銷變更執行的範圍。

## 實例

大華受監護宣告，法院選定大華的母親彩霞與大華的妻子玉美共同擔任大華的監護人，法院可以要求他們如何分配職行監護事務嗎？

法院選定大華的母親彩霞與大華的妻子玉美共同擔任大華的監護人，並可同時指定彩霞與玉美共同負責管理大華的財產收支，玉美負責照護大華的身體療養，或者要求二者需共同執行監護事務，如有涉及具體之重大事項需監護人共同同意始可為之。

**第1112-2條**（監護事件依職權囑託戶政機關登記）
法院為監護之宣告、撤銷監護之宣告、選定監護人、許可監護人辭任及另行選定或改定監護人時，應依職權囑託該管戶政機關登記。

### 解說

本條於民國97年5月23日公布增訂，同日公布的民法親屬編施行法增訂第14條之3條文，規定本增訂條文於公布後1年6個月施行。

法院為監護之宣告、撤銷監護之宣告、選定監護人、許可監護人辭任及另行選定或改定監護人時，為了保護受監護人，法院應依職權囑託受監護宣告之人戶籍所在地的戶政機關登記，以免戶政登記與實際不符而影響受監護宣告人的利益。

**第1113條**（未成年人監護規定之準用）
成年人之監護，除本節有規定者外，準用關於未成年人監護之規定。

### 解說

本條於民國97年5月23日公布修正，同日公布的民法親屬編施行法增訂第14條之3條文，規定本修正條文於公布後1年6個月施行。

本次將「禁治產人」修正為「成年人」，主要是配合監護宣告制度而做文字上修正，成年人需要監護，原因在於成年人因精神障礙或心神喪失，無法獨立為法律行為，所以用成年人

之監護，而非用禁治產宣告之人。成年人監護除本節有規定者外，準用關於未成年人監護之規定。

第1113-1條（輔助人之設置）
受輔助宣告之人，應置輔助人。
輔助人及有關輔助之職務，準用第一千零九十五條、第一千零九十六條、第一千零九十八條第二項、第一千一百條、第一千一百零二條、第一千一百零三條第二項、第一千一百零四條、第一千一百零六條、第一千一百零六條之一、第一千一百零九條、第一千一百十一條至第一千一百十一條之二、第一千一百十二條之一及第一千一百十二條之二之規定。

**解說**

　　本條於民國97年5月23日公布增訂，同日公布的民法親屬編施行法增訂第14條之3條文，規定本增訂條文於公布後1年6個月施行。

　　本次配合民法總則新增輔助宣告制度，受輔助宣告之人，應置輔助人。

　　輔助人及有關輔助之職務，準用第1095條、第1096條、第1098條第2項、第1110條、第1102條、第1103條第2項、第1104條、第1106條、第1106條之1、第1109條、第1111條至第1111條之2、第1112條之1及第1112條之2之規定。

# 第三節　成年人之意定監護

　　本節條文為第1113條之2至第1113條之10，均為立法院增訂於民國108年5月24日三讀通過，民國108年6月19日總統令公布施行。

---

**第1113-2條**（意定監護契約之定義）
稱意定監護者，謂本人與受任人約定，於本人受監護宣告時，受任人允為擔任監護人之契約。
前項受任人得為一人或數人；其為數人者，除約定為分別執行職務外，應共同執行職務。

---

## 解說

　　我國已經進入高齡社會，隨著高齡人口增加，比例上成年監護的機率也增高，當成年人需要監護宣告時，往往是由法院在聲請人的主張之下選定監護人，也往往只能著重於財產上管理監護。為了讓監護制度更符合受監護人需求，本章節特別訂立意定監護制度，讓受監護人在具有健全意思能力時可以預先安排監護人與監護事項。

　　本條定義所謂「意定監護」，就是指本人可以與受任人訂立契約，約定受任人在本人受監護宣告時，擔任本人的監護人，以替代法院依職權選定監護人。

　　本人與受任人訂立意定監護契約，委任他人於其受監護宣告時擔任監護人，可以委任一人也可以委任數人擔任監護人。

　　本人與數人訂立意定監護契約，委任數人擔任監護人時，

監護人應該如何執行監護事務，本人可以在契約中預先約定；本人可以預先約定哪一位監護人或哪幾位監護人執行身體醫療照護的監護事務，哪一位監護人或哪幾位監護人執行財產管理監護事務，也可約定哪些事務由哪一位監護人或哪幾位監護人單獨執行，哪些事務由哪一位監護人或哪幾位監護人共同執行。如果委任意定監護契約沒有預先約定數位監護人如何執行監護事務時，受任人應共同執行職務，也就是須經全體受任人同意，才可以執行監護事務。

**第1113-3條**（意定監護契約之成立及發生效力）
意定監護契約之訂立或變更，應由公證人作成公證書始為成立。公證人作成公證書後七日內，以書面通知本人住所地之法院。
前項公證，應有本人及受任人在場，向公證人表明其合意，始得為之。
意定監護契約於本人受監護宣告時，發生效力。

### 解說

　　意定監護契約涉及本人喪失意思能力後的監護事務，影響本人權益至為重大，意定監護契約除了需具有委任契約書之外，還需要由公證人作成公證書，意定監護契約才成立；要變更意定監護契約時，也是要由公證人作成公證書，變更意定監護契約才能變更成立，這是監護契約的特別成立要件。如果委任人與受任人只是簽立意定監護契約，卻未由公證人作成公證書，監護契約不成立，委任人與受任人變更監護契約內容卻未

由公證人作成公證書,變更監護契約也不成立。

公證人做公證時,本來就會確認當事人的真意,意定監護契約的公證特別慎重,本條第2項特別明定,本人與受任人都要親自到場,向公證人表明合意訂立監護契約,公證人才可以做公證。

為了避免法院不知意定監護契約存在,而於監護宣告事件誤行法定監護程序,所以有使法院查詢意定監護契約存在與否的必要,因此公證人作成公證書後7日內,以書面通知本人住所地的法院。通知法院的目的,在使法院知悉意定監護契約之存在,此項通知及期間的規定,屬於訓示規定,若公證人漏未或遲誤7日期間始通知法院,並不影響意定監護契約有效成立。

意定監護契約在本人受監護宣告時才生效。

老李年過70歲之後,常常忘東忘西,深怕將來自己有失智的一天,老李就與鄰居小張商議,老李希望失智無法照顧自己時,小張可以負責照料老李,不要把老李送至機構照護,老李願意將房屋除了自己使用一個房間外,其餘提供給小張無償使用,小張也同意照料老李,兩人於是寫下委任意定監護契約,兩人約定老李重度失智時,由小張負責老李的醫療照護與財產管理。

1年過後,老李因嚴重疾病,心神失序,已無法生活自理,老李的兒子小李把老李送至養護中心照料,並且向法院聲請監護宣告,選定小李為監護人,指定老李的女兒小莉為會同開具財產清冊人。小張跳出來反對,小張拿出老李1年前與小

張訂立的意定監護契約，主張老李已經委託他擔任監護人，法院應由小張擔任監護人，法院應如何處理？

　　意定監護契約除了由當事人雙方訂立書面契約之外，當事人雙方還要到公證人面前，由公證人公證意定監護契約，意定監護契約才成立。老李與小張所訂立的意定監護契約只有雙方於契約書上簽字，但是沒有經過公證人公證，意定監護契約還未成立。

　　法院在處理老李的監護宣告事件，不受老李與小張所訂立的意定監護契約影響，法院對老李為監護宣告時，在選定監護人時，仍應適用民法第1111條規定選定監護人。

**第1113-4條**（法院為監護宣告時，於本人事前定有意定監
　　　　　　護契約約定，應以意定監護優先為原則）

法院為監護之宣告時，受監護宣告之人已訂有意定監護契約者，應以意定監護契約所定之受任人為監護人，同時指定會同開具財產清冊之人。其意定監護契約已載明會同開具財產清冊之人者，法院應依契約所定者指定之，但意定監護契約未載明會同開具財產清冊之人或所載明之人顯不利本人利益者，法院得依職權指定之。

法院為前項監護之宣告時，有事實足認意定監護受任人不利於本人或有顯不適任之情事者，法院得依職權就第一千一百十一條第一項所列之人選定為監護人。

**解說**

　　為尊重本人的意思自主，法院在做監護宣告時，受監護人

已經預先訂立意定監護契約時，應以意定監護契約所定的受任人為監護人，同時指定會同開具財產清冊之人。如果受監護人也在監護契約指定會同開具財產清冊之人，原則上法院應指定其意定監護契約已載明的人為會同開具財產清冊之人。

如果受監護人沒有在監護契約指定會同開具財產清冊之人，或者法院認為受監護人指定的會同開具財產清冊之人，顯不利於受監護人，法院可以依職權指定會同開具財產清冊之人。

法院為監護宣告時，有事實足認意定監護受任人不利於本人或有顯不適任之情事者，例如：受任人有意圖詐欺本人財產的重大嫌疑、受任人長期不在國內，無法勝任監護職務之執行等事由，法院可以依職權就民法第1111條第1項所列的人（也就是受監護人的配偶、四親等內的親屬、最近1年有同居事實的其他親屬、主管機關、社會福利機構或其他適當的人）選定一人或數人為監護人，以保障受監護人的權益。

老李有感於自己年紀老邁，深怕自己身體不行無法照料自己時，子女會因監護問題意見不一致傷和氣，因此老李預做安排與老妻阿雲、女兒小梅訂立意定監護契約，當老李受監護宣告時，委任阿雲作財產的管理監護、女兒小梅作醫療照護的監護，並指定兒子小李作會同開具財產清冊人，並由公證人做公證。

老李老年重度失智，阿雲向法院聲請監護宣告，法院如何定監護人與會同開具財產清冊人？

法院處理老李的監護宣告事件時，從意定監護契約登記系統查知，老李曾與阿雲、小梅訂立意定監護契約，阿雲、小梅

目前也沒有不利於擔任老李監護人的事由，小李也沒有不利於擔任老李會同開具財產清冊之人的事由，因此法院經過醫事鑑定確認老李應受監護宣告時，依據老李與阿雲、小梅訂立的意定監護契約，定阿雲為財產管理事項的監護人、小梅為醫療照護事項的監護人、小李為會同開具財產清冊之人。

　　同前實例，法院處理老李的監護宣告事件時，從意定監護契約登記系統查知，老李曾與阿雲、小梅訂立意定監護契約，但是阿雲也罹患躁鬱症接受醫院治療中，小李因刑案遭通緝中，法院應如何處理？

　　阿雲罹患躁鬱症接受醫院治療中，對於管理老李的財產顯然是不利的，小李因刑案遭通緝中，根本也不知去向，也無從擔任會同開具財產清冊之人，雖然老李曾與阿雲、小梅訂立意定監護契約，這個契約的選定監護人阿雲與指定小李為會同開具財產清冊之人，顯然對於老李不利。

　　法院可以基於老李的利益，就民法第1111條第1項規定的人選選任監護人與指定會同開具財產清冊之人，不受意定監護契約拘束。

**第1113-5條**（意定監護契約之撤回或終止）

法院為監護之宣告前，意定監護契約之本人或受任人得隨時撤回之。

意定監護契約之撤回，應以書面先向他方為之，並由公證人作成公證書後，始生撤回之效力。公證人作成公證書後七日內，以書面通知本人住所地之法院。契約經一部撤回者，視為全部撤回。

法院為監護之宣告後，本人有正當理由者，得聲請法院許可終止意定監護契約。受任人有正當理由者，得聲請法院許可辭任其職務。

法院依前項許可終止意定監護契約時，應依職權就第一千一百十一條第一項所列之人選定為監護人。

## 解說

意定監護契約性質上為委任契約，在法院為監護宣告之前，意定監護契約尚未生效，本人或受任人得隨時撤回所為的意思表示，使意定監護契約不成立。

意定監護契約是要式契約，必須由公證人公證意定監護契約才成立，同樣地，本人或受任人撤回意定監護契約的意思表示，雖然是單獨行為，也要以書面向他方為撤回同意意定監護契約的意思表示，而且也需要由公證人就一方撤回的事實作成公證書，才會生撤回意思表示的效力，也就是公證人應對於當事人撤回意定監護契約之真意加以公證，並非僅就該撤回之通知文書為認證而已。公證人作成公證書後7日內，也需以書面通知本人住所地之法院，以使法院知道意定監護契約已經不存在。

本人委任一個或數個意定監護受任人時，都屬於一個監護契約。本人委任數個意定監護受任人，乃本人對多數意定監護受任人有分工合作的特別安排；對於個別意定監護受任人而言，其與其他受任人未來能否順利合作，是個別意定監護受任人締結意定監護契約時的重要考量，足以影響其締約之意願。因此不論是本人撤回一部分受任人，或對受任人撤回部分監護事務委託，或是一部分受任人撤回受任的意思表示，雖然只是

一部撤回，也都會影響到其他未撤回的受任人未來執行職務的意願與執行職務的內容，所以一部撤回，視為全部撤回，意定監護契約不存在。

　　本人與其他未撤回受任的受任人，如果仍有締結意定監護契約的意願，也可意重新再訂立意定監護契約，同樣地，也需再由公證人公證。

　　委任契約的性質取決於契約雙方當事人的信賴關係，一般的委任契約生效後，依委任契約之一般原則，當事人之任何一方得隨時終止之。意定監護契約也是委任契約，自也有契約終止的可能。監護宣告後，若本人暫時性恢復意思能力，依家事事件法第14條第3項規定，本人此際仍有程序能力，得聲請許可終止意定監護契約，惟為保護受監護宣告人的權益，受監護宣告人本人仍應有正當理由始得終止契約。若受監護宣告之人已長期回復意思能力，則應聲請撤銷監護宣告，而非終止意定監護契約。

　　法院同意受監護人終止意定監護契約，此時受監護人還在受監護宣告之中，法院仍需為受監護人選定監護人，法院應依職權就民法第1111條第1項所列之人（也就是受監護人的配偶、四親等內的親屬、最近1年有同居事實的其他親屬、主管機關、社會福利機構或其他適當的人）選定一人或數人為監護人，執行監護事務。

　　監護宣告後，基於保障受監護人，意定監護契約之受任人的終止契約權是受到限制的，但是意定監護契約之受任人如果有正當理由，例如：受任人身體健康不佳、財務瀕臨破產階段、將要長期出國無法執行職務等事由，可以聲請法院許可辭任意定監護人職務。

法院許可意定監護人辭任後，如果已經沒有監護人執行職務，立法理由說明法院得準用民法第1106條第1項規定，由法院另行選定適當之監護人；如受任人有數人時，則視其情形適用民法第1113條之6的規定。

阿美向來有預做人身各事安排，因此也和擔任護理師的女兒小梅、姪女小花訂立意定監護契約，後來又覺得不好意思麻煩姪女小花，就以存證信函向小花表示撤回委任小花擔任受任為監護人，並經由公證人確認阿美的意思。阿美因為罹患老人失智症，分不清日常事務了，小梅向法院聲請對阿美為監護宣告，並提出意定監護契約，請求法院定小梅、小花為監護人，法院會如何處理？

法院處理阿美的監護宣告事件時，從意定監護契約登記系統查知，阿美曾與小梅、小花訂立意定監護契約，但是阿雲已經撤回對於小花訂立意定監護契約的意思表示，阿美雖然沒有對小梅撤回訂立意定監護契約的意思表示，但是基於撤回一部及於全部的法律規定，意定監護契約已經不成立。

法院仍須基於阿雲的利益，就民法第1111條第1項規定的人選選任監護人與指定會同開具財產清冊之人。

阿麗和侄女小梅訂立意定監護契約，約定阿麗受監護宣告時，由小梅擔任監護人，小梅在擔任監護人1年後，因為需要隨同配偶外派至國外赴任，沒有辦法擔任阿麗的監護人，小梅要如何處理阿麗的監護事宜？

監護職務有身體醫療上的照護與財產管理的監護，小梅因家庭因素，須長期居住國外，勢必無法擔任阿麗的監護人，小

梅可以向法院聲請許可辭任監護人職務，由法院再另行選定適
當的人擔任阿麗的監護人。

**第1113-6條**（監護宣告後法院得另行選定或改定監護人）
法院為監護之宣告後，監護人共同執行職務時，監護人全體
有第一千一百零六條第一項或第一千一百零六條之一第一項
之情形者，法院得依第十四條第一項所定聲請權人之聲請或
依職權，就第一千一百十一條第一項所列之人另行選定或改
定為監護人。
法院為監護之宣告後，意定監護契約約定監護人數人分別執
行職務時，執行同一職務之監護人全體有第一千一百零六條
第一項或第一千一百零六條之一第一項之情形者，法院得依
前項規定另行選定或改定全體監護人。但執行其他職務之監
護人無不適任之情形者，法院應優先選定或改定其為監護
人。
法院為監護之宣告後，前二項所定執行職務之監護人中之一
人或數人有第一千一百零六條第一項之情形者，由其他監護
人執行職務。
法院為監護之宣告後，第一項及第二項所定執行職務之監護
人中之一人或數人有第一千一百零六條之一第一項之情形
者，法院得依第十四條第一項所定聲請權人之聲請或依職權
解任之，由其他監護人執行職務。

**解說**
　　本條為基於意定監護人事由，在各種狀態下，法院需選定

或改定監護人，茲說明如下：

一、意定監護契約之受任人為數人，而須共同執行職務者：須
　　監護人全體有民法第1106條第1項所列情形之一（死亡、
　　經法院許可辭任、受監護或輔助宣告尚未撤銷、受破產宣
　　告尚未復權、失蹤等情形。註：民法第1106條第1項所列
　　情形包括民法第1096條各款情形，民法第1096條為擔任監
　　護人的資格限制，其中一款為未成年人，在意定監護契
　　約制度，應該不可能與未成年人締約。）或民法第1106條
　　之1第1項之情形者（有事實足認監護人不符受監護人之最
　　佳利益，或有顯不適任之情事），法院得依民法第14條第
　　1項所定聲請權人（也就是受監護人、受監護人之配偶、
　　四親等內之親屬、最近1年有同居事實之其他親屬、檢察
　　官、主管機關、社會福利機構、意定監護受任人或其他
　　利害關係人）之聲請，或依職權就第1111條第1項所列之
　　人（也就是受監護人的配偶、四親等內之親屬、最近一年
　　有同居事實之其他親屬、主管機關、社會福利機構或其他
　　適當之人）另行選定或改定為監護人。如果是由意定監護
　　之受任人聲請時，如有二人以上者，只須其中一人聲請即
　　可，無須共同聲請。

　　如監護人中僅一人或數人有民法第1106條第1項或第1106
　　條之1第1項之情形時，因尚有其他監護人可以執行職務，
　　法院仍不得依聲請權人之聲請或依職權另行選定或改定為
　　監護人。

二、意定監護契約之受任人為數人，且另有約定受任人為分別
　　執行職務時：須執行同一職務之監護人全體均有民法第
　　1106條第1項或民法第1106條之1第1項之情形，法院始得

依民法第14條第1項所定聲請權人之聲請或依職權，就民法第1111條第1項所列之人另行選定或改定全體監護人。

立法理由並舉例：意定監護契約約定由甲、乙二人執行有關受監護人的護養療治事項，另由丙執行有關受監護人的財產管理事項，倘甲有顯不適任情事，因受監護人之護養療治事項仍得由乙繼續執行監護職務，故尚無須由法院介入；倘甲、乙二人均有顯不適任情事，或丙有顯不適任情事，此時護養療治事項或財產管理事項將無監護人得以執行職務，始須由法院介入另行選定或改定全體監護人。

如果執行其他職務之監護人無不適任之情形者，亦即沒有民法第1106條第1項或民法第1106條之1第1項之情形，鑑於彼等已執行監護職務相當時日，與受監護人已建立信賴感及熟悉度，此時法院應優先選定其為監護人，俾利監護事務之續行，並可落實尊重當事人意思自主。

三、法院依前述一、二項另行選定或改定監護人之後，若又發生監護人中之一人或數人有民法第1106條第1項的情形者，因該事由都很明確，不須法院再行調查確認，就由其他監護人執行職務。

四、法院依前述一、二項另行選定或改定監護人之後，若又發生監護人中之一人或數人有民法第1106條之1第1項的情形者，因為有事實足認監護人不符受監護人之最佳利益，或有顯不適任之情事，為不確定的法律概念，須由法院介入調查清楚，法院得依民法第14條第1項所定聲請權人之聲請或依職權解任不適任的監護人，由其他監護人執行職務。

　　老張與小李、小陳訂立意定監護契約,約定在老張受監護宣告時,由小李、小陳共同執行監護事務,法院於裁定老張受監護宣時,定小李、小陳為監護人,半年後小李取得法院許可辭任監護人。小陳不知道自己是否還是老張的監護人?

　　老張與小李、小陳訂立的意定監護契約,沒有區分小李、小陳執行哪一項監護事務,所以小李、小陳是就老張的監護事務全部共同執行。小李辭任監護人後,仍有小陳可以執行全部監護事務,所以小陳仍為老張的監護人,法院不需另行選定或改定監護人。

　　阿美與小梅、小李、小花、小陳訂立意定監護契約,約定在阿美受監護宣告時,由小梅、小李共同執行醫療照護監護事務,小花、小陳共同執行財產管理監護事務。法院於裁定阿美受監護宣時,就依照監護契約,定小梅、小李、小花、小陳擔任阿美的監護人,由小梅、小李共同執行醫療照護監護事務,小花、小陳共同執行財產管理監護事務。半年後小李取得法院許可辭任監護人,小陳失蹤,剩下小梅、小花可以執行監護事務。小梅、小花不知道是否須要聲請法院選定、改定監護人?

　　阿美與小梅、小李、小花、小陳訂立意定監護契約,分別安排小梅、小李共同執行醫療照護監護事務,小花、小陳共同執行財產管理監護事務,小李辭任監護人,在醫療照護監護事務仍有小梅可以執行監護人職務,小陳失蹤無從執行財產管理監護事務,但是仍有小花可以執行監護人職務,並非全部都無人可以執行阿美約定的監護事務,所以監護關係仍存在有效,不須向法院聲請選定、改定監護人。

　　阿美與小梅、小李、小花訂立意定監護契約，約定在阿美受監護宣告時，由小梅、小李共同執行醫療照護監護事務，小花執行財產管理監護事務。法院於裁定阿美受監護宣時，就依照監護契約，定小梅、小李、小花擔任阿美的監護人，由小梅、小李共同執行醫療照護監護事務，小花執行財產管理監護事務。1年後，小花生重病辭任監護人，這時小梅、小李是否仍繼續執行監護事務？

　　阿美的監護契約本來是約定由小花擔任財產管理監護人，小花辭任監護人之後，就沒有監護人執行財產管理監護事務，因此監護契約之約定基礎已經發生障礙，小梅、小李也不能執行監護人事務，而須聲請法院選定監護人，小梅、小李在執行醫療照護監護事務，並無不利於阿美的情形，法院應優先選定小梅、小李擔任監護人。

**第1113-7條**（意定監護人之報酬）
意定監護契約已約定報酬或約定不給付報酬者，從其約定；未約定者，監護人得請求法院按其勞力及受監護人之資力酌定之。

## 解說

　　基於契約自由原則，意定監護契約已約定給付受任人報酬或約定不給付受任人報酬者，都依照契約約定。

　　意定監護契約沒有約定是否給付受任人報酬時，監護人得請求法院按其勞力及受監護人之資力酌定報酬。

**第1113-8條**（前後意定監護契約相牴觸）
前後意定監護契約有相牴觸者，視為本人撤回前意定監護契
約。

**解說**

　　意定監護制度施行後，可能發生當事人重複訂立意定監護
契約之情形，前後內容發生牴觸時，視為本人撤回前意定監護
契約，成立後面新的意定監護契約。所謂「牴觸」，例如：受
任人變更或增減或監護內容變動，與前契約不同者，均屬之。

**第1113-9條**（意定監護契約約定受任人代理受監護人購
　　　　　　置、處分不動產或得以受監護人財產為投資
　　　　　　者，應優先落實當事人意思自主原則）
意定監護契約約定受任人執行監護職務不受第一千一百零一
條第二項、第三項規定限制者，從其約定。

**解說**

　　為了貫徹當事人意思自主原則，除監護人之產生得由受監
護人本人事先約定外，對於受監護人本人的財產管理與處分等
行為，受監護人本人也可在意定監護契約指定受任人代理受監
護人購置、處分不動產或得以受監護人財產為投資者，此時意
定監護人若要代理受監護人購置、處分不動產或以受監護人財
產為投資行為，就不受民法第1101條第2項、第3項規定限制，
出租不動產事項也不須取得法院許可。

　　若意定監護契約並未賦予受任人代理受監護人購置、處分

不動產或得以受監護人財產為投資者，此時意定監護人要代理
處置受監護人財產或投資的話，就受民法第1101條第2項、第3
項規定限制。

老張與小陳訂立意定監護契約，約定在老張受監護宣告
時，由小陳擔任監護人，並同意在老張銀行存款不足支應未來
1年的養護中心費用、小陳的監護報酬時，由小陳代理將老張
的房產賣掉轉為銀行存款用以支應老張的生活與監護開銷，小
陳在出售老張房產時，是否還須取得法院同意？

老張與小陳已經在意定監護契約，約定一定條件之下，小
陳可以代理老張處分老張的房產，不需要再聲請法院許可。

如果小陳不依照老張約定的處分房產條件而處分老張的財
產時，這是屬於小陳執行監護事務是否不利於老張，而須由法
院改定監護人的問題。

**第1113-10條**（意定監護契約準用成年人監護之規定）
意定監護，除本節有規定者外，準用關於成年人監護之規
定。

**解說**
意定監護屬於成年人監護的一部分，如果本節未做明文規
定的法律關係，準用關於成年人監護之規定。例如：
一、意定監護人執行職務時，仍須遵守民法第1112條規定，應
　　尊重受監護人之意思，並考量其身心狀態與生活狀況。

二、意定監護人之選定、改定、辭任，法院應依民法第1112條之2規定，依職權囑託戶政機關登記。

三、成年人監護未規定者，準用關於未成年人監護之規定：

（一）準用民法第1096條規定，意定監護人的資格限制不得為未成年人、受監護宣告或受輔助宣告尚未撤銷、受破產宣告尚未復權、失蹤。

（二）準用民法第1099條規定，意定監護人應會同開具財產清冊之人於2個月內開具財產清冊並陳報法院，在陳報法院之前，準用民法第1099條之1規定，意定監護人對於受監護人的財產只能為管理上的必要行為。

（三）準用民法第1100條規定，意定監護人應以善良管理人的注意義務，執行監護事務。

（四）意定監護費用之負擔準用民法第1103條規定由本人之財產支出。

（五）意定監護契約只委任一人擔任受任人時，受任人執行監護事務時，有民法第1106條第1項各款情形之一或民法第1106條之1所示情形，準用民法第1106條、民法第1106條之1另行選定或改定監護人。

（六）意定監護人變更或監護原因消滅，準用民法第1107條、第1108條規定，意定監護人應於意定監護關係消滅後2個月內移交受監護人財產。

（七）意定監護人執行職務因故意或過失造成受監護人損害，準用民法第1109條規定負擔損害賠償責任，並自監護關係消滅時起算5年消滅時效。

# 第五章

# 扶 養

**第1114條**（互負扶養義務之親屬）

左列親屬，互負扶養之義務：

一、直系血親相互間。

二、夫妻之一方與他方之父母同居者，其相互間。

三、兄弟姊妹相互間。

四、家長家屬相互間。

## 解說

本條是規定一定親屬間有經濟能力者，對於不能維持生活的親屬，給予必要的扶助：

一、直系血親相互間：直系血親相互間不管長輩或晚輩互負扶養義務，只要不能維持生活而無謀生能力時，就可要求直系血親負扶養義務。

二、夫妻之一方，與他方之父母同居者，其相互間：夫與岳父母同住一屋簷下，或者妻與公婆同住一屋簷下，夫與岳父母或妻與公婆，相互間互負扶養義務。

三、兄弟姊妹相互間：不論長幼，均互負扶養義務。

四、家長家屬相互間：家長與家屬是指除夫妻以外的家庭成員，且不具前述三種身分的人，相互間互負扶養義務。

## 實 例

　　志明夫婦在外組家庭，沒有和公婆或岳父母同住，一日志明車禍致死，岳父母可否向肇事者請求扶養費的賠償？

　　岳父母未與志明同住，所以互不負扶養義務，岳父母無賠償請求權。

---

**第1115條**（扶養義務人之順序）
**負扶養義務者有數人時，應依左列順序定其履行義務之人：**
一、直系血親卑親屬。
二、直系血親尊親屬。
三、家長。
四、兄弟姊妹。
五、家屬。
六、子婦、女婿。
七、夫妻之父母。
同係直系尊親屬或直系卑親屬者，以親等近者為先。
負扶養義務者有數人而其親等同一時，應各依其經濟能力，分擔義務。

---

### 解說

　　具有互負扶養義務的身分若有多人時，就要依照本條規定的順序，負扶養義務。如果直系尊親屬、直系卑親屬同一順序的扶養義務人有多人時，以親等近的人為優先。例如：父母與子女、祖父母與孫子女都互負扶養義務，但是子女與父母的親

等近，所以優先由子女負扶養父母的義務。若負扶養義務有多人而且親等相同的，就依扶養義務人的經濟能力分擔義務。

　　大華已屆90歲，有兒子二人、女兒一人、孫子五人，應由誰對大華負擔扶養義務？

　　大華的兒子、女兒親等較孫子近，所以應由大華的兒子、女兒對大華負擔扶養義務，大華的兒子、女兒，平均負擔扶養義務，每人各負擔三分之一。

---

**第1116條**（扶養權利人之順序）
受扶養權利者有數人，而負扶養義務者之經濟能力，不足扶養其全體時，依左列順序定其受扶養之人：
一、直系血親尊親屬。
二、直系血親卑親屬。
三、家屬。
四、兄弟姊妹。
五、家長。
六、夫妻之父母。
七、子婦、女婿。
同係直系尊親屬或直系卑親屬者，以親等近者為先。
受扶養權利者有數人而其親等同一時，應按其需要之狀況，酌為扶養。

---

### 解說

有多數受扶養權利人時，如果扶養義務人經濟能力上沒有辦法全部撫養時，就只有依本條所定的優先順序，由優先順序的人享受扶養的權利。

如果受扶養權利人同是直系尊親屬或者直系卑親屬的話，以親等近的優先享有受扶養的權利。若受扶養權利的人有多數人而親等同一的，則按受扶養人的需要程度，酌為扶養。

---

**第1116-1條**（夫妻與其他人扶養權義之順位）

夫妻互負扶養之義務，其負扶養義務之順序與直系血親卑親屬同，其受扶養權利之順序與直系血親尊親屬同。

---

### 解說

夫妻永久共同生活，且為五倫之一，本條特別規定互負扶養義務，而且其扶養義務與權利都應列於優先狀態。所以夫妻所負扶養義務的順序與直系血親卑親屬相同，其受扶養權利的順序與直系血親尊親屬相同。

### 實例

大華與小美為夫妻關係，小美自結婚之後，就擔任專職的家庭主婦，當小美60歲的時候，大華不肯支付生活費給小美，小美有兩位成年有工作的子女，小美向大華要生活費的時候，可以全額向大華要求嗎？

大華對小美的扶養義務順序與子女相同，所以大華與子女平均分擔，因此小美向大華要求生活費用應為三分之一比例。

**第1116-2條**（父母對未成年子女之扶養義務）

父母對於未成年子女之扶養義務，不因結婚經撤銷或離婚而受影響。

## 解說

　　本條為民國85年5月25日公布增訂，父母對於未成年子女的扶養義務，不因父母本身婚姻遭撤銷或離婚而受影響。

　　大華與小美離婚，兩人所生未成年子女小雲，由小美對小雲行使權利負擔義務，大華需不需對小雲負擔扶養義務？

　　父母對於未成年子女的扶養義務，不因父母離婚而受影響，大華雖然因為離婚，沒有擔任小雲的親權行使人，仍然對小雲負擔扶養義務，仍需支付生活費用給小雲維持生活。

　　大華與小美的婚姻，因為重婚而被撤銷，小美與大華在婚姻被撤銷時，已生有一子小明，小明由小美對其行使權利負擔義務，大華需不需對小明負擔扶養義務？

　　父母對於未成年子女的扶養義務，不因父母婚姻被撤銷而受影響，大華需對小明負擔扶養義務。

**第1117條**（受扶養之要件）

受扶養權利者，以不能維持生活而無謀生能力者為限。

前項無謀生能力之限制，於直系血親尊親屬，不適用之。

## 解說

要請求扶養的權利人必須符合兩個要件：（一）不能維持生活；（二）無謀生能力。但是如果是直系血親尊親屬請求扶養時，則不需要具備無謀生能力的要件。

### 實例

立德已年滿20歲但仍在大學就讀，立德因父母不睦，以至於都沒有給立德生活費，立德已經向同學借了3,000元支應一個月的飲食費用，眼看下個月又要斷糧了，立德是否可以開口要求生活費？父母可不可以立德已成年了而不管？

立德已經要無法維持生活了，雖然立德已年滿20歲，但因為他還在求學之中，尚無謀生能力，所以立德可以向父母要求生活費，而父母也不可以置之不理。

**第1118條**（扶養義務之免除）
因負擔扶養義務而不能維持自己生活者，免除其義務。但受扶養權利者為直系血親尊親屬或配偶時，減輕其義務。

## 解說

因為負扶養義務反而造成自己不能維持生活時，本條規定可以免除扶養義務。可是基於倫常，受扶養權利人若為直系血親尊親屬或配偶時，即使自己負扶養義務而不能維持生活時，也只能減輕負擔，但不能免除負擔。

## 實例

　　大華已屆90歲，有兒子二人、女兒一人，兒子二人都很富有，女兒則相當貧窮，尚需靠社會局發放救濟金過日子，女兒也應與兒子一樣各對大華負擔三分之一的扶養義務嗎？

　　大華的兒子、女兒，原本應對大華平均負擔扶養義務，大華的女兒經濟能力很差，應可負擔較少的義務。

---

**第1118-1條**（扶養義務的減免）

受扶養權利者有下列情形之一，由負扶養義務者負擔扶養義務顯失公平，負扶養義務者得請求法院減輕其扶養義務：

一、對負扶養義務者、其配偶或直系血親故意為虐待、重大侮辱或其他身體、精神上之不法侵害行為。

二、對負扶養義務者無正當理由未盡扶養義務。

受扶養權利者對負扶養義務者有前項各款行為之一，且情節重大者，法院得免除其扶養義務。

前二項規定，受扶養權利者為負扶養義務者之未成年直系血親卑親屬者，不適用之。

---

## 解說

　　本條於民國99年1月27日公布增訂。本條增訂是因為民法第1114條規定一定親屬之間互付扶養義務，但是近來發生父母、配偶於應盡扶養義務時對於子女、配偶極盡虐待或遺棄不管，等到其變成又老又病時，反過頭來要求當初被虐待或遺棄的子女、配偶盡扶養義務，在人倫尚難以接受，因此本條增訂

對於惡意扶養權利人的扶養義務減免，以免因為適用民法第
1114條、第1116條之1、第1119條的規定，造成對扶養義務人
不公平。

　　受扶養權利人有以下情形之一的話，如果還要求扶養義務
人負擔扶養義務顯失公平，扶養義務人得請求法院減輕其扶養
義務：

一、受扶養權利人對於負扶養義務人、負扶養義務人的配偶或
　　負扶養義務人的直系血親故意為虐待、重大侮辱或其他身
　　體、精神上之不法侵害行為：依據民法第1114條、第1116
　　條之1規定，扶養權利人與扶養義務人具有家庭成員關
　　係，扶養權利人如果對於負扶養義務人、負扶養義務人的
　　配偶或負扶養義務人的直系血親有故意為虐待、重大侮辱
　　或其他身體、精神上之不法侵害行為，也就是有家暴行為
　　的情形。

　　受扶養權利人如果是扶養義務人的父母親，父或母親對子
　　女虐待、重大侮辱或其他身體、精神上之不法侵害行為；
　　對子女的配偶虐待、重大侮辱或其他身體、精神上之不法
　　侵害行為；對孫子女虐待、重大侮辱或其他身體、精神上
　　之不法侵害行為；虐待對子女的父母親虐待、重大侮辱或
　　其他身體、精神上之不法侵害行為，子女在被要求扶養父
　　母親時，子女可以提出父母親有虐待、重大侮辱或其他身
　　體、精神上之不法侵害行為，請求法院減輕其扶養義務。

二、受扶養權利人無正當理由對於負扶養義務的人，沒有盡到
　　扶養義務：受扶養權利人應當扶養負扶養義務的人的時
　　候，無正當理由沒有扶養負扶養義務的人，等到受扶養權
　　利人要求負扶養義務的人扶養時，負扶養義務的人，可以

請求法院減輕其扶養義務。例如：父母親於子女年幼時，遺棄子女，父母親年老後找到當年所遺棄的子女，要求當年遺棄而今已成年的子女負扶養義務，子女可以請求法院減輕其扶養義務。

上述兩種情形如果情節重大，法院得免除負扶養義務的人之扶養義務。

本條對於負扶養義務的人的減免規定，不適用於受扶養權利人是負扶養義務的人未成年直系血親卑親屬。因為父母對於未成年子女或祖父母對於未成年孫子女的教養，本即包括行為的導正，未成年子女或孫子女如有本條第1項的家暴行為，父母或祖父母仍不得減輕或免除扶養義務。

**實例**

阿美年幼的時候，母親阿玉因為好賭，但是逢賭必輸，只要賭輸就惡打阿美出氣，阿美童年的日子就是在阿玉毒打中度過，阿美15歲之後就離家半工半讀，不再與母親阿玉有任何聯絡，阿美30歲的時候，忽然接到法院通知書，原來是母親阿玉起訴請求阿美負擔扶養義務，阿美童年受虐回憶全湧現腦中，阿美實在不願負擔扶養義務，阿美可以拒絕扶養母親阿玉嗎？

阿美可以依據民法第1118條之1規定，主張自己未成年時，受母親阿玉虐待，15歲之後就離家半工半讀，自食其力，如果再要求她負擔扶養阿玉的義務，顯失公平，請求法院減輕或免除其扶養阿玉的義務。

小美未成年時遭受父親性侵害，父親阿國遭判刑，小美則被安置於寄養家庭，父女從此形同陌路，小美40歲之後，某日接到法院通知書，原來是父親阿國起訴要求小美負擔扶養義

務，阿美可否拒絕扶養父親阿國嗎？

小美可以依據民法第1118條之1規定，主張自己未成年時，受父親阿國性侵害，如果再要求她負擔扶養父親阿國的義務，顯失公平，而且情節重大，請求法院免除其扶養阿國的義務。

**第1119條**（扶養之程度）
扶養之程度，應按受扶養權利者之需要，與負扶養義務者之經濟能力及身分定之。

### 解說

扶養的程度是要依個案，就受扶養權利人的實際需要與負扶養義務人的經濟能力與身分定之。

**第1120條**（扶養方法之決定）
扶養之方法，由當事人協議定之；不能協議時，由親屬會議定之。但扶養費之給付，當事人不能協議時，由法院定之。

### 解說

本條於民國97年1月9日公布修正，原條文只有前段規定，本次修正增加但書規定。這是因為扶養方法可以包括扶養人與被扶養人是否同住照料、扶養人是否按期陸續支付扶養費或一次交付財產供被扶養人收益生活等，因此關於扶養方法應由當事人協議，如當事人協議不成，由親屬會議定之。但是實務

上，經常發生的狀況為父母子女之間要求給付扶養費，不需再協議照料之方式，如果還要召開親屬會議決定，通常親屬會議也召開不成或召開有困難的時候，才能聲請法院處理，而如果能夠召開親屬會議，做成決議，對於親屬會議決議不服者，得於決議後3個月內向法院聲訴，曠日費時，如果需要扶養費維持生活之人，早已陷於凍餒之中，因此本次修正特別加上但書規定，如果當事人只是請求給付扶養費，如無法協議的時候，不需經過親屬會議，直接可以向法院請求定扶養費之支付。

## 實例

　　阿美與大明離婚之後，兩人所生之子3歲的小明由阿美行使權利負擔義務，阿美與大明並未約定兩人如何負擔小明的生活費，平日均由阿美負擔小明的日常生活所需，阿美覺得負擔吃力，因此要求大明分攤小明的生活費，但是遭大明拒絕，阿美應如何處理？

　　父母離婚不影響對於未成年子女的扶養義務，民法第1116條之2定有明文，阿美與大明離婚之後，兩人仍須對小明負擔扶養義務，阿美可以小明的法定代理人身分請求大明支付扶養費給小明，至於數額多寡，則由法院裁判。

---

**第1121條**（扶養程度及方法之變更）
**扶養之程度及方法，當事人得因情事之變更，請求變更之。**

## 解說

　　扶養的程度與方法訂定之後，在扶養期間，若因社會經濟

變更致一般人日常生活所必要的費用劇增，以前所定的程度或方法無法維持生活時，扶養權利人可以請求變更扶養的程度與方法。

老王與子女三人約定，老王每3個月輪流至三人家中居住接受扶養，後來其中一名子女破產，老王可否更改扶養方法？

老王其中一名子女破產，已無法扶養老王，顯屬情事變更，老王可請求更改扶養方法。

# |第六章|
# 家

**第1122條**（家之定義）

稱家者，謂以永久共同生活為目的而同居之親屬團體。

### 解說

所謂「家」，採實質主義，以永久共同生活為目的而共同居住一起的親屬團體。

大華與大明共同向屋主分租房屋，他們算不算一家人？

「家」要以永久共同生活為目的，大華與大明與屋主彼此相互間都沒有永久共同生活為目的，所以沒有家人的關係。

**第1123條**（家長與家屬）

家置家長。

同家之人，除家長外，均為家屬。

雖非親屬，而以永久共同生活為目的同居一家者，視為家屬。

## 解說

　　「家」這個親屬團體要置一人作家長。同屬一家的人，除了家長之外，都是家屬。如果沒有親屬關係，但是以永久共同生活為目的同住一家之中，法律上也視為家屬。

### 實例

　　大華與小美為同居之男女朋友，兩人亦未與他人有婚姻關係，兩人共同生活，並育有共同子女，大華與小美算不算一家人？

　　大華與小美雖無結婚關係，法律上沒有配偶關係，但是兩人共同生活且育有子女，可認為有以永久共同生活為目的而同居一家，應可成立家長家屬關係。

---

**第1124條**（家長之選定）
家長由親屬團體中推定之；無推定時，以家中之最尊輩者為之；尊輩同者，以年長者為之；最尊或最長者不能或不願管理家務時，由其指定家屬一人代理之。

---

## 解說

　　家長的產生方法有三種：（一）推定：原則上由親屬團體推定；（二）法定：如果沒有推定，就以家中的最尊輩作「家長」。如果尊輩相同者為多數人，就由年長的作「家長」；（三）指定：如果家中的最尊輩、最長者不能或不願管理家務時，由其指定家屬一人代理作「家長」。

大華夫婦與姨婆同住，並奉養姨婆，未約定誰任家長，請問誰是家長？

　　大華家中以姨婆為最尊輩，既然沒有約定或推定誰作家長，就以姨婆擔任家長。

> **第1125條**（家務之管理）
> 家務由家長管理。但家長得以家務之一部，委託家屬處理。

**解說**

　　家務由家長管理。家長也可以把一部分家務委託家屬處理。

　　大華夫妻與大華的媽媽同住，大華因為負債不知去向，大華的債權人因為大華的媽媽是家長，要求大華的媽媽負責清償債務，大華的媽媽需要負責嗎？

　　大華的媽媽雖是家長，但是家長只有對家務有管理權，對於大華的行為沒有連帶責任，大華的媽媽對於大華的債務，沒有清償之責。

> **第1126條**（管理家務之注意義務）
> 家長管理家務，應注意於家屬全體之利益。

**解說**

　　家長在管理家務時要注意保護家屬全體的利益，不可有所偏頗。

**第1127條**（家屬之分離㈠—請求分離）
家屬已成年者，得請求由家分離。

**解說**

　　本條於民國110年1月13日修正公布，112年1月1日起施行，因為自112年1月1日起只有成年人才能結婚，因此本條配合刪除雖未成年而已結婚的文字。

　　但是未成年人如果在112年1月1日前已經結婚，在112年1月1日之後仍未滿18歲成年時，依據民法親屬編施行法第4條之2第2項規定，於滿18歲之前仍適用舊法規定，也就是在112年1月1日前已經結婚的未成年人，在112年1月1日之後，如仍未滿18歲，在滿18歲之前，也可請求自家中分離，脫離家屬身分。

　　家屬只要是已成年，都可以請求離開家庭，脫離家屬身分。不過原有親屬關係不因離開家庭而消滅。

　　17歲的莉珍個性叛逆，嫌父母嘮叨，執意要離開家裡，並要求父母給他一筆生活費，莉珍有沒有這個權利？

　　莉珍未成年又無正當理由而請求從家中分離，於法不合，亦無理由請求生活費。

**第1128條**（家屬之分離㈡—命令分離）
家長對於已成年之家屬，得令其由家分離。但以有正當理由時為限。

**解說**

　　本條於民國110年1月13日修正公布，112年1月1日起施行，因為自112年1月1日起只有成年人才能結婚，因此本條配合刪除雖未成年而已結婚的文字。

　　但是未成年人如果在112年1月1日前已經結婚，在112年1月1日之後仍未滿18歲成年時，依據民法親屬編施行法第4條之2第2項規定，於滿18歲之前仍適用舊法規定，也就是在112年1月1日前已經結婚的未成年人，在112年1月1日之後，如仍未滿18歲，在滿18歲之前，家長如有正當理由，也可請求成年之家屬自家中分離，脫離家屬身分。

　　家長有正當理由時，可以令已成年家屬與家庭分離。

# |第七章|
# 親屬會議

**第1129條**（召集人）
依本法之規定應開親屬會議時，由當事人、法定代理人或其他利害關係人召集之。

## 解說

依法要開親屬會議時，由要討論事項的當事人、當事人的法定代理人，或者其他利害關係人作召集人，召開親屬會議。

**第1130條**（親屬會議組織）
親屬會議，以會員五人組織之。

## 解說

親屬會議的成員，要由五人會員組織而成，人數若低於五人的情況下就無法組成親屬會議。

**第1131條**（親屬會議會員之選定順序）
親屬會議會員，應就未成年人、受監護宣告之人或被繼承人

之下列親屬與順序定之：
一、直系血親尊親屬。
二、三親等內旁系血親尊親屬。
三、四親等內之同輩血親。
前項同一順序之人，以親等近者為先；親等同者，以同居親屬為先，無同居親屬者，以年長者為先。
依前二項順序所定之親屬會議會員，不能出席會議或難於出席時，由次順序之親屬充任之。

## 解說

本條於民國98年12月30日公布修正，且依民法親屬編施行法第15條第2項規定，自98年11月23日施行。修正的理由是因為配合民國97年5月23日修正民法總則編（禁治產部分）、親屬編（監護部分）及其施行法部分條文，已將「禁治產宣告」修正為「監護宣告」，所以將原條文第1項「禁治產人」修正為「受監護宣告之人」。

本條規定親屬會議會員的資格。會員應就未成年人、受監護宣告人或被繼承人的親屬中找尋。作親屬會議會員的順序，依本條規定順序定之，第一順序為未成年人、受監護宣告之人或被繼承人的直系血親尊親屬，第二順序為未成年人、受監護宣告之人或被繼承人的三親等內旁系血親尊親屬，第三順序為未成年人、受監護宣告之人或被繼承人的四親等內的同輩血親，必須第一順序的成員不夠或者沒有時，再就第二順序找尋，其他以此類推。

可以作親屬會議會員的人，如果同一順序的人以親等近的優先，如果親等近的，以同住在一起優先，若沒有同住在一起

的親屬，就以年長者優先。

如果親屬會議的法定成員不能出席親屬會議或出席有困難時，就由次順序的親屬擔任親屬會議會員。

未成年人小華的監護人玉美要請求監護報酬，需由親屬會議決定，因此玉美向小華的祖父母二人、乾媽、乾爸、叔父，請求召開親屬會議是否合法？

親屬會議依據民法第1131條規定，應由未成年人小華的血親組成，小華的乾媽、乾爸均非小華的血親，不得為小華的親屬會議成員，所以這樣組成的親屬會議不合法。

> **第1132條**（得由有召集權人或利害關係人聲請法院處理之事由）
>
> 依法應經親屬會議處理之事項，而有下列情形之一者，得由有召集權人或利害關係人聲請法院處理之：
>
> 一、無前條規定之親屬或親屬不足法定人數。
>
> 二、親屬會議不能或難以召開。
>
> 三、親屬會議經召開而不為或不能決議。

### 解說

親屬會議是農業社會，法不入家門的產物，但是現代社會小家庭居多，親族很少群聚而居，親族關係也不緊密，如果要召開親屬會議，可能找人就是一大問題，找到符合身分的人也可能不參加親屬會議，即使參加親屬會議了，也可能造成從來

不往來，生疏的親屬決定當事人的身分事項的荒謬情形，所以本條於民國103年1月29日公布修正。

依法應該由親屬會議處理的事項，如果符合下列情形的一項時，就可由有召集權人或利害關係人聲請法院處理：

一、沒有第1131條規定的親屬或親屬不足法定人數。

二、親屬會議不能或難以召開。

三、親屬會議經召開而不為或不能決議。

大華過世沒有繼承人，但留有遺產需選任遺產管理人，但是親屬會議亦無法組成，與其訴訟的債權人該怎麼辦？

親屬會議不能召開或召開有困難時，依法應經親屬會議處理之事項，由有召集權人聲請法院處理之。所以債權人可以聲請法院指定大華的遺產管理人。

---

**第1133條**（會員資格之限制）

**監護人、未成年人及受監護宣告之人，不得為親屬會議會員。**

---

### 解說

本條於民國98年12月30日公布修正，且依民法親屬編施行法第15條第2項規定，自98年11月23日施行。修正的理由是因為配合民國97年5月23日修正民法總則編（禁治產部分）、親屬編（監護部分）及其施行法部分條文，已將「禁治產宣告」修正為「監護宣告」，所以將原條文「禁治產人」修正為「受監護宣告之人」。

　　親屬會議的成員須有完全的行為能力，所以未成年人及受監護宣告之人不得作親屬會議的成員。而親屬會議議決的事項多與監護事務有關，且親屬會議又具有監督監護人之責，所以監護人也不得作親屬會議的成員。

### 實 例

　　未成年人小華的監護人玉美要請求監護報酬，需由親屬會議決定，因此玉美向小華的祖父母二人、小華的妹妹、弟弟各一人、叔父，請求召開親屬會議是否合法？

　　小華的妹妹、弟弟還是未成年人，不得作小華的親屬會議成員，所以這樣組成的親屬會議不合法。

**第1134條**（會員辭職之限制）
依法應為親屬會議會員之人，非有正當理由，不得辭其職務。

### 解說

　　親屬會議的成員經訂定後，非有正當理由，不得辭去擔任親屬會議會員的職務。

**第1135條**（會議之召開及決議）
親屬會議，非有三人以上之出席，不得開會；非有出席會員過半數之同意，不得為決議。

## 解說

　　親屬會議雖然要有五人才能成立，但是開會時的有效人數為三人，如果出席人數不達到三人，不得開會。而且做任何決議，要有出席會員人數過半數的同意，才能做成決議。

### 實例

　　王誠為親屬會議的成員，開會當天有事無法出席，所以王誠委託王瑋出席，結果當天只有王瑋與王輝出席，親屬會議可否開會？

　　親屬會議的成員必須親自出席，不可以委託他人代理，親屬會議只有王瑋和王輝出席，未達開會人數，不得開會。

**第1136條**（會議之召開及決議）
親屬會議會員，於所議事件有個人利害關係者，不得加入決議。

## 解說

　　親屬會議議決的事項，如果與會員成員有利害關係時，該有利害關係的成員應迴避，不得參加決議。

**第1137條**（不服決議之聲訴）
第一千一百二十九條所定有召集權之人，對於親屬會議之決議有不服者，得於三個月內向法院聲訴。

## 解說

　　對於親屬會議有召集權的人，如不服親屬會議的決議，可以在親屬會議決議後3個月內向法院提起不服之訴。

　　未成年人小華的監護人玉美要請求監護報酬，親屬會議決議給她新台幣5,000元，玉美覺得顯然偏低，玉美還可以怎麼做？

　　玉美如果不服親屬會議決議，玉美可以在親屬會議決議後3個月內，向法院提起撤銷決議訴訟。

# 繼承編

# |第一章|
# 遺產繼承人

**第1138條**（法定繼承人及其順序）

遺產繼承人，除配偶外，依左列順序定之：

一、直系血親卑親屬。

二、父母。

三、兄弟姊妹。

四、祖父母。

## 解說

本條規定配偶當然為遺產繼承人之外，其他遺產繼承人基於男女平等原則，只要合乎法定的繼承人資格，即可作法定繼承人，且不因其性別而有差異，也不因是否要出嫁或男入贅而有差別。而且本條規定的法定繼承人有優先順序的區分，第一順序為被繼承人的直系血親卑親屬，第二順序為被繼承人的父母，第三順序為被繼承人的兄弟姊妹，第四順序為被繼承人的祖父母，也就是有第一順序的繼承人時，就由死者的配偶與死者的直系血親卑親屬繼承遺產，其他第二、三、四順序的繼承人都沒有份。若沒有第一順序的直系血親卑親屬，就由第二順序的父母與配偶繼承遺產，其他以此類推。

**實例**

　　老張與妻婚後沒有子嗣，老張的父母亦不在世，而有兄弟姊妹，則老張的遺產應給何人繼承？

　　老張的遺產應由老張的妻子與老張的兄弟姊妹共同繼承遺產。

**第1139條**（第一順序繼承人之決定）

前條所定第一順序之繼承人，以親等近者為先。

**解說**

　　第一順序的直系血親卑親屬有多人時，以親等近的優先繼承。

**實例**

　　老王過世，遺有子女二人、孫子女三人，應如何辦理繼承？

　　老王第一順序的繼承人有五個人，但是子女為老王的一親等直系血親卑親屬，孫子女則為二親等的直系血親卑親屬，所以由老王的子女繼承遺產。

**第1140條**（代位繼承）

第一千一百三十八條所定第一順序之繼承人，有於繼承開始前死亡或喪失繼承權者，由其直系血親卑親屬代位繼承其應繼分。

## 解說

　　死者的繼承人具有直系血親卑親屬身分者，如果有在繼承開始前死亡或者喪失繼承權時，他的應繼分就由他的直系血親卑親屬代位繼承。

### 實例

　　老劉育有三名子女，大兒子先老劉而過世，但是大兒子留有三名子女，大兒子過世不久後，老劉之妻因過度悲傷而過世，老劉亦於妻過世1年後死亡，請問老劉的遺產，應如何分給後代？

　　老劉過世時妻已先過世，所以老劉的財產就單獨由他的直系血親卑親屬繼承，老劉的子女親等較老劉的孫子女近，所以由老劉的子女三人繼承，每個人各得三分之一，但是大兒子已先過世，所以大兒子的所應分得的三分之一的應繼分，就由大兒子的三名子女共同代位繼承，因此老劉尚生存的子女老二、老三各分得三分之一，老大的三名子女代位繼承三分之一。

> **第1141條**（同順序繼承人之應繼分）
> 同一順序之繼承人有數人時，按人數平均繼承。但法律另有規定者，不在此限。

## 解說

　　屬於同一順序的繼承人有多人時，除法律另有規定的情形外，各同一順序的繼承人平均繼承。

　　被繼承人在台灣的遺產由大陸地區人民繼承時有特別限

制。根據台灣地區與大陸地區人民關係條例第67條規定，被繼承人在台灣的遺產由大陸地區人民繼承時，大陸地區人民所繼承的財產，每人不得超過新台幣200萬元，超過部分歸屬台灣地區同為繼承的人，如果台灣地區沒有同為繼承的人，歸屬台灣地區後一順序的繼承人，台灣地區沒有繼承的人，歸屬國庫。如果繼承的財產是不動產，大陸地區人民不能直接繼承該不動產，必須折算為價額，以金錢或動產支付，但是如果該繼承之不動產是台灣地區繼承人賴以居住之不動產，大陸地區人民不得繼承，在定大陸地區人民繼承時，不計入遺產總額。

　　老李單身過世，亦沒有子嗣，老李的父母仍然在世，應如何繼承財產？

　　老李沒有配偶以及第一順序的繼承人。所以由老李的父母繼承，而且平均繼承財產，老李的父母各得二分之一。

　　老王過世，遺有財產新台幣1,000萬元，老王在台灣、大陸，各有一名子女，沒有其他繼承人，老王的遺產如何繼承？

　　老王的兩名子女原應平均繼承，每人各得新台幣500萬元，但是一名子女為大陸地區人民，只能繼承新台幣200萬元，其餘應由台灣的繼承人繼承，所以台灣的繼承人繼承新台幣800萬元，大陸地區的繼承人繼承新台幣200萬元。

---

**第1142條**（刪除）
**第1143條**（刪除）

**第1144條**（配偶之應繼分）

配偶有相互繼承遺產之權，其應繼分，依下列各款定之：

一、與第一千一百三十八條所定第一順序之繼承人同為繼承
　　時，其應繼分與他繼承人平均。

二、與第一千一百三十八條所定第二順序或第三順序之繼承
　　人同為繼承時，其應繼分為遺產二分之一。

三、與第一千一百三十八條所定第四順序之繼承人同為繼承
　　時，其應繼分為遺產三分之二。

四、無第一千一百三十八條所定第一順序至第四順序之繼承
　　人時，其應繼分為遺產全部。

## 解說

　　配偶當然相互間有權繼承對方的財產。但是配偶的應繼
分，因配偶與本法第1138條所列各順序的繼承人共同繼承而有
不同：

一、配偶與死者的直系血親卑親屬共同繼承時，其應繼分與直
　　系血親卑親屬平均。

二、配偶與死者的父母或兄弟姊妹共同繼承時，配偶得遺產的
　　二分之一。

三、配偶與死者的祖父母共同繼承時，配偶得遺產的三分之
　　二。

四、如果都沒有本法第1138條所列的第一順序至第四順序繼承
　　人時，配偶獨得遺產的全部。

　　老趙與妻婚後沒有子嗣，老趙過世，所遺留的財產，老趙

的太太，以及仍然生存的父母應如何繼承財產？

老趙的太太獨得老趙財產的二分之一，剩下的二分之一則由老趙的父母平均繼承，也就是各得四分之一。

---

**第1145條**（繼承權喪失之事由）
有左列各款情事之一者，喪失其繼承權：
一、故意致被繼承人或應繼承人於死或雖未致死因而受刑之宣告者。
二、以詐欺或脅迫使被繼承人為關於繼承之遺囑，或使其撤回或變更之者。
三、以詐欺或脅迫妨害被繼承人為關於繼承之遺囑，或妨害其撤回或變更之者。
四、偽造、變造、隱匿或湮滅被繼承人關於繼承之遺囑者。
五、對於被繼承人有重大之虐待或侮辱情事，經被繼承人表示其不得繼承者。
前項第二款至第四款之規定，如經被繼承人宥恕者，其繼承權不喪失。

---

### 解說

本條為規定繼承人喪失繼承權的事由，有本條規定事由存在者，即使是優先順序的法定繼承人或者只有其一個繼承人也不得繼承，其事由分述如下：
一、故意致被繼承人或其他應繼承人死亡時，不問是否已受刑的宣告，不得再繼承財產。故意致被繼承人或其他應繼承人死亡而未遂時，於受刑之宣告後，喪失繼承權。

二、用詐欺或脅迫的手段使被繼承人製作遺囑，或者使被繼承人撤回遺囑或變更遺囑內容者，喪失遺產繼承權。

三、用詐欺或脅迫的方法，妨害被繼承人製作遺囑或妨害被繼承人撤回遺囑或變更遺囑內容。

四、偽造、變造或者隱藏、湮滅被繼承人所立有關於財產繼承的遺囑者，構成喪失繼承權事由。

五、對於被繼承人有重大虐待或侮辱的事實，經被繼承人表示其不得繼承者，喪失繼承權。

　　本條第2款至第4款的喪失繼承權事由，如果事後經被繼承人表示原諒時，該繼承人就不會喪失繼承權了。

**實例**

　　老周有三名子女，老大與老二時起衝突，老大還曾因殺害老二未遂而入獄服刑，老周過世之前，因為念及老大也是自己的孩子，特別交代子女，一定要分一份財產給老大，繼承財產時，老二、老三是否不必分一份給老大呢？

　　老大故意殺害同為繼承人的老二，雖然未遂，但已受刑之宣告，已構成喪失繼承權事由，而且也不因被繼承人原諒而回復繼承權，所以老二、老三可以排除老大的繼承權而繼承老周的財產。

**第1146條**（繼承回復請求權）

繼承權被侵害者，被害人或其法定代理人得請求回復之。

前項回復請求權，自知悉被侵害之時起，二年間不行使而消滅；自繼承開始時起逾十年者，亦同。

## 解說

繼承權被侵害時，被害人或者未成年人的被害人由其法定代理人出面，可請求回復繼承權，但是繼承回復請求權有消滅時效的適用，繼承回復請求權自知悉被侵害之時起2年不行使而消滅，而自繼承開始起算已超過10年，即使自知悉起尚未超過2年，也同樣請求權消滅。

繼承回復是在確認繼承人的地位以及遺產標的物返還。根據司法院大法官釋字第437號解釋，繼承權是否被侵害，應以繼承人繼承原因發生後，有無被他人否認其繼承資格並排除其對繼承財產之占有、管理或處分為斷。凡無繼承權而於繼承開始時或繼承開始後冒稱為真正繼承人或真正繼承人否認其他共同繼承人之繼承權，並排除其占有、管理或處分者，均屬繼承權之侵害，被害人或其法定代理人得依民法第1146條規定請求回復之，不限於繼承開始時自命為繼承人而行使遺產上權利者，始為繼承權之侵害。

大法官釋字第771號解釋，繼承人行使繼承回復請求權時，若需回復遭受侵害的不動產所有權時，則受民法第125條15年消滅時效限制的規定，與一般不動產所有權遭受侵害，請求回復時，不受民法第125條15年消滅時效限制的規定不同。

## 實例

大華的父親過世遺有財產，大明自稱是大華的父親在大陸的兒子，主張應共同繼承財產，大華於是與大明共同繼承財產，但在1年後，大華發現大明根本不是父親的大陸兒子，大華如何排除大明的繼承？

大華可以提起繼承權回復訴訟，排除大明的繼承權。

# 第二章
# 遺產之繼承

## 第一節　效　力

**第1147條**（繼承之開始）
繼承，因被繼承人死亡而開始。

**解說**

　　被繼承人死亡之時點，就是繼承的開始。

**第1148條**（限定繼承標之有限責任）
繼承人自繼承開始時，除本法另有規定外，承受被繼承人財產上之一切權利、義務。但權利、義務專屬於被繼承人本身者，不在此限。
繼承人對於被繼承人之債務，以因繼承所得遺產為限，負清償責任。

**解說**

　　本條於民國97年1月2日公布增訂第2項、98年6月10日修正第2項。

原本我國繼承法的原則是採全面繼承，如果繼承人沒有為拋棄繼承的意思表示，繼承人不只繼承被繼承人的財產也要繼承被繼承人的債務，如果被繼承人沒有財產給繼承人繼承，只留下一堆債務，只要繼承人沒有為拋棄繼承的意思表示，繼承人也繼承債務；如果繼承人沒有為限定繼承的意思表示，繼承人雖繼承到財產，但遠低於繼承到的債務，繼承人對於繼承債務仍然要負擔全部責任。

民國97年1月2日公布增訂第2項的緣由是，被繼承人生前如果曾經替他人為保證人，因為沒有公示之程序，除非被繼承人生前告知，或債權人已於被繼承人生前追償保證債務，否則繼承人通常很難知道被繼承人生前曾經為他人做保，繼承人在繼承開始的時候因為不知道被繼承人是否有保證債務而沒有為拋棄繼承或為限定繼承的意思表示，往往因此遭受保證債務之追償，甚至於造成傾家蕩產，對於被繼承人而言，相當不公平，為了緩和這種不公平現象，但又要兼顧交易的公平，所以就保證債務而言，特別增列本條第2項規定，如果繼承發生之後，被繼承人生前所訂立的保證債務才發生代為履行的責任之際，繼承人只以繼承所得遺產為限負擔清償責任，以解決繼承人全面繼承的困境。

民國98年6月10日再度修正第2項，本次修法使我國繼承法制度改採以限定繼承為原則。立法理由認為限定繼承或拋棄繼承必須繼承人知悉得為繼承之時起3個月內向法院辦理限定繼承或拋棄繼承，否則將概括承受被繼承人之財產上一切權利、義務。鑑於社會上時有繼承人因不知法律而未於法定期間內辦理限定繼承或拋棄繼承，以致背負繼承債務，影響其生計，為解決此種不合理之現象，因此增訂第2項規定，明定繼承人原

則上依第1項規定承受被繼承人財產上之一切權利、義務，但是對於被繼承人之債務，僅須以因繼承所得遺產為限，負清償責任，以避免繼承人因概括承受被繼承人之生前債務而桎梏終生。

　　所以在民國98年6月10日之後，我國法的繼承原則是這樣規定的：

一、繼承人自繼承開始的時候，除了本法另有規定之外，繼承被繼承人的資產與債務，但是如果屬於被繼承人一身專屬權，則非繼承標的。

二、繼承人對於繼承債務僅以所得遺產為限負清償責任。立法理由特別說明繼承人如仍以其固有財產清償繼承債務，並非無法律上之原因，故無不當得利可言，繼承人自不得再向債權人請求返還。

　　因為有兩次修法，涉及新舊法適用問題，依據民法繼承編施行法的規定適用原則如下：

一、依據民法繼承編施行法第1條之1的第1項規定，繼承在民國96年12月14日修正施行前開始，但繼承人知悉得為繼承之日較後且未逾修正施行前為拋棄繼承之法定期間者，自修正施行之日起，適用修正後拋棄繼承之規定。

二、依據民法繼承編施行法第1條之1第2項、第3項規定，繼承在民國96年12月14日修正施行前開始，繼承人於繼承開始時為無行為能力人或限制行為能力人，未能於修正施行前之法定期間為限定或拋棄繼承，由其繼續履行繼承債務顯失公平者，於修正施行後，以所得遺產為限，負清償責任。繼承人依修正施行前之規定已清償之債務，不得請求返還。

三、依據民法繼承編施行法第1條之2規定，繼承在民國97年1

月4日前開始，繼承人對於繼承開始後，始發生代負履行責任之保證契約債務，由其繼續履行債務顯失公平者，得以所得遺產為限，負清償責任。前項繼承人依民國97年4月22日修正施行前之規定已清償之保證契約債務，不得請求返還。

四、依據民法繼承編施行法第1條之3第1項規定，繼承在民國98年5月22日修正施行前開始，繼承人未逾修正施行前為限定繼承之法定期間且未為概括繼承之表示或拋棄繼承者，自修正施行之日起，適用修正後民法第1148條、第1153條至第1163條之規定，也就是適用新法限定繼承效力。

五、依據民法繼承編施行法第1條之3第2項、第5項規定，繼承在民國98年5月22日修正施行前開始，繼承人對於繼承開始以前已發生代負履行責任之保證契約債務，由其繼續履行債務顯失公平者，以所得遺產為限，負清償責任。繼承人依修正施行前之規定已清償之債務，不得請求返還。

六、依據民法繼承編施行法第1條之3第3項、第5項規定，繼承在民國98年5月22日修正施行前開始，繼承人已依民法第1140條之規定代位繼承，由其繼續履行繼承債務顯失公平者，以所得遺產為限，負清償責任。繼承人依修正施行前之規定已清償之債務，不得請求返還。

七、依據民法繼承編施行法第1條之3第4項、第5項規定，繼承在民國98年5月22日修正施行前開始，繼承人因不可歸責於己之事由或未同居共財者，於繼承開始時無法知悉繼承債務之存在，致未能於修正施行前之法定期間為限定或拋棄繼承，且由其繼續履行繼承債務顯失公平者，於修正施

行後，以所得遺產為限，負清償責任。繼承人依修正施行前之規定已清償之債務，不得請求返還。

民國101年12月26日、102年1月30日陸續修正民法繼承編施行法第1條之3、第1條之1、第1條之2規定，在於確立繼承法改限定繼承為原則之前，已發生之繼承且未為限定或拋棄繼承之繼承人繼承到保證債務時，也以繼承之財產為限，負擔清償責任，債權人如果認為不公平，債權人須舉證證明，才能改變限定繼承之適用。

98年10月間大明過世之後，大明的兒子在得為拋棄繼承期間內向法院為拋棄繼承的意思表示，大明的女兒因為已出嫁在外，自認不應過問娘家財產，因此沒有在得為拋棄繼承期間向法院為拋棄繼承的意思表示，但是大明也沒有遺產給大明的女兒繼承。99年6月1日，大華提出大明曾經擔任大新借貸之保證人，因為大新倒債，經追償無著落，因此要求大明負擔保證責任，大明既然已經過世，就要求大明的兒子、女兒負擔保證責任，大明的兒子、女兒是否應負擔該保證債務？

大明的兒子在得為拋棄繼承期間內向法院為拋棄繼承的意思表示，因此大明的兒子沒有繼承大明的財產與債務。大明的女兒在得為拋棄繼承期間內未向法院拋棄繼承的意思表示，即使實際上她也沒有繼承到財產，她還是繼承到大明的債務。但是大明的女兒實際上也沒有繼承到大明的財產，因此她也不需要負擔清償該保證債務。

**第1148-1條**（財產贈與視同所得遺產之計算期限）
繼承人在繼承開始前二年內，從被繼承人受有財產之贈與者，該財產視為其所得遺產。
前項財產如已移轉或滅失，其價額，依贈與時之價值計算。

### 解說

　　本條為民國98年6月10日公布增訂。其增訂的立法理由認為本次修法之後，繼承以限定繼承為原則，與以前無限繼承不同，為了避免被繼承人生前先將財產移轉給繼承人，致發生繼承事實時，由於限定繼承之效力，繼承人可以主張只繼承到少額財產或未繼承到財產而實質上減免繼承債務負擔，所以本條明文規定繼承人在繼承開始前2年內，從被繼承人受有財產之贈與者，該財產視為其所得遺產，繼承人仍應加計該受贈財產，作為其繼承到財產。

　　如果被繼承人在過世前2年內贈與給繼承人的財產，已經移轉給第三人或滅失，該財產仍依贈與時之價值計算價額。

### 實例

　　老王過世前1年贈與一筆農地給兒子小王，老王過世後留下遺產銀行存款10萬元、古董花瓶1只價值50萬元、債務500萬元，老王的債權人老李手上有該500萬元的本票裁定，老李可執行的財產為何？

　　根據民法第1148條之1的規定，被繼承人在過世前2年內贈與給繼承人的財產，也算作遺產，老李可以聲請強制執行老王過世後留下遺產銀行存款10萬元、古董花瓶1只價值50萬元及

生前贈與給小王的農地。

**第1149條**（遺產酌給請求權）
被繼承人生前繼續扶養之人，應由親屬會議依其所受扶養之
程度及其他關係，酌給遺產。

## 解說

被繼承人生前所繼續扶養的人，應由親屬會議決議，依
受扶養人所受扶養的程度，以及其他關係（例如：被繼承人與
受扶養人的關係、被繼承人的財產狀況、受扶養人的經濟狀況
等），酌給遺產。

被繼承人生前所繼續扶養的人如果要求酌給遺產，不能直
接以訴訟向法院請求裁判，請求人必須依民法第1229條，召集
親屬會議決議為之，對於親屬會議之決議有不服時，再依民法
第1137條之規定，向法院聲訴，撤銷親屬會議的決議。

遺產酌給請求權性質上屬遺產債務，與親屬間之扶養義務
有別，被繼承人生前繼續扶養的人經親屬會議決議酌給遺產的
話，應由繼承人或遺囑執行人履行，將酌給物交付或移轉登記
予被扶養人。

## 實例

小美為大華的同居人，大華過世，遺產由大華的父母繼
承，小美可以要求酌給遺產嗎？

小美為大華的同居人，可以主張為大華生前所繼續扶養的
人，小美可以請求大華方面的親屬召開親屬會議，決議酌給遺
產。

第1150條（繼承費用之支付）

關於遺產管理、分割及執行遺囑之費用，由遺產中支付之。但因繼承人之過失而支付者，不在此限。

**解說**

關於管理遺產所生的管理費、遺產分割所生的費用、執行遺囑的費用，由遺產來支付。惟若因繼承人的過失而支付的費用不應由遺產中支付。

第1151條（遺產之公同共有）

繼承人有數人時，在分割遺產前，各繼承人對於遺產全部為公同共有。

**解說**

遺產繼承人為多數人時，在遺產分割之前，各繼承人對於所繼承的遺產為公同共有。

根據最高法院判例所示，繼承人共同出賣公同共有之遺產，其所取得之價金債權，仍為公同共有，並非連帶債權。公同共有人受領公同共有債權之清償，應共同為之，除得全體公同共有人之同意外，無由其中一人或數人單獨受領之權。

老周過世前，遺留房子二幢，由其二名兒子周富、周貴共同繼承，辦完繼承登記後，周富因為經商失敗負債累累，所以

與債權人商量要把一幢房屋賣給債權人抵債，周富有無權利這麼做？

　　周富與周貴共同繼承老周的二幢房屋，但是在未為分割之前，二人對於二幢房屋是基於公同共有的關係，所以周富不得單獨將一幢房屋賣給債權人。

　　老王過世後，有三個繼承人，三個繼承人所負之納稅義務為何？

　　繼承發生後，數繼承人對於遺產全部為公同共有，遺產是繼承人因繼承遺產之事實所生之負擔。所以應由各納稅義務人負連帶繳納的義務。

---

**第1152條**（公同共有遺產之管理）
前條公同共有之遺產，得由繼承人中互推一人管理之。

## 解說

　　公同共有的遺產，為了方便管理，得由繼承人之中互推出一個繼承人來負責管理遺產。

---

**第1153條**（債務之連帶責任）
繼承人對於被繼承人之債務，以因繼承所得遺產為限，負連帶責任。
繼承人相互間對於被繼承人之債務，除法律另有規定或另有約定外，按其應繼分比例負擔之。

### 解說

　　本條於民國97年1月2日公布增訂第2項、第3項，當時是基於繼承法原則上概括繼承，包括財產債務都要繼承，在實務上所發生的情形是被繼承人生前積欠大筆債務，所留下的年幼子女根本不知道拋棄繼承，而其法定代理人也不知道要在繼承人得為拋棄繼承期間代理年幼子女拋棄繼承，年幼子女因而繼承到天文數字的債務，對於兒童非常不利，就社會而言也極度不公平，因此該次修正繼承發生的時候，繼承人為無行為能力人或限制行為能力人的時候，對於被繼承人之債務，以所得遺產為限，負清償責任。如果繼承人為無行為能力人或限制行為能力人繼承到債務的時候，如果實際上也沒有繼承到財產，就不需要負擔清償該繼承債務，如果有繼承到財產，就以所得繼承財產範圍負擔清償責任。

　　民國98年6月10日再次修正本條文，這是因為繼承法已採限定繼承為原則，繼承人只就繼承到的財產負擔繼承債務，故而刪除第2項、第3項。

　　所以在民國98年6月10日公布修法之後，民法第1153條的規定如下：

一、繼承人自繼承開始的時候，繼承被繼承人的財產與債務，關於繼承債務的部分，在對外關係上，如有多數繼承人，多數繼承人均以因繼承所得遺產為限，連帶負擔債務清償責任。

二、繼承人相互間對於被繼承人的債務，除了法律另有規定或另有約定之外，各繼承人按應繼分比例負擔。

# 第二節 （刪除）

**第1154條**（繼承人之權義）
繼承人對於被繼承人之權利、義務，不因繼承而消滅。

## 解說

　　本條於民國98年6月10日公布修正，修正的理由是因為繼承法相關規定以限定繼承為原則，繼承人不需再向法院申報限定繼承，因此刪除原條文第1項、第2項，將第3項修正為繼承人對於被繼承人之權利、義務，不因繼承而消滅，也就是不會發生混同效果，繼承人如果對被繼承人有債權時，也與其他一般債務人同受清償之權利。

**第1155條**（刪除）

**第1156條**（繼承人開具遺產清冊之呈報）
繼承人於知悉其得繼承之時起三個月內開具遺產清冊陳報法院。
前項三個月期間，法院因繼承人之聲請，認為必要時，得延展之。
繼承人有數人時，其中一人已依第一項開具遺產清冊陳報法院者，其他繼承人視為已陳報。

## 解說

　　本條於民國98年6月10日公布修正，修正的原因是繼承發生之後，需透過法院辦理清算程序，所以採原先限定繼承之陳報遺產清冊程序，但做部分文字修正。

　　民國98年6月10日修正後，繼承人對於被繼承人之債務，雖僅須以所得遺產負清償責任，惟為釐清被繼承人之債權債務關係，宜使繼承人於享有限定責任權利之同時，負有清算義務，免失事理之平，因此維持繼承人應開具遺產清冊陳報法院，並進行第1157條以下程序之規定。如此，一方面可避免被繼承人生前法律關係因其死亡而陷入不明及不安定之狀態；另一方面繼承人亦可透過一次程序之進行，釐清確定所繼承之法律關係，以免繼承人因未進行清算程序，反致各債權人逐一分別求償，不勝其擾，因此繼承人於知悉其得繼承之時起3個月內開具遺產清冊陳報法院。

　　依據家事事件法第127條、第128條規定，繼承人必須向被繼承人過世的時候，被繼承人的住所地所在的法院陳報遺產清冊，繼承人陳報書需記載：（一）陳報人；（二）被繼承人之姓名及最後住所；（三）被繼承人死亡年月日時及地點；（四）知悉繼承之時間；（五）如有其他繼承人者，其姓名、性別、出生年月日及住、居所，另外需附具遺產清冊，遺產清冊應記載被繼承人之財產狀況及繼承人已知之債權人、債務人。

　　被繼承人的財產、債務，可能複雜不易釐清，1個月以上3個月以下期間可能仍然不夠，法院得因繼承人的聲請延展陳報遺產清冊的期間。

　　繼承人有數人時，如其中一人已依本條第1項陳報，其他

繼承人原則上自無須再為陳報。

　　大明與阿美離婚，兩人所生女兒小美由阿美行使權利負擔義務，大明從未探視過小美，時光匆匆，已經過了30年，阿美母女也不知道大明已於2年前過世之事實，一直到大明的其他法定繼承人找到小美，小美才知道大明過世之消息，由於大明尚遺有財產與債務未處理，小美此時如果害怕繼承未知之過多債務，小美應如何處理？

　　因為限定繼承的條件已於民國97年1月2日公布修正，小美於公布修正之後才知道大明過世之事實，即使大明已過世2年，但是小美現在才知悉，小美可以檢具何時知悉之證據，在知悉後3個月內向法院陳報限定繼承之意思表示，仍然可以發生限定繼承之效力。

　　小美要向法院陳報限定繼承，小美要如何陳報，小美才可以完成陳報書狀？

　　小美要撰擬限定繼承陳報狀，在陳報狀的當事人欄，小美應記載其陳報人的姓名、性別、出生年月日及住、居所；陳報狀的本文內容應載明被繼承人之姓名、最後住所，及死亡年月日時及地點，如有其他同為繼承人者，其姓名、性別、出生年月日及住、居所，上述的身分資料，需附戶籍謄本、繼承系統表做證明，此外還需要附上遺產清冊，因為限定繼承人不見得充分瞭解被繼承人的財產狀況，所以遺產清冊除記載被繼承人之財產狀況之外，以及繼承人已知之債權人、債務人即可。

**第1156-1條**（債權人遺產清冊之提出）
債權人得向法院聲請命繼承人於三個月內提出遺產清冊。
法院於知悉債權人以訴訟程序或非訟程序向繼承人請求清償繼承債務時，得依職權命繼承人於三個月內提出遺產清冊。
前條第二項及第三項規定，於第一項及第二項情形，準用之。

**解說**

　　本條於民國98年6月10日公布增訂。增訂的理由是如果繼承人不知道被繼承人之債務狀況，於知悉得為繼承3個月內，未開具遺產清冊向法院申報，因此也賦予被繼承人之債權人也得向法院聲請命繼承人於3個月內提出遺產清冊，法院於知悉債權人以訴訟程序或非訟程序向繼承人請求清償繼承債務時，得依職權命繼承人於3個月內提出遺產清冊，以便使繼承人知道被繼承人之債務狀況，債權人與繼承人透過法院進行清算程序。

　　本條第1項、第2項法院命繼承人陳報遺產清冊準用前條展延及數位繼承人只要一人申報遺產清冊之規定。

　　根據家事事件法第129條規定，債權人聲請命繼承人提出遺產清冊事，由繼承開始時被繼承人住所地之法院管轄。債權人聲請書應記載下列各款事項：（一）聲請人；（二）被繼承人之姓名及最後住所；（三）繼承人之姓名及住、居所；（四）聲請命繼承人提出遺產清冊之意旨。

**第1157條**（報名債權之公示催告及其期限）
繼承人依前二條規定陳報法院時，法院應依公示催告程序公

告，命被繼承人之債權人於一定期限內報明其債權。

前項一定期限，不得在三個月以下。

## 解說

本條於民國97年1月2日、98年6月10日公布修正。

繼承人依據第1056條或第1056條之1規定於法定期限內，開具遺產清冊陳報法院時，法院應依公示催告程序公告，命被繼承人之債權人於一定期限內報明其債權。

該命被繼承人之債權人於一定期限內報明其債權，不得在3個月以下。

依據家事事件法第130條規定法院公示催告被繼承人之債權人報明債權，法院公示催告應公告之。公告的方法應揭示於法院公告處、資訊網路及其他適當處所；法院認為必要時，並得命登載於公報或新聞紙，或用其他方法公告之。

命被繼承人之債權人報明債權的時間，民法第1157條第2項規定不得在3個月以下，但是家事事件法第130條第5項規定，應有6個月以上期間，這是兩法期間不一致規定，應如何適用，有待實務上討論。

**第1158條**（償還債務之限制）

繼承人在前條所定之一定期限內，不得對於被繼承人之任何債權人償還債務。

## 解說

在前條的催告期限內，繼承人不得對任何遺產債權人清償債務。

---

**第1159條**（依期報明債權之償還）

在第一千一百五十七條所定之一定期限屆滿後，繼承人對於在該一定期限內報明之債權及繼承人所已知之債權，均應按其數額，比例計算，以遺產分別償還。但不得害及有優先權人之利益。

繼承人對於繼承開始時未屆清償期之債權，亦應依第一項規定予以清償。

前項未屆清償期之債權，於繼承開始時，視為已到期。其無利息者，其債權額應扣除自第一千一百五十七條所定之一定期限屆滿時起至到期時止之法定利息。

---

## 解說

本條於民國98年6月10日公布，增訂第2項規定。

在遺產債權人申報期限過後，繼承人對於申報債權的債權人和繼承人所已知的債權，就要開始按債權額比例，以遺產分別償還遺產債務，但不得害及有優先權人的利益。

如果債務清償期限尚未屆至，需等期限屆至才清償，勢必會羈延清算程序，對於已屆期的債權人、繼承人、受遺贈人均不利，因此本條第2項特別規定，繼承人對於繼承開始的時候，繼承債務尚未屆清償期的債務也須依本條第1項程序清償。如果未屆期的債務沒有支付利息的約定時，應扣除期限利

益之利息，計算的方式為本金扣除民法第1157條陳報債權期限屆滿時起至到期日止，依法定利息計算之利息，就是繼承人需清償未屆期債務的數額，再與其他債權人依債權額比例清償之。

　　老王過世的時候，留下新台幣100萬元、小套房房地一幢價值新台幣300萬元、古董花瓶價值新台幣50萬元的遺產，老王以遺囑交代積欠已到期債務老李新台幣100萬元、老何新台幣150萬元，遺贈老張古董花瓶，老王的兒子小王依據民法第1156條規定，在得為繼承時3個月內，向法院陳報遺產清冊，法院依據公示催告程序公告命老王的債權人於民國99年6月30日前陳報債權，此段期間有老陳提出發票日為民國99年12月31日的本票，面額為新台幣200萬元，老李、老何、老張、老陳都要求小王履行老王所遺留債務，小王應如何處理？

　　根據民法第1160條規定，繼承人須依民法第1159條規定未償債前，不得交付遺贈，所以小王應先就老王遺留的遺產清償債務。

　　老王的遺產總額為現金新台幣100萬元、小套房房地一幢價值新台幣300萬元、古董花瓶價值新台幣50萬元，合計為新台幣450萬的價額。

　　老陳的債權尚未到期，因此扣除民國99年6月1日起至99年12月31日止的法定利息，也就是老陳的債權額以新台幣194萬元計算：

　　NT.2,000,000－NT.2,000,000×6%×1/2＝NT.1,940,000

老王遺留的債務合計為新台幣444萬元：

NT.1,000,000＋NT.1,500,000＋NT.1,940,000＝NT.4,440,000

老李的債權占22.5%、老何的債權占33.8%、老陳的債權占43.7%，此時老王的遺產現金新台幣100萬元、價值新台幣300萬元的小套房房地一幢、價值新台幣50萬元的古董花瓶一只，都是老王的遺產債務擔保，小王必須將小套房、古董花瓶變價清償債務，對於債權人有利的方式是先對小套房變價處分，如果變價結果，現金100萬元與小套房變價處分結果，足夠清償債務時，清償債務完畢之後，小王才能將古董花瓶交付給老張；如果現金100萬元與小套房變價處分結果，不足清償債務時，小王也要將古董花瓶變價處分，以便清償債務，如有餘額，將餘額作為遺贈之價額交付給老張。

**第1160條**（交付遺贈之限制）
繼承人非依前條規定償還債務後，不得對受遺贈人交付遺贈。

**解說**

繼承人在依前條規定清償遺產債務後，才可以對受遺贈人交付遺贈。

**第1161條**（繼承人之賠償責任及受害人之返還請求權）
繼承人違反第一千一百五十八條至第一千一百六十條之規定，致被繼承人之債權人受有損害者，應負賠償之責。

前項受有損害之人，對於不當受領之債權人或受遺贈人，得請求返還其不當受領之數額。

繼承人對於不當受領之債權人或受遺贈人，不得請求返還其不當受領之數額。

**解說**

　　本條於民國98年6月10日公布增修，因為第1057條是公式催告的程序，不是清償程序、方式的規定，故增訂第3項規定。

　　繼承人違反本法第1158條至第1160條關於限定繼承的規定，以至於被繼承人的債權人受有損害時，不論繼承人違反的原因如何，本條規定因此致被繼承人的債權人受有損害時，應負損害賠償責任。而因此受有損害的遺產債權人，可以對於不當受領的債權人或受遺贈人請求返還其不當受領的數額。

　　繼承人對於債權人及受遺贈人本來就應該負擔給付義務，只是因為違反第1158條至第1160條清償程序方式的規定，造成未按比例分配，繼承人對於債權人及受遺贈人清償雖超過比例，對於債權人及受遺贈人而言，也不算是不當得利，繼承人不得對於債權人及受遺贈人請求返還不當受領額度。

　　文彬在申報限定繼承之後，立刻開始清償遺產債務，並將遺贈20萬元交給志彥，但是在法院定6個月期限令債權人申報債權時，老周申報債權15萬元，已經沒有遺產可供清償，老周可以主張何種權利？

　　文彬違反債權人申報債權的期限內不得清償債務的規定，所以可以就15萬元向文彬請求損害賠償，或者因為繼承人須先清償債務後，尚有剩餘才可以交付遺贈，所以受遺贈人本來只可以拿到5萬元，但卻拿了20萬元，老周也可以向受遺贈人請求返還不當受領的15萬元。

---

**第1162條**（未依期報明債權之償還）

被繼承人之債權人，不於第一千一百五十七條所定之一定期限內報明其債權，而又為繼承人所不知者，僅得就賸餘遺產，行使其權利。

---

**解說**

　　被繼承人的債權人若未在法院所定的期限內申報債權，而且又非繼承人所知的被繼承人的債權人，只可以就剩餘財產行使權利。

---

**第1162-1條**（繼承人之清償債權責任）

繼承人未依第一千一百五十六條、第一千一百五十六條之一開具遺產清冊陳報法院者，對於被繼承人債權人之全部債權，仍應按其數額，比例計算，以遺產分別償還。但不得害及有優先權人之利益。

前項繼承人，非依前項規定償還債務後，不得對受遺贈人交付遺贈。

繼承人對於繼承開始時未屆清償期之債權，亦應依第一項規

---

定予以清償。

前項未屆清償期之債權，於繼承開始時，視為已到期。其無利息者，其債權額應扣除自清償時起至到期時止之法定利息。

## 解說

　　本條為民國98年6月10日公布增訂。本次修法內容，已於第1148條第2項明定繼承人對於被繼承人之債務僅以所得遺產為限負清償責任，另於第1156條及第1156條之1設有三種進入法院清算程序之方式，如繼承人仍不願意或認為無須依上開規定開具遺產清冊陳報法院並進行清算程序者，對於被繼承人之債權人自為清償時，除有優先權之情形外，則應自行按各債權人之債權數額，比例計算，以遺產分別償還，以求債權人間權益之衡平，因此參考第1159條規定，增訂第1項。繼承人即使沒有依據民法第1156條、第1156條之1規定，開具遺產清冊陳報法院，繼承人清償繼承債務時，仍需就被繼承人的債權人全部債權，依據其數額，比例計算，以遺產分別償還。但不得害及有優先權人的利益。

　　如果債務清償期限尚未屆至，需等期限屆至才清償，勢必會羈延清算程序，對於已屆期的債權人、繼承人、受遺贈人均不利，因此本條第3項特別規定，繼承人對於繼承開始的時候，繼承債務尚未屆期的長期債務也須依本條第1項程序清償。如果未屆期的債務沒有支付利息的約定時，應扣除期限利益之利息，根據本條第4項規定，計算的方式為本金扣除清償日起至到期日止，依法定利息計算之利息，就是繼承人需清償

未屆期債務的數額，再與其他債權人依債權額比例清償之。

繼承人清償遺產債務之後才可對受遺贈人交付遺贈。

老王過世的時候，只留下新台幣50萬元的遺產，但是積欠老李新台幣100萬元、老何新台幣150萬元，且皆已到期，老王的兒子小王認為父親所遺財產不多，所以也沒有在得為繼承時3個月內向法院陳報遺產清冊，小王應如何清償老王所遺留債務？

小王雖然沒有依照民法第1156條規定，在得為繼承時3個月內向法院陳報遺產清冊，根據民法第1162條之1規定，小王還是要依照債權比例以老王的遺產清償債務，所以老王遺留的債務總共為新台幣250萬元，老李的債權為100萬元，占債務比例為40%，老何的債權為150萬元，占債務比例為60%，計算結果如下：

NT.500,000×40%＝NT.200,000

NT.500,000×60%＝NT.300,000

小王應將老王之遺產新台幣50萬元，清償給老李新台幣20萬元、老何新台幣30萬元。

---

**第1162-2條**（限定繼承之例外原則）

繼承人違反第一千一百六十二條之一規定者，被繼承人之債權人得就應受清償而未受償之部分，對該繼承人行使權利。

繼承人對於前項債權人應受清償而未受償部分之清償責任，不以所得遺產為限。但繼承人為無行為能力人或限制行為能

力人，不在此限。

繼承人違反第一千一百六十二條之一規定，致被繼承人之債權人受有損害者，亦應負賠償之責。

前項受有損害之人，對於不當受領之債權人或受遺贈人，得請求返還其不當受領之數額。

繼承人對於不當受領之債權人或受遺贈人，不得請求返還其不當受領之數額。

## 解說

　　本條為民國98年6月10日公布增訂。本次修法已於第1148條第2項明定繼承人對於被繼承人之債務僅以所得遺產為限負清償責任，另於第1156條及第1156條之1設有三種進入清算程序之方式，以期儘速確定繼承債權債務關係之義務。但是繼承人如果不依第1156條或第1156條之1規定向法院陳報進行清算程序，自己做債務清償，也必須依第1162條之1規定為之，以維護債權人的權益。如果繼承人不依上開規定向法院陳報並進行清算程序，又違反第1162條之1規定，致使債權人原得受清償部分未能受償額（例如：未應按比例受償之差額或有優先權人未能受償之部分），即應就該未能受償之部分負清償之責，始為公允，本條第1項明定債權人得向繼承人就該未受償部分行使權利，也就是民法第1148條規定繼承以限定繼承為原則得例外，繼承人既然不願意遵守法定的清償原則，本條第2項前段繼承人就應以自己的固有財產與繼承到的財產共同對被繼承人的債權人負責。

　　繼承人如為無行為能力人或限制行為能力人，依民國98年

6月10日修正前第1153條第2項規定，原無須辦理任何程序，對於被繼承人之債務，就僅以所得遺產為限負清償責任。本次修正因已明定所有繼承人對繼承債務負限定責任，故配合刪除第1153條第2項，但是原保護無行為能力或限制行為能力人之立法原則並未改變，故於本條第2項但書規定，如繼承人為無行為能力人或限制行為能力人，有致債權人未能依比例受償之情形仍僅以所得遺產為限負清償責任。也就是說繼承人如為無行為能力人或限制行為能力人，不論繼承債務的清償方式是否符合法定規定，繼承人為無行為能力人或限制行為能力人，仍以所繼承到的財產負擔債務，不會如成年的繼承人負擔無限的責任。

繼承人因違反第1162條之1規定，致被繼承人之債權人受有損害者，應負賠償之責，也就是繼承人不依照法定期間陳報法院清償債務，私下清償債務也違反民法第1162條之1規定時，因此造成被繼承人的債權人受有損害時，繼承人也要負擔損害賠償責任。

繼承人違反第1162條之1規定，致被繼承人之債權人受有損害，該等債權人固得依本條第3項規定向繼承人請求損害賠償，惟繼承人若資力不足或全無資力時，對受損害之債權人即無實際上之效果，所以本條第4項，明定第3項之債權人對於不當受領之債權人或受遺贈人，得請求返還其不當受領之數額。

繼承人未依第1162條之1規定為清償，致債權人有受領逾比例數額之情形時，該債權人於其債權範圍內受領，並非無法律上之原因，自無不當得利可言，故增訂本條第4項，明定繼承人對於不當受領之債權人或受遺贈人，不得請求返還其逾比例受領之數額，以期明確。

**第1163條**（限定繼承利益之喪失）
繼承人中有下列各款情事之一者，不得主張第一千一百四十八條第二項所定之利益：
一、隱匿遺產情節重大。
二、在遺產清冊為虛偽之記載情節重大。
三、意圖詐害被繼承人之債權人之權利而為遺產之處分。

## 解說

本條分別於民國97年1月2日、98年6月10日公布修正。

民國98年6月10日修法已於第1148條第2項明定繼承人對於被繼承人之債務僅以所得遺產為限負清償責任，另配合第1156條之修正，刪除原條文第4款規定。

限定繼承人如果有本條各款情形之一，喪失限定繼承的利益：

一、隱匿遺產情節重大：繼承人如果隱匿遺產，且隱匿之情節重大的時候，喪失限定繼承的利益。

二、在遺產清冊為虛偽之記載情節重大：繼承人在遺產清冊為虛偽記載，虛偽記載之情節重大的時候，喪失限定繼承的利益。

三、意圖詐害被繼承人之債權人之權利而為遺產之處分：繼承人意圖使被繼承人之債權人，無法求償或難以求償而對於遺產為事實上或法律上的處分時，喪失限定繼承的利益。

# 第三節　遺產之分割

**第1164條**（遺產分割自由原則）

繼承人得隨時請求分割遺產，但法律另有規定或契約另有訂
定者，不在此限。

## 解說

　　除了法律另有規定或者已經有契約約定分割的相關事項
外，繼承人得隨時請求分割公同共有的繼承財產。

　　張霏、張玉、張清共同繼承財產，張霏、張玉認為祖產應
該永續共有，張清希望分割各管各的財產，究竟誰有理由？

　　如果被繼承人沒有特別訂定如何處理財產時，各繼承人均
得隨時請求分割，所以即使張霏、張玉均不願意分割祖產，但
若張清提出分割請求時，仍須辦理遺產分割。

**第1165條**（分割遺產之方法）

被繼承人之遺囑，定有分割遺產之方法，或託他人代定者，
從其所定。

遺囑禁止遺產之分割者，其禁止之效力以十年為限。

## 解說

　　本條為前條所規定的「法律另有規定」的情形。被繼承人

如果在遺囑裡，就遺產的分割方法有明文訂定，或者遺囑中已託人代定分割方法時，則依照遺囑的指示為之。

遺囑中若表示禁止分割時，法律上認定只有10年的禁止分割效力，若遺產繼承超過10年之後，繼承人仍然可以請求分割。

老王過世，有二個繼承人，老王在遺囑中表明不得分割，需永久共業，繼承人可不可以協議分割？

老王的遺囑禁止分割遺產，禁止的效力只有10年，所以繼承事實發生之日起10年內，繼承人不得以協議分割方式，分割遺產；繼承事實發生之日起10年又1日起，繼承人得以協議分割方式，分割遺產，如協議不成，還可以裁判分割方式分割遺產。

**第1166條**（胎兒應繼分之保留）
胎兒為繼承人時，非保留其應繼分，他繼承人不得分割遺產。
胎兒關於遺產之分割，以其母為代理人。

**解說**

為了保護胎兒，胎兒也可以繼承遺產。若其他繼承人在胎兒尚未出生之前，就想要分割遺產時，也要保留胎兒的應繼分才可以分割。由於胎兒尚未出生，所以以其母親為遺產分割的代理人。

**實例**

老王過世，留有妻子一人，妻子目前懷有身孕，子女三人，應如何繼承？如何分割遺產？

老王之繼承人有妻子、胎兒、三名子女共五人共同平均繼承。必須保留胎兒的應繼分，才可以做分割遺產。

**第1167條**（刪除）

**第1168條**（分割之效力(一)—繼承人互相擔保責任）
遺產分割後，各繼承人按其所得部分，對於他繼承人因分割而得之遺產，負與出賣人同一之擔保責任。

**解說**

遺產分割是一種有償行為，各共同繼承人對於其他繼承人因分割而得的財產，應負與出賣人相同的擔保責任，也就是對於權利瑕疵或物的瑕疵，繼承人之間互負擔保責任。而各繼承人所負擔的擔保責任範圍以其所分得的部分，作為責任範圍。

**實例**

胡志、胡雄共同繼承財產，嗣後分割遺產，胡志分得別墅一幢價值3,000萬元，胡雄分得存款3,000萬元，結果李姓建商出面主張對於該別墅有法定抵押權2,000萬元，胡志不得已之下拿出2,000萬元給李姓建商作清償債務之用，胡志可不可以向胡雄要求追一部分遺產給他？

　　由於遺產分割之後，各繼承人就所分得的部分，對於其他繼承人負瑕疵擔保責任，胡志對於分得的別墅因為有權利瑕疵而受有損害，可以向胡雄請求1,000萬元的損害賠償。

**第1169條**（分割之效力⑵—債務人資力之擔保責任）
**遺產分割後，各繼承人按其所得部分，對於他繼承人因分割而得之債權，就遺產分割時債務人之支付能力，負擔保之責。**
**前項債權，附有停止條件或未屆清償期者，各繼承人就應清償時債務人之支付能力，負擔保之責。**

**解說**
　　遺產分割之後，為了保障遺產繼承人權利的公平性，所以本條規定各繼承人以其所分得的部分，對於其他繼承人所分得的債權，就遺產分割時，債務人的支付能力負擔保責任。因為分得債權的繼承人還要請求債務人清償債務，若債務人無財產可供清償或者不足清償時，繼承人所分得的債權，無異廢紙一張，所以其餘共同繼承人應就債務人的支付能力負擔保之責，以示公平。

　　但是有的債權不是遺產分割時，馬上可以行使，必須等到停止條件成就，或者清償期限屆至時，才可以行使債權，所以各繼承人對於分到債權的繼承人負擔將來應清償時債務人支付能力的擔保責任。

## 實例

張瑜與張駿共同繼承遺產之後，張瑜分得股票一張價值10萬元，張駿分得對於老王的債權20萬元，結果老王只能還10萬元，其餘10萬元無財產清償，張駿可否要求張瑜重新分一部分財產給他？

繼承人對於他繼承人所分得的債權，在其所分得的財產範圍內，負擔保債務人的支付能力之責，所以張駿可以就其未受償的10萬元，請求張瑜分攤三分之一。

**第1170條**（分割之效力㈢—擔保責任人無資力時之分擔）
依前二條規定負擔保責任之繼承人中，有無支付能力不能償還其分擔額者，其不能償還之部分，由有請求權之繼承人與他繼承人，按其所得部分比例分擔之。但其不能償還，係由有請求權人之過失所致者，不得對於他繼承人請求分擔。

## 解說

各繼承人依前二條規定負擔保責任，但是若有繼承人無支付能力而不能償還分擔額的時候，則由有請求分擔權限的繼承人與其他繼承人各按比例來吸收分擔額。但是繼承人不能償還的原因是有請求權的繼承人的過失所致時，不得對於其他繼承人請求分擔。

**第1171條**（分割之效力㈣—連帶債務之免除）
遺產分割後，其未清償之被繼承人之債務，移歸一定之人承

受，或劃歸各繼承人分擔，如經債權人同意者，各繼承人免除連帶責任。

繼承人之連帶責任，自遺產分割時起，如債權清償期在遺產分割後者，自清償期屆滿時起，經過五年而免除。

## 解說

遺產分割也包括遺產債務的分割，如果遺產分割時，將被繼承人的債務移歸一定繼承人承受，或者由各繼承人分擔時，原則上各繼承人仍應對該債務負連帶清償責任，除非經過債權人的同意，各繼承人才可以免除連帶責任。

遺產分割之後，繼承人的連帶責任也不是永續存在，自遺產分割時起經過5年，若債權人尚未請求清償時，連帶責任免除。若債務清償期在遺產分割之後才屆至時，自屆至時起經過5年，也免除連帶責任。

## 第1172條（分割之計算(一)—債務之扣還）

繼承人中如對於被繼承人負有債務者，於遺產分割時，應按其債務數額，由該繼承人之應繼分內扣還。

## 解說

繼承人如果對被繼承人負有債務時，在分割遺產時，應該按其債務額，由繼承人的應繼分中扣還。

### 實例

老王過世遺有現金新台幣1,000萬元、債權新台幣100萬元，繼承人大華、大明共同平均繼承，債權新台幣100萬元就是大明所積欠的債務，兩人應如何分割遺產？

老王的遺產為新台幣1,100萬元，大華、大明協議分割遺產，每人各得新台幣550萬元，大明應得之新台幣550萬元應先扣除其積欠之新台幣100萬元，所以大明實際取得新台幣450萬元，其餘550萬元歸大華取得。

---

**第1173條**（分割之計算(二)—贈與之歸扣）

繼承人中有在繼承開始前因結婚、分居或營業，已從被繼承人受有財產之贈與者，應將該贈與價額加入繼承開始時被繼承人所有之財產中，為應繼遺產。但被繼承人於贈與時有反對之意思表示者，不在此限。

前項贈與價額，應於遺產分割時，由該繼承人之應繼分中扣除。

贈與價額，依贈與時之價值計算。

---

### 解說

被繼承人在繼承開始之前，每每因為繼承人結婚、分居或者營業，而為財產上的贈與，但通常這樣的贈與，並沒有使受贈人特別受有利益的意思，所以除非被繼承人在贈與的時候有特別聲明將來繼承時不能扣除之外，繼承人應將所受贈與的價額，算入被繼承人的應繼財產之中，然後在遺產分割時，由該繼承人的應繼分之中扣除之。此外，關於計算贈與的價額，是

依照贈與當時的價額計算之。

惠萍在結婚時，父親贈與一幢時價200萬元的小套房作為嫁妝，歷經數年之後，小套房的價值增值不少，某日惠萍的父親過世，在算遺產時，應如何計算？

惠萍結婚時所獲小套房200萬元的價額應列入計算遺產的應繼財產。

# 第四節　繼承之拋棄

**第1174條**（繼承權拋棄之自由及方法）
繼承人得拋棄其繼承權。
前項拋棄，應於知悉其得繼承之時起三個月內，以書面向法院為之。
拋棄繼承後，應以書面通知因其拋棄而應為繼承之人。但不能通知者，不在此限。

## 解說

本條於民國97年1月2日公布修正。本條第2項繼承人得為拋棄之時間由原先之「應於知悉其得繼承之時起二個月內」，修正為應於知悉其得繼承之時起「三個月內」，另將原規定之拋棄人通知因其拋棄得為繼承之人的規定，將文字修正明確，確認通知因其拋棄得為繼承之人的規定，並非拋棄的生效要件，以免造成疑義。

　　繼承事實發生的時候，民法第1138條之法定繼承人列於優先第一順位者當然成為繼承人，但是繼承的效力是被繼承人的財產債務都要繼承，所以法律也許可在一定時間內，繼承人可以選擇拋棄繼承。

　　拋棄繼承須符合一定要件，也就是繼承人應於知悉其得繼承之時起3個月內，以書面向法院聲明拋棄繼承。所謂「知悉其得繼承之時起」，在立法理由書說明，是指知悉被繼承人死亡且自己已依民法第1138條規定成為繼承人之時起，才開始起算「知悉其得繼承」之起算點。因為繼承人如為第1138條第一順序次親等或第二順序以下繼承人，即使知道被繼承人已經過世，未必知道自己已成為繼承人，所以法條規定「應於知悉其得繼承之時」起算得決定拋棄繼承時間之時點，以保障繼承人的權利。

　　依據家事事件法第127條、第132條規定，由繼承開始時被繼承人住所地之法院管轄。繼承人要做拋棄繼承的時候，是以書面向被繼承人過世時的住所地管轄法院聲明。繼承人拋棄繼承沒有逾越知悉其得繼承之時起3個月，法院即應予備查，通知拋棄繼承人，並公告之。

　　繼承人拋棄繼承之後應該以書面通知因其拋棄繼承而變成可以繼承的繼承人，但是如果該得為繼承的人不知所在，或無法通知到，也沒有關係，不需完成通知程序。

　　大陸地區人民繼承台灣地區人民的遺產有特別限制。根據台灣地區與大陸地區人民關係條例第66條規定，大陸地區人民繼承台灣地區人民的遺產時，應於繼承開始起3年內以書面向被繼承人住所地的法院為繼承的表示，逾期視為拋棄其繼承權。

**實例**

老張的六名子女在老張過世之後，討論遺產繼承事宜，其中老大張哲表示其經常在外流浪，甚少盡到孝道，所以願意放棄繼承權，財產由其餘兄弟姊妹繼承，但是國稅局仍然通知張哲要繳遺產稅，這是怎麼一回事呢？

拋棄繼承須由繼承人在繼承開始後，以書面向法院陳報拋棄繼承，否則不生效力，張哲因為沒有履行法定之拋棄繼承要件，所以不生拋棄繼承效力，張哲仍然與其兄弟姊妹共同繼承老張的遺產。

老王過世，遺有財產新台幣1,000萬元，老王在台灣、大陸，各有一名子女，沒有其他繼承人，老王在台灣的兒子不知道在大陸還有一個同父異母的哥哥，所以就全部繼承新台幣1,000萬元，老王過世5年後，老王在大陸的兒子到台灣要求弟弟分一半老王的遺產，台灣的弟弟可以拒絕嗎？

大陸哥哥沒有在老王過世後3年內，以書面向老王住所地的法院為繼承的表示，視為拋棄其繼承權，所以台灣的弟弟可以拒絕大陸哥哥的要求。

**第1175條**（繼承拋棄之效力）
繼承之拋棄，溯及於繼承開始時發生效力。

**解說**

拋棄繼承的效力，溯及於繼承事由發生時就發生拋棄繼承的效力。

**第1176條**（拋棄繼承權人應繼分之歸屬）

第一千一百三十八條所定第一順序之繼承人中有拋棄繼承權者，其應繼分歸屬於其他同為繼承之人。

第二順序至第四順序之繼承人中，有拋棄繼承權者，其應繼分歸屬於其他同一順序之繼承人。

與配偶同為繼承之同一順序繼承人均拋棄繼承權，而無後順序之繼承人時，其應繼分歸屬於配偶。

配偶拋棄繼承權者，其應繼分歸屬於與其同為繼承之人。

第一順序之繼承人，其親等近者均拋棄繼承權時，由次親等之直系血親卑親屬繼承。

先順序繼承人均拋棄其繼承權時，由次順序之繼承人繼承。

其次順序繼承人有無不明或第四順序之繼承人均拋棄其繼承權者，準用關於無人承認繼承之規定。

因他人拋棄繼承而應為繼承之人，為拋棄繼承時，應於知悉其得繼承之日起三個月內為之。

## 解說

　　本條第7項因為97年1月2日配合限定繼承、拋棄繼承向法院陳報的時間做修正，98年6月10日因為第1148條第1項但書所定繼承人對於繼承債務負限定責任之規定，適用於所有繼承人，且不待繼承人主張，因此將原第7項所定「限定繼承或」等字刪除。

　　繼承人拋棄繼承權之後，拋棄繼承人的應繼分該做如何處理，本條特別訂立處理方式如下：

一、本法第1138條所定第一順序的繼承人中有拋棄繼承時，即

直系血親卑親屬中有人拋棄繼承時，其應繼分就歸屬於其他同為繼承的人均分。例如：無配偶共同繼承的時候，由其他同為繼承的直系血親卑親屬均分；有配偶同為繼承的時侯，由配偶與其他直系血親卑親屬均分。

二、第二順序至第四順序的繼承人有人拋棄繼承時，拋棄繼承人的應繼分歸屬於其他同一順序的繼承人。也就是不管有無配偶與之共同繼承，拋棄繼承人的這一份，配偶都沒有權利分，所以父母之中有一人拋棄繼承時，拋棄的應繼分，歸屬同為繼承的父或母；兄弟姊妹有人拋棄繼承時，由其餘同為繼承的兄弟姊妹均分拋棄繼承人的應繼分；祖父母有人拋棄繼承時，由同為繼承的祖父或祖母享有所拋棄的應繼分。

三、與配偶共同繼承的同一順序繼承人，全都拋棄繼承時，就由後一順序的繼承人與配偶共同繼承，但是如果連後順序的繼承人都沒有時，就由配偶全部繼承。

四、配偶拋棄繼承權的時候，所拋棄的應繼分就歸由其他同為繼承的繼承人均分。

五、直系血親卑親屬親等相同的全部拋棄繼承權時，就由次親等的直系血親卑親屬做第一順序的繼承人，而為繼承。

六、先順序的繼承人全都拋棄繼承時，由後順序的繼承人繼承，但是後順序的繼承人有無不明，或都沒有後順序的繼承人時（也就是連第四順位的繼承人都沒有），準用關於無人承認繼承的規定。

七、因為繼承人拋棄繼承之後而成為繼承人的人，在知道其本身成為繼承人之日起3個月內，也可以為拋棄繼承。

## 實例

老王與妻子阿芳育有三名子女大華、大明、玉美，玉美也生有子女小茵、小雲，老王過世時，玉美拋棄繼承，老王的遺產由誰繼承？

玉美拋棄繼承，所以老王的遺產由阿芳、大華、大明共同繼承，阿芳、大華、大明各繼承三分之一。

老王過世時，有妻子阿芳、父母親二人，其中父親拋棄繼承，老王的遺產由誰繼承？

阿芳繼承二分之一，老王的母親繼承二分之一。

老王過世時，有妻子阿芳、父母親二人、二位姐姐，其中父母親均拋棄繼承，老王的遺產由誰繼承？

阿芳繼承二分之一，老王的姐姐各繼承四分之一。

**第1176-1條**（拋棄繼承者繼續管理遺產之義務）
拋棄繼承權者，就其所管理之遺產，於其他繼承人或遺產管理人開始管理前，應與處理自己事務為同一之注意，繼續管理之。

## 解說

拋棄繼承人在其他繼承人繼承之前，或者遺產管理人管理之前，應管理遺產，並且要負與處理自己事務同一的注意義務。

# 第五節　無人承認之繼承

**第1177條**（遺產管理人之選定報明）

繼承開始時，繼承人之有無不明者，由親屬會議於一個月內選定遺產管理人，並將繼承開始及選定遺產管理人之事由，向法院報明。

## 解說

　　繼承開始的時候，到底有沒有繼承人，尚不明確，則由親屬會議在1個月內選定遺產管理人，並且將繼承開始和選定遺產管理人的事由，向法院陳報，以維護被繼承人之債權人及繼承人的利益。

**第1178條**（搜索繼承人之公示催告與選任遺產管理人）

親屬會議依前條規定為報明後，法院應依公示催告程序，定六個月以上之期限，公告繼承人，命其於期限內承認繼承。

無親屬會議或親屬會議未於前條所定期限內選定遺產管理人者，利害關係人或檢察官，得聲請法院選任遺產管理人，並由法院依前項規定為公示催告。

## 解說

　　親屬會議依前條規定陳報繼承開始及選定遺產管理人之事實後，法院應依公示催告程序，定6個月以上的期限，公告繼承人，命繼承人於所定期限內承認繼承。

　　沒有親屬會議或者親屬會議沒有在前條所定期限內選定遺產管理人的話，利害關係人或檢察官得聲請法院選任遺產管理人，同時由法院做公示催告，定6個月以上的期限，公告繼承人在該期限內承認繼承。

**第1178-1條**（法院為保存遺產之必要處置）
繼承開始時繼承人之有無不明者，在遺產管理人選定前，法院得因利害關係人或檢察官之聲請，為保存遺產之必要處置。

**解說**
　　繼承開始的時候，有無繼承人不明的情形之下，而遺產管理人又還沒選出來時，法院可以因利害關係人或檢察官的聲請，基於保存遺產的必要，做必要的處置。

**第1179條**（遺產管理人之職務）
遺產管理人之職務如下：
一、編製遺產清冊。
二、為保存遺產必要之處置。
三、聲請法院依公示催告程序，限定一年以上之期間，公告被繼承人之債權人及受遺贈人，命其於該期間內報明債權及為願受遺贈與否之聲明，被繼承人之債權人及受遺贈人為管理人所已知者，應分別通知之。
四、清償債權或交付遺贈物。

五、有繼承人承認繼承或遺產歸屬國庫時，為遺產之移交。前項第一款所定之遺產清冊，管理人應於就職後三個月內編製之；第四款所定債權之清償，應先於遺贈物之交付，為清償債權或交付遺贈物之必要，管理人經親屬會議之同意，得變賣遺產。

## 解說

　　遺產管理人在繼承人有無不明時，要管理遺產，以免遺產流失，而且保障被繼承人的債權人、繼承人的利益，所以本條特別規定遺產管理人的職務，茲述如下：

一、編製遺產清冊：將遺產的權利、債務，詳細分列成冊，而且管理人要在就職後3個月內編製完成。

二、為保存遺產而做必要的處置行為。

三、向法院聲請依公示催告程序，限定1年以上的期間，公告被繼承人的債權人和受遺贈人，要求他們必須在該所定的期間之內，申報債權和是否接受遺贈的聲明。若是遺產管理人所知道的被繼承人的債權人、受遺贈人，遺產管理人應分別通知他們。

四、清償債權或交付遺贈物：清償債權之後，才可以辦理交付遺贈物，而且為了履行本款任務，遺產管理人經過親屬會議同意後得變賣遺產。

五、如果有繼承人承認繼承，就將遺產移交給繼承人，如果無人繼承時，遺產移交國庫。

**第1180條**（遺產管理人之報告義務）
遺產管理人，因親屬會議，被繼承人之債權人或受遺贈人之請求，應報告或說明遺產之狀況。

**解說**

　　親屬會議、被繼承人的債權人或受遺贈人都可以請求遺產管理人報告或說明遺產的狀況，而遺產管理人不得拒絕。

**第1181條**（清償債務或交付遺贈物之限制）
遺產管理人非於第一千一百七十九條第一項第三款所定期間屆滿後，不得對被繼承人之任何債權人或受遺贈人，償還債務或交付遺贈物。

**解說**

　　遺產管理人必須在依本法第1179條第1項第3款所定的債權人、受遺贈人申報期過後，才可以對被繼承人的任何債權人或受遺贈人清償債務或交付遺贈物，以免造成不公平的現象。

**第1182條**（未依期限報明債權及聲明受遺贈之償還）
被繼承人之債權人或受遺贈人，不於第一千一百七十九條第一項第三款所定期間內為報明或聲明者，僅得就賸餘遺產，行使其權利。

## 解說

被繼承人的債權人或受遺贈人沒有在依本法第1179條第1項第3款所定的申報期限內申報時，只能就剩餘的遺產，請求清償債權或交付遺贈物。

**第1183條**（遺產管理人之報酬）
遺產管理人得請求報酬，其數額由法院按其與被繼承人之關係、管理事務之繁簡及其他情形，就遺產酌定之，必要時，得命聲請人先為墊付。

## 解說

遺產管理人可以要求管理遺產的報酬，報酬數額的多寡，是由法院按照遺產管理人與被繼承人的關係、管理事務的多寡難易以及其他情形，就遺產酌定給予。必要時可以命聲請人先行墊付。

**第1184條**（遺產管理人行為效果之擬制）
第一千一百七十八條所定之期限內，有繼承人承認繼承時，遺產管理人在繼承人承認繼承前所為之職務上行為，視為繼承人之代理。

## 解說

本法第1178條所定的期限內，有繼承人承認繼承時，遺產管理人在繼承人承認繼承前所為的職務行為，法律上擬制是遺

產管理人為繼承人的代理行為，均對繼承人發生效力。

**第1185條** （賸餘遺產之歸屬）
第一千一百七十八條所定之期限屆滿，無繼承人承認繼承時，其遺產於清償債權並交付遺贈物後，如有賸餘，歸屬國庫。

**解說**
　　本法第1178條所定期限屆滿後，沒有繼承人繼承財產時，遺產在清償債權、交付遺贈物之後，如尚有剩餘財產，則該剩餘財產歸國庫所有。

# |第三章|

# 遺　囑

## 第一節　通　則

> **第1186條**（遺囑能力）
> 無行為能力人，不得為遺囑。
> 限制行為能力人，無須經法定代理人之允許，得為遺囑。但未滿十六歲者，不得為遺囑。

### 解說

　　無行為能力人（未滿7歲的未成年人、受監護宣告人），不能作遺囑，否則遺囑無效。

　　限制行為能力人且滿16歲以上者，可以獨力製作遺囑，不必得到法定代理人的允許。限制行為能力人未滿16歲者不得作遺囑，否則遺囑無效。

 實例

　　大華因為精神分裂受監護宣告，大華可以訂立遺囑嗎？
　　大華受監護宣告，沒有行為能力，大華不可以訂立遺囑。

**第1187條**（遺產之自由處分）
遺囑人於不違反關於特留分規定之範圍內，得以遺囑自由處分遺產。

## 解說

　　遺囑人在不違反繼承人的特留分規定範圍內，可以自由指定如何處理遺產，例如：繼承人如何分得遺產、遺贈何人等。

　　老張立遺囑時，可不可以將名下財產指定由兒子繼承，而女兒不可以繼承？

　　老張的兒子、女兒都可以作老張的繼承人，老張立遺囑分配財產時，須不侵害女兒的特留分，才可以自由指定遺產如何繼承。

**第1188條**（受遺贈權之喪失）
第一千一百四十五條喪失繼承權之規定，於受遺贈人準用之。

## 解說

　　本法第1145條喪失繼承權的事由，對於受遺贈人也有準用的餘地，所以受遺贈人如果有第1145條所列情形之一時，受遺贈人喪失受遺贈的權利。

## 實例

　　老張晚年時由小李照料生活起居，因此也知道老張立有遺囑以及遺囑的內容，小李為圖多獲一點遺贈，所以將遺囑中遺贈小李10萬元塗改成90萬元，結果被繼承人發現，究竟小李可以得到多少遺贈？

　　小李塗改的行為是偽造遺囑的行為，構成喪失遺贈的事由，所以小李一毛也得不到。

# 第二節　方　式

**第1189條**（遺囑方式之種類）
遺囑應依左列方式之一為之：
一、自書遺囑。
二、公證遺囑。
三、密封遺囑。
四、代筆遺囑。
五、口授遺囑。

## 解說

　　立遺囑為要式行為，本條規定訂立遺囑的方式有五種，即：（一）自書遺囑；（二）公證遺囑；（三）密封遺囑；（四）代筆遺囑；（五）口授遺囑，如果不依上述五種方式之一所為的遺囑，無效。

**第1190條**（自書遺囑）
自書遺囑者，應自書遺囑全文，記明年、月、日，並親自簽名；如有增減、塗改，應註明增減、塗改之處所及字數，另行簽名。

**解說**

　　所謂自書遺囑，是指立遺囑人親自寫遺囑全文，而且要寫明立遺囑的年、月、日，並且還要親自簽名。遺囑如果有增、減、塗改，必須在遺囑裡註明增、減、塗改字跡的位置和字數，並且在該註明處，另行簽名。

**實例**

　　老王訂立遺囑時，由於嫌自己的字跡太潦草，所以又請打字行打好字，老王則在遺囑書上簽名，遺囑是否有效？

　　自書遺囑應親自書寫，不可以用打字為之，所以老王所立自書遺囑不合法定要件，所立遺囑無效。

**第1191條**（公證遺囑）
公證遺囑，應指定二人以上之見證人，在公證人前口述遺囑意旨，由公證人筆記、宣讀、講解，經遺囑人認可後，記明年、月、日，由公證人、見證人及遺囑人同行簽名。遺囑人不能簽名者，由公證人將其事由記明，使按指印代之。
前項所定公證人之職務，在無公證人之地，得由法院書記官行之，僑民在中華民國領事駐在地為遺囑時，得由領事行之。

## 解說

　　所謂公證遺囑，是指立遺囑人指定二人以上的見證人，共同在場，由立遺囑人在公證人前口述遺囑意旨，由公證人筆記，公證人並在立遺囑人、見證人面前宣讀、講解遺囑內容，經立遺囑人認可後，記明立遺囑的年、月、日，由公證人、見證人以及遺囑人同行簽名。遺囑人不能簽名時，由公證人記明不能簽名的事由，而使遺囑人以按指印代替簽名。

　　在沒有公證人的地方法院，得由書記官為本條第1項公證人的職務。僑民在中華民國領事駐在地要作公證遺囑時，得由領事執行公證人職務。

**第1192條**（密封遺囑）
密封遺囑，應於遺囑上簽名後，將其密封，於封縫處簽名，指定二人以上之見證人，向公證人提出，陳述其為自己之遺囑，如非本人自寫，並陳述繕寫人之姓名、住所，由公證人於封面記明該遺囑提出之年、月、日及遺囑人所為之陳述，與遺囑人及見證人同行簽名。
前條第二項之規定，於前項情形準用之。

## 解說

　　所謂密封遺囑，是指遺囑人在遺囑上簽名後，將遺囑密封，遺囑人並在遺囑的封縫處簽名。然後，遺囑人指定二人以上的見證人，向公證人提出該密封的遺囑，且陳述此為遺囑人自己的遺囑，如果不是本人自寫的則要說出繕寫人的姓名、住所，由公證人在遺囑封面記明該遺囑提出的年、月、日和遺

囑人在公證人面前的陳述。遺囑人、見證人均應在封面上簽名。

前條第2項的規定，在密封遺囑裡也準用之。

**第1193條**（密封遺囑之轉換）
密封遺囑，不具備前條所定之方式，而具備第一千一百九十條所定自書遺囑之方式者，有自書遺囑之效力。

**解說**

　　密封遺囑不具備前條所規定要件時，雖然不生密封遺囑的效力，但如果合乎本法第1190條自書遺囑的要件，則發生自書遺囑的效力。

**第1194條**（代筆遺囑）
代筆遺囑，由遺囑人指定三人以上之見證人，由遺囑人口述遺囑意旨，使見證人中之一人筆記、宣讀、講解，經遺囑人認可後，記明年、月、日及代筆人之姓名，由見證人全體及遺囑人同行簽名，遺囑人不能簽名者，應按指印代之。

**解說**

　　所謂代筆遺囑，是指由遺囑人指定三人以上的見證人共同在場，然後由遺囑人口述遺囑意旨，並由見證人一人筆記遺囑內容，宣讀、講解遺囑內容，經遺囑人認可之後，記明立遺囑的年、月、日和代筆人的姓名，然後由見證人全體和遺囑人共

同簽名，若遺囑人不能簽名的話，則立遺囑人以按指印替之。

---

**第1195條**（口授遺囑之方法）

遺囑人因生命危急或其他特殊情形，不能依其他方式為遺囑者，得依左列方式之一為口授遺囑：

一、由遺囑人指定二人以上之見證人，並口授遺囑意旨，由見證人中之一人，將該遺囑意旨，據實作成筆記，並記明年、月、日，與其他見證人同行簽名。

二、由遺囑人指定二人以上之見證人，並口授遺囑意旨、遺囑人姓名及年、月、日，由見證人全體口述遺囑之為真正及見證人姓名，全部予以錄音，將錄音帶當場密封，並記明年、月、日，由見證人全體在封縫處同行簽名。

---

### 解說

　　口授遺囑是在遺囑人因生命危急或其他特殊情形，已不能依照前述第1190條至第1194條所規定的形式訂立遺囑時，才可以作口授遺囑，口授遺囑的製作方式有二種，茲敘述如下：

一、遺囑人指定二人以上的見證人共同在場，由遺囑人口授遺囑意旨，由見證人據實將遺囑意旨作成筆記，並且記明立遺囑的年、月、日，然後由代筆的見證人與其他見證人共同簽名。

二、遺囑人指定二人以上的見證人共同在場，由遺囑人口述遺囑意旨、遺囑人姓名、立遺囑年、月、日，然後由見證人全體口述遺囑真正和全部見證人的姓名，同時當場全部錄音，並將錄音帶當場密封，並且記明密封的年、月、日，

由見證人全體在封縫的地方共同簽名。

**第1196條**（口授遺囑之失效）
口授遺囑，自遺囑人能依其他方式為遺囑之時起，經過三個月而失其效力。

**解說**

　　口授遺囑訂立後，如果遺囑人沒有死亡或其他特殊情況也已經消失，即從遺囑人能依其他方式作遺囑之時起，經過3個月之後失其效力。

**第1197條**（口授遺囑之鑑定）
口授遺囑，應由見證人中之一人或利害關係人，於為遺囑人死亡後三個月內，提經親屬會議認定其真偽。對於親屬會議之認定如有異議，得聲請法院判定之。

**解說**

　　口授遺囑應由見證人中的一人或者利害關係人，在遺囑人死亡後3個月內，向親屬會議提請認定真偽。對於親屬會議認定的結果，如果有不服的情形，見證人中的一人或利害關係人得聲請法院判定遺囑的真偽。

**第1198條**（遺囑見證人資格之限制）

下列之人，不得為遺囑見證人：

一、未成年人。

二、受監護或輔助宣告之人。

三、繼承人及其配偶或其直系血親。

四、受遺贈人及其配偶或其直系血親。

五、為公證人或代行公證職務人之同居人助理人或受僱人。

## 解說

　　本條於民國98年12月30日公布修正，且依民法繼承編施行法第11條第2項規定，自98年11月23日施行。

　　修正的理由是因為配合民國97年5月23日修正總則編（禁治產部分）、親屬編（監護部分）及其施行法部分條文，已將「禁治產宣告」修正為「監護宣告」，所以將原條文「禁治產人」修正為「受監護宣告之人」；另外「受輔助宣告之人」是因為有精神障礙或心智缺陷，致其為意思表示或受意思表示的能力不足或辨識意思表示效果的能力不足，也不適合擔任遺囑見證人，所以本條第2款修正為「受監護或輔助宣告之人」。

　　要作遺囑見證人有一定的資格限制，本條所列第1款未成年人、第2款受監護或輔助宣告的人，不得作遺囑見證人屬於絕對缺格，第3款繼承人及繼承人的配偶或繼承人的直系血親、第4款受遺贈人及受遺贈人的配偶或受遺贈人的直系血親、第5款公證人或代行公證職務人的同居人、助理人或受僱人，屬於相對缺格。但是不管是絕對缺格或相對缺格的見證人，只要除掉缺格的見證人之後，見證人的人數尚符合遺囑見證人的人數時，遺囑仍然有效，否則遺囑無效。

# 第三節　效　力

**第1199條**（遺囑生效期）
遺囑自遺囑人死亡時發生效力。

### 解說
遺囑在遺囑人死亡時，發生效力。

### 實例
老王立遺囑，遺囑裡表明遺贈小李40萬元，小李因為積欠債務，被債權人一再催討，小李可不可以向老王要求先給遺贈40萬元？

遺囑自立遺囑人死亡時才發生效力，所以小李不可以在老王生前就向老王要求給付遺贈物。

**第1200條**（附停止條件遺贈之生效期）
遺囑所定遺贈，附有停止條件者，自條件成就時，發生效力。

### 解說
遺囑中對於遺贈附有停止條件時，必須停止條件成就時，遺贈才會發生效力。

老張非常疼愛鄰居的小孩瑞明，因此在遺囑中訂立寫明，當瑞明大學畢業時，贈與10萬元，遺產管理人在管理遺產時，可不可以為了結束管理事務，而先將10萬元交給瑞明？

　　不可以。因為老張的遺贈是以瑞明考上大學聯考為條件，必須條件成就，也就是瑞明考上大學聯考，榜上有名之後，遺贈才會發生效力。

**第1201條**（遺贈之失效）
**受遺贈人於遺囑發生效力前死亡者，其遺贈不生效力。**

**解說**

　　受遺贈人先於遺囑人死亡時，遺贈不生效力。

**實例**

　　老張立遺囑訂明其死後給小李100萬元，不料小李反而因病比老張先死，老張要遺贈給小李的100萬元，是否可以作為小李的遺產？

　　小李比老張還先死，遺贈不生效力，所以老張遺贈給小李的100萬元，不得作為小李的遺產。

**第1202條**（遺贈之無效）
**遺囑人以一定之財產為遺贈，而其財產在繼承開始時，有一部分不屬於遺產者，其一部分遺贈為無效；全部不屬於遺產者，其全部遺贈為無效。但遺囑另有意思表示者，從其意思。**

## 解說

遺囑人以一特定的財產作遺贈，但是該財產在繼承開始時，有一部分不屬於遺產時，該一部分遺贈無效，若全部不屬於遺產時，全部遺贈無效。惟遺囑中另有意思表示時，就依照遺囑的意思表示，例如：遺囑中遺贈的財產是選擇之債時，其中一個標的不屬於遺產而另一個標的屬於遺產，就可以作遺產的標的作遺贈。

---

**第1203條**（遺贈標的物之推定）

遺囑人因遺贈物滅失、毀損、變造、或喪失物之占有，而對於他人取得權利時，推定以其權利為遺贈；因遺贈物與他物附合或混合而對於所附合或混合之物取得權利時亦同。

---

## 解說

遺囑人所為的遺贈，若遺贈物滅失、毀損、變造、或喪失物的占有，而對於他人因此取得權利（例如：損害賠償請求權）的話，推定以該權利為遺贈。遺贈物與其他東西（動產或不動產）附合或混合，而對於所附合或混合的物，取得權利時（例如：成為物的一部分而取得共有的權利），也一樣推定以該權利為遺贈。

老張立遺囑，將清朝的瓷花瓶遺贈給其救命恩人老王，不料該瓷花瓶被竊賊趙三盜賣，此時老張的遺贈是否消滅？

竊賊趙三盜賣瓷花瓶，老張對於趙三有損害賠償請求權，

法律上就推定老張以此損害賠償請求權作為遺贈。

**第1204條**（用益權之遺贈及其期限）
以遺產之使用、收益為遺贈，而遺囑未定返還期限，並不能依遺贈之性質定其期限者，以受遺贈人之終身為其期限。

**解說**

　　以遺產的使用、收益作為遺贈的標的時，若遺囑沒有訂定使用、收益遺產的返還期限，並且不能依遺贈的性質來定期限時，以受遺贈人的終身，作為使用、收益遺產的期限。

　　老張立遺囑時，將遺留的房子給其繼女敏芬出租或居住，敏芬可以住在該房子或出租該房子多久？

　　敏芬是老張的直系姻親，不得作為老張的繼承人，但是老張可以遺贈財產給敏芬，老張在遺囑裏表示房屋供敏芬居住或出租，就是以遺產的使用、收益作為遺贈，而且老張又沒有定返還期限，也無法就遺贈的性質推知，所以敏芬可以終身居住或出租該房屋。

**第1205條**（附負擔之遺贈）
遺贈附有義務者，受遺贈人以其所受利益為限，負履行之責。

**解說**

　　附有負擔的遺贈，受遺贈人以其所受利益為限，負履行負擔的責任。

　　老張將一幢價值500萬元的房屋遺贈給小李，但是該房屋有600萬元的抵押債權，抵押債權人請求小李清償債權，小李最多清償多少數額？

　　小李以所受遺贈利益500萬元為限，負清償之責。

---

**第1206條**（遺贈之拋棄及其效力）

受遺贈人在遺囑人死亡後，得拋棄遺贈。

遺贈之拋棄，溯及遺囑人死亡時發生效力。

**解說**

　　遺囑人死亡後，受遺贈人仍然有權決定拋棄遺贈。遺贈拋棄溯及於遺囑人死亡時，發生效力。

---

**第1207條**（承認遺贈之催告及擬制）

繼承人或其他利害關係人，得定相當期限，請求受遺贈人於期限內為承認遺贈與否之表示；期限屆滿，尚無表示者，視為承認遺贈。

### 解說

　　繼承人或其他利害關係人得定相當的期限，請求受遺贈人在期限內，做是否承認遺贈的意思表示。期限屆滿時，受遺贈人未做承認與否的表示，視為承認遺贈。

**第1208條**（遺贈無效或拋棄之效果）
**遺贈無效或拋棄時，其遺贈之財產，仍屬於遺產。**

### 解說

　　遺贈無效或受遺贈人拋棄遺贈時，該遺贈財產仍屬於遺產。

## 第四節　執　行

**第1209條**（遺囑執行人之產生㈠—遺囑指定）
**遺囑人得以遺囑指定遺囑執行人，或委託他人指定之。**
**受前項委託者，應即指定遺囑執行人，並通知繼承人。**

### 解說

　　遺囑人得以遺囑指定遺囑執行人，也可以委託他人指定遺囑執行人。

　　受託指定的人應該立即指定遺囑執行人，並且通知繼承人。

**第1210條**（遺囑執行人資格之限制）
未成年人、受監護或輔助宣告之人，不得為遺囑執行人。

**解說**

　　本條於民國98年12月30日公布修正，且依民法親屬編施行法第15條第2項規定，自98年11月23日施行。

　　修正的理由是因為配合民國97年5月23日修正民法總則編（禁治產部分）、親屬編（監護部分）及其施行法部分條文，已將「禁治產宣告」修正為「監護宣告」，所以將原條文「禁治產人」修正為「受監護宣告之人」。

　　未成年人（包含已結婚的未成年人）和受監護宣告的人，不得作遺囑執行人。

**第1211條**（遺囑執行人之產生㈡—親屬會議法院之選任）
遺囑未指定遺囑執行人，並未委託他人指定者，得由親屬會議選定之；不能由親屬會議選定時，得由利害關係人聲請法院指定之。

**解說**

　　遺囑沒有指定遺囑執行人，也沒有委託他人指定的話，可以由親屬會議選定遺囑執行人。若親屬會議也不能選定遺囑執行人的時候，就可以由利害關係人聲請法院指定遺囑執行人。

**第1211-1條**（遺囑執行人之報酬）

除遺囑人另有指定外，遺囑執行人就其職務之執行，得請求相當之報酬，其數額由繼承人與遺囑執行人協議定之；不能協議時，由法院酌定之。

## 解說

本條文為民國104年1月14日增訂公布。

遺囑執行人就職務的執行可以請求相當的報酬，至於報酬如何計算呢？原則上立遺囑人有指定遺囑執行人酬勞的時候，依據立遺囑人的指定，沒有指定報酬的話，由遺囑執行人與繼承人協議決定，如果遺囑執行人與繼承人也不能協議的時候，則由法院酌定報酬。

**第1212條**（遺囑保管人將遺囑交付遺囑執行人，並以適當方法通知已知繼承人）

遺囑保管人知有繼承開始之事實時，應即將遺囑交付遺囑執行人，並以適當方法通知已知之繼承人；無遺囑執行人者，應通知已知之繼承人、債權人、受遺贈人及其他利害關係人。無保管人而由繼承人發現遺囑者，亦同。

## 解說

本條文為民國103年1月29日修正公布。

遺囑保管人知道被繼承人死亡時，應該立刻將遺囑交付給遺囑執行人，並且以適當的方法通知已知道的繼承人；如果沒有遺囑執行人，遺囑保管人應該通知已知道的繼承人、債權人、受遺贈人及其他利害關係人，這樣的做法是讓遺囑執行

人、繼承人、債權人、受遺贈人及其他利害關係人可以進行繼承事務的完成。

　　遺囑沒有保管人的情形下，而由繼承人發現遺囑時，如果遺囑有遺囑執行人，繼承人要將遺囑交付給遺囑執行人，並且以適當的方法通知已知道的繼承人；如果沒有遺囑執行人，繼承人也要通知已知道的繼承人、債權人、受遺贈人及其他利害關係人。

**第1213條**（封緘遺囑之開視）
有封緘之遺囑，非在親屬會議當場或法院公證處，不得開視。
前項遺囑開視時，應製作紀錄，記明遺囑之封緘有無毀損情形，或其他特別情事，並由在場之人同行簽名。

**解說**

　　有封緘的遺囑（除了密封遺囑之外，其他形式的遺囑也可能有封緘），必須在親屬會議當場，或者法院公證處公證人面前，才可以開視。遺囑開視的時候，應該製作紀錄，記明遺囑的封緘有無毀損情形，或者其他特別的情形，並且由在場的人共同簽名。

**第1214條**（遺囑執行人之執行職務㈠—編製遺產清冊）
遺囑執行人就職後，於遺囑有關之財產，如有編製清冊之必要時，應即編製遺產清冊，交付繼承人。

**解說**

　　遺囑執行人就職之後，對於遺囑有關的財產，如果有編製清冊的必要時，應該立刻編製遺產清冊，交付給繼承人。

**第1215條**（遺囑執行人之執行職務(二)—遺產管理及必要行為）

遺囑執行人有管理遺產，並為執行上必要行為之職務。

遺囑執行人因前項職務所為之行為，視為繼承人之代理。

**解說**

　　遺囑執行人有管理遺產及執行必要行為的權限。其所為行為本條擬制為繼承人而做的代理行為。

**第1216條**（遺囑執行人之執行職務(三)—繼承人妨害之排除）

繼承人於遺囑執行人執行職務中，不得處分與遺囑有關之遺產，並不得妨礙其職務之執行。

**解說**

　　繼承人應尊重遺囑執行人執行職務，在其執行職務時，繼承人不得處分與遺囑有關的遺產，並且不得妨礙遺囑執行人執行職務。

**第1217條**（遺囑執行人之執行職務㈣—數執行人執行職務
之方法）
遺囑執行人有數人時，其執行職務，以過半數決之。但遺囑
另有意思表示者，從其意思。

### 解說
　　遺囑執行人有多數人時，以過半數的表決通過，以定職務
的執行。但是遺囑有特別規定如何執行遺囑時，依照遺囑的規
定。

**第1218條**（遺囑執行人之解任）
遺囑執行人怠於執行職務，或有其他重大事由時，利害關係
人，得請求親屬會議改選他人；其由法院指定者，得聲請法
院另行指定。

### 解說
　　遺囑執行人懈怠執行職務，或有其他重大事由不宜作遺囑
執行人時，利害關係人得請求親屬會議改選其他人作遺囑執行
人，而由法院指定的遺囑執行人，就聲請法院另行指定遺囑執
行人。

# 第五節　撤　回

**第1219條**（遺囑撤回之自由及其方式）
遺囑人得隨時依遺囑之方式，撤回遺囑之全部或一部。

## 解說

　　遺囑人可以隨時用遺囑撤回遺囑一部分的內容或者全部都撤回。

**第1220條**（前後遺囑牴觸之效力）
前後遺囑有相牴觸者，其牴觸之部分，前遺囑視為撤回。

## 解說

　　遺囑人作遺囑之後，在遺囑發生效力之前，還可以再作遺囑，前後遺囑的內容有相互牴觸時，前遺囑的內容牴觸後遺囑的內容，視為前遺囑牴觸的部分撤回。

## 實例

　　老王在80年3月1日立遺囑將座落於台北市○○路一號的房地分給小明，後來在82年5月1日立遺囑將座落於台北市○○路一號的房地分給小莉，遺囑執行人應將台北市○○路一號的房地分給誰？

　　老王前後兩次遺囑的內容相互牴觸，80年3月1日所立分房地給小明的部分視為撤回，而應以82年5月1日的遺囑為準，所

以遺囑執行人應將該房地分給小莉。

**第1221條**（遺囑與行為牴觸之效力）
遺囑人於為遺囑後所為之行為與遺囑有相牴觸者，其牴觸部分，遺囑視為撤回。

**解說**

遺囑人製作遺囑後所做的行為和遺囑相牴觸時，所牴觸的部分視為撤回。

老王立遺囑將遺產分給妻子阿花與兩名兒子，但半年後老王與阿花離婚，阿花是否在老王過世後還可以分到遺產？

老王是因為阿花是他的配偶，為老王的法定繼承人，所以在遺囑內訂明分那些財產給阿花，但是後來老王與阿花離婚，阿花已非老王的法定繼承人，老王後來的離婚行為與遺囑相牴觸，所以視為撤回分財產給阿花的遺囑內容。

**第1222條**（遺囑之廢棄）
遺囑人故意破毀或塗銷遺囑，或在遺囑上記明廢棄之意思者，其遺囑視為撤回。

**解說**

遺囑人故意將其所立的遺囑破壞、毀損或塗銷，或在遺囑

上註明作廢的意思，視為遺囑人撤回遺囑。

# 第六節　特留分

**第1223條**（特留分之決定）
繼承人之特留分，依左列各款之規定：
一、直系血親卑親屬之特留分，為其應繼分二分之一。
二、父母之特留分，為其應繼分二分之一。
三、配偶之特留分，為其應繼分二分之一。
四、兄弟姊妹之特留分，為其應繼分三分之一。
五、祖父母之特留分，為其應繼分三分之一。

## 解說

　　繼承人的特留分，因其法定繼承人的身分不同，而有不同數額的特留分，因此本條規定，直系血親卑親屬、父母、配偶的特留分是其應繼分的二分之一。兄弟姊妹、祖父母的特留分為其應繼分的三分之一。

**第1224條**（特留分之算定）
特留分，由依第一千一百七十三條算定之應繼財產中，除去債務額算定之。

## 解說

　　依本法第1173條所定的應繼財產，扣掉債務以後所剩的遺

產淨額作基準來算特留分。

老王有妻一人、子女三人，老王過世時遺有財產100萬元、債務20萬元，老王之妻、子女的特留分為多少？

老王的遺產淨額為80萬元，老王之妻與子女應繼分各為20萬元，因此特留分為10萬元。

**第1225條**（遺贈之扣減）

應得特留分之人，如因被繼承人所為之遺贈，致其應得之數不足者，得按其不足之數由遺贈財產扣減之。受遺贈人有數人時，應按其所得遺贈價額，比例扣減。

**解說**

應得特留分的人，如果因為被繼承人所為的遺贈，以至於侵害特留分時，應得特留分的人得按其不足的數額由遺贈財產扣減之。受遺贈人有多數人時，受遺贈人就按其所得遺贈價額的比例歸扣給特留分被侵害的人。

國家圖書館出版品預行編目資料

民法.親屬繼承／黃碧芬著.--七版--.--

臺北市：書泉出版社,2023.08

面； 公分

ISBN 978-986-451-323-9（平裝）

1.CST: 親屬法　2.CST: 繼承

584.4　　　　　　　　112007797

3TE5　新白話六法系列009

# 民法‧親屬繼承

作　　者 — 黃碧芬（308）

發 行 人 — 楊榮川

總 經 理 — 楊士清

總 編 輯 — 楊秀麗

副總編輯 — 劉靜芬

責任編輯 — 黃郁婷

封面設計 — 姚孝慈

出 版 者 — 書泉出版社

地　　址：106台北市大安區和平東路二段339號4樓

電　　話：(02)2705-5066　　傳　　真：(02)2706-61

網　　址：https://www.wunan.com.tw

電子郵件：shuchuan@shuchuan.com.tw

劃撥帳號：01303853

戶　　名：書泉出版社

總 經 銷：貿騰發賣股份有限公司

電　　話：(02)8227-5988　傳　　真：(02)8227-5989

網　　址：http://www.namode.com

法律顧問　林勝安律師

出版日期　2003年 9 月初版一刷
　　　　　2009年 2 月二版一刷
　　　　　2010年11月三版一刷
　　　　　2013年 8 月四版一刷
　　　　　2016年 8 月五版一刷
　　　　　2020年 8 月六版一刷
　　　　　2023年 8 月七版一刷

定　　價　新臺幣480元

# 經典永恆・名著常在

## 五十週年的獻禮——經典名著文庫

五南，五十年了，半個世紀，人生旅程的一大半，走過來了。

思索著，邁向百年的未來歷程，能為知識界、文化學術界作些什麼？

在速食文化的生態下，有什麼值得讓人雋永品味的？

歷代經典・當今名著，經過時間的洗禮，千錘百鍊，流傳至今，光芒耀人；

不僅使我們能領悟前人的智慧，同時也增深加廣我們思考的深度與視野。

我們決心投入巨資，有計畫的系統梳選，成立「經典名著文庫」，

希望收入古今中外思想性的、充滿睿智與獨見的經典、名著。

這是一項理想性的、永續性的巨大出版工程。

不在意讀者的眾寡，只考慮它的學術價值，力求完整展現先哲思想的軌跡；

為知識界開啟一片智慧之窗，營造一座百花綻放的世界文明公園，

任君遨遊、取菁吸蜜、嘉惠學子！